高校师德教育与修养

主　编　安云凤　吴来苏

首都师范大学出版社

图书在版编目(CIP)数据

高校师德教育与修养/安云凤,吴来苏主编.－北京:首都师范大学出版社,2008.5

ISBN 978-7-81119-259-9

Ⅰ.高… Ⅱ.①安…②吴… Ⅲ.高等学校－教师－职业道德－师资培训－教材 Ⅳ.G645.16

中国版本图书馆 CIP 数据核字(2008)第 063759 号

GAOXIAO SHIDE JIAOYU YU XIUYANG

高校师德教育与修养

安云凤 吴来苏 主编

首都师范大学出版社出版发行

地　　址　北京西三环北路 105 号
邮　　编　100037
电　　话　68418523(总编室)　68982468(发行部)
网　　址　cnuph.com.cn
E-mail　master@cnuph.com.cn

北京嘉实印刷有限公司印刷
全国新华书店发行

版　次　2008 年 5 月第 1 版
印　次　2008 年 5 月第 1 次印刷
开　本　787mm×1092mm　1/16
印　张　16.75
字　数　272 千
定　价　38.00 元

前　言

　　21世纪是知识经济迅猛发展的时代，更是人才激烈竞争的时代。高校教师在知识经济发展和人才竞争中负有重要的历史使命和社会职责，高校教师的职业道德素质则是他们承担历史使命、完成社会职责的重要基础和保证，故而高校教师的职业道德教育与训练就成为高等教育改革发展以及高校师资队伍建设中一项重要的工作和任务。

　　近些年来，随着改革开放和市场经济的深入发展，随着社会现代化和教育国际化的进程，高校教师职业道德出现了许多新情况、新问题，传统的高校教师职业道德面临着巨大的冲击和严峻的挑战，高校教师职业道德成为高等教育改革和发展中必须面对的一个重要课题。特别是进入21世纪以来，"文革"前的老教师已经退出了高教战线，一大批博硕士研究生补充到高校师资队伍中。这些青年教师具有良好的专业理论基础和外语水平，他们的到来为我国高等教育带来了生机和活力，促进了高等教育的现代化发展。但是我们也应该看到，在他们全部的知识结构和研究生教育中，普遍缺乏高校教师职业道德的专门知识和专门教育。因此，加强对青年教师的职业道德教育与训练，就成为新时期高校青年教师必须补充的重要一课。

　　《高校师德教育与修养》是我校承担的北京市教委重点课题《人才强教——师德建设》的研究成果之一，是为青年教师岗前培训编写的教材。本书有四个特点：其一是时代性。本书将高校教师职业道德的理论与实践、原则与规范、教育与训练放在经济全球化、教育现代化以及社会主义市场经济的大背景下展开，力求反映出新时期高校教师职业道德的时代性特征来。其二是理论性。本书的阅读对象是具有较高学历水平的博硕士研究生，职业道德的教育与训练应该建立在理性认识的基础上。因此本书注重职业道德本身以及职业道德教育的理论阐述和挖掘，力图在理论上体现出系统性、深刻性和创新性特征来。其三是实践性。本书从改革开放以来高校教师职业道德出现的新情况、新问题入手，紧扣当前高等教育深化改革的实践，紧扣当前高校教师队伍建设的实践，在高校教师职业道德的理论阐述中尽量密切联系实际，在高校教师职业道德原则和规范的设定中尽量使之具体详实，具有指导性，在高校教师职业道德教育与训练中尽量使之适合高校实际，具有可操作性。其四是可读性。本书在每章后面附有阅读参考资料，这些资料从正反两方面反映了高校教师职业道德的一些典型和事例，具有一定的吸引力和可读性，对读者会产生较强的震撼力和教育作用。

本书的指导思想、框架结构、写作提纲由安云凤、吴来苏提出，各章的分工是：第一章、第二章安云凤；第三章吴来苏；第四章田国秀；第五章黎德化；第六章徐惠、周举坤；第七章靳海山、谢红；第八章谢红；第九章仲崇盛、黎德化。统稿是由安云凤、吴来苏两位同志承担的。她们做了大量艰苦细致的工作，为本书的顺利完成作出了积极贡献。

本书在写作过程中参考了许多专家、学者的相关著作和论文，在文中我们给予了注释说明，并在此致以真诚的谢意。

本书的写作得到首都师范大学党委的支持和指导，本书的出版得到首都师范大学出版社的大力帮助，对此表示衷心的感谢。

由于我们对高校教师职业道德的研究还是初步的，本书还存在许多缺陷和不足，恳请专家、读者批评指正。

作者

于首都师范大学

2008 年 1 月

目　录

第一章　历史与现实——高校教师职业道德概论

　　20世纪中叶以来，现代科技日新月异迅猛发展，将人类社会带入了科技创新和知识经济的新时代，并形成了经济全球化、政治多极化、文化多元化的世界发展新格局。知识经济时代的到来以及政治文化多元化的发展态势对高等教育产生了重大影响，带来了世界范围内高等教育的深刻变化和飞速发展。我国高等教育的改革和发展是在改革开放和社会主义现代化建设中，在世界经济、政治、科技、文化、教育发展变革的国际大环境中进行的。社会主义现代化事业的蓬勃发展，世界新格局的形成以及世界范围内高等教育的深刻变化和飞速发展，为我国高等教育的发展带来了大好机遇，使我国高等教育进入了一个快速发展的崭新时期，同时也带来了高校教师职业道德的许多新情况、新问题，向高等院校教师职业道德提出了许多新挑战和新要求。

　　教师职业道德是从教者必备的基本职业素质，是为人师者安身立命的基础。教师职业道德是一个古老而常新的课题，从古到今历来受到人们的重视。高校教师职业道德由于在人才培养、民族振兴、社会发展、文明进步中的特殊重要作用，更为人们所关注。近些年来，随着我国高等教育的快速发展，许多高学历、高层次的青年教师进入高校。他们的到来，给高校教师职业道德注入了新鲜活力，促进了高校教师职业道德的科学化、民主化、现代化发展，涌现出像孟二冬等许多高校教师职业道德的光辉典范。但是，社会的发展和时代的变革也使高校教师职业道德面临着巨大的冲击和严峻的挑战。其冲击主要表现为对外开放和市场经济发展所带来的拜金主义、享乐主义、极端个人主义等负面影响，严重腐蚀了一些教师的职业理想和道德灵魂，使高校教师职业道德产生了滑坡现象；其挑战主要表现为随着现代科技和现代教育的发展，高校教师原有的教育思想和理念、教学内容和方法、知识结构和教学科研实践方式已不能适应国际化、现代化、信息化社会以及知识经济时代对高等教育的需要。因此，加强对新时期高校教师职业道德问题的研究，加强高校教师职业道德的教育与修养，全面提高高校教师的职业道德素质，积极应对现实社会的冲击和挑战，就成为当前高校教师队伍建设的一个重要课题，成为高等教育改革中一项不容忽视的重要任务。

第一节 高校教师职业道德的历史发展

中国有悠久的教育发展历史，有丰富的教师职业道德思想。中国传统教师职业道德是随着教育的产生和发展而产生和发展起来的。继承和发扬中国传统教师职业道德的优秀成果，是当前高校教师职业道德建设的一个重要内容。

一、中国传统教师职业道德的发展

（一）中国古代教师职业道德溯源

中国古代，视教育为民族生存发展的命脉，教师职业成为最古老、最崇高的一种职业。远在 5 000 年前，我们的祖先就开始有组织的教育活动。传说中的伏羲、神农、黄帝"教民熟食"、"教民畋猎"、"教民巢居"、"教民耕种"就是最早的教育活动。到了尧舜时期，教育就发展成了"敬敷五教"和"典乐"的人伦教育和音乐诗歌教育。但那时的教育，只是有关生产和生活知识的传承活动，还不是一种职业，承担教育职责的是我们顶礼膜拜的圣祖，还不是专门的教师。但是我国古代教育一开始，就认为教育是开启民智、教化民心的崇高事业，就有极高的定位，对教育者的道德素质就有极高的要求。

从夏朝开始，中国进入奴隶社会。由于专门从事精神生产的社会阶层的出现，最早的学校教育诞生了。古籍记载，夏朝开始出现了"庠"、"校"、"序"三种教育形式。"庠"即把有经验的老人供养在那里，让他们传授经验教育学生；"校"即教学生学文；"序"即教学生习武。"庠"、"校"、"序"应当是学校教育的雏形，庠者、校者、序者就是我国最早的教师。商代是中国奴隶制社会的发展和繁荣时期，甲骨文的出现为商代教育的发展准备了重要的条件。商代产生了正式的学校，除"庠"、"校"、"序"外，又增设了"学"，"学"又有"大学"和"小学"之分。"学"的诞生标志着中国古代教育已走上了有形的学校教育轨道。西周时，"学"制系统更加完善，设置了中央国学与地方乡学两大系统。但是由于生产力水平低下，社会分工不发达，中国奴隶社会很长一段时间里，教师职业没有成为一个独立的职业，教师是一种官职，实行着"政教合一"、"学在官府"、"以吏为师"的教育体制。教育被奴隶制国家和贵族垄断着，学生是贵族子弟，教育内容是以礼、乐、射、御、书、数为主体的伦理、军事、文化、艺术教育，教育目标是为奴隶制国家培养管理者和统治者，教育者则是权高位重、德高望重的奴隶制国家官员。

春秋战国时期，社会的动荡冲击着西周以来的宗法等级制社会，变革着贵族垄断文化教育的局面，私学作为一种新兴的教育形式开始产生和迅速发展起来，形成私学与官学并存的社会教育格局。私学的产生和迅速发展，使得教师职业成为一种专门的职业，并产生了许多教育家。孔子是私学的创始人，是一位伟大的教育家，他提出了"有教无类"的教育对象论，开古代平等教育思想之先风。继之而起的是墨子、孟子、荀子等一批闪烁着智慧光芒的民间私学大师。这些教育家在《论语》、《墨子》、《孟子》、《荀子》等典籍中，阐述了自己的教育思想，并以自己的教育实践成为我国古代教师职业道德的光辉典范。教师职业的独立以及教育劳动的实践，使得教师的社会作用得到肯定，教师职业成为一种崇高而神圣的职业。教师职业道德是当时思想家、教育家特别关注的问题，孔、墨、孟、荀均对教师职业道德进行了专论，提出了"敬业乐业"、"为人师表"、"学而不厌，诲人不倦"、"德育为本"等许多有价值的职业道德思想，为我国古代教师职业道德留下了丰富宝贵的思想资料。

封建社会建立后，由于大一统的中央集权制国家的建立和巩固，为文化教育事业的发展提供了良好的社会环境和条件，我国古代教育得到了长足的进步和发展。漫长的封建社会，教育体制全面灵活，官学、私学、家学同时并存；教育思想杂糅融合、兼收并蓄，以儒家文化为主流，儒释道互融互补三者并行；教育内容除传授儒家经典外，还出现了律、书、算、文、医等实用学科；教育方法上自宋明时期私人讲学的书院兴盛，除引经据典外，也鼓励讨论、辩难和让学生自讲心得，风气比较活跃。总之，中国封建社会呈现出教育的多元并存和相互争鸣、相互促进的繁荣景象。但是也应该看到宋明以来统治阶级为了控制士人的思想，实行八股取士的科举考试制度，加强文化专制统治，一定程度上阻碍了文化教育的繁荣，影响了人才的自由发展。但是由于官学、私学、家学同时并存，教师职业和教师的地位不但受到了国家统治者的重视，而且受到了广大人民群众的重视和崇敬，尊师重教成为我国优良的文化传统。

教师职业道德则依然延续了历史的传统，受到从业者乃至整个社会的重视，"经明行修"、"德行道义兼备"成为选择教师的基本标准，随着古代教育的发展，我国传统教师职业道德也得到了不断丰富和发展。

(二)中国古代教师职业道德内容

中国古代教师职业道德内容丰富思想深邃，许多思想家和教育家，对教师职业道德进行了深入研究和探索，阐述了师德对教师个人德、业、学、识、品、行诸方面的要求，阐述了师德在劝君臣、正民风、安邦国中的重要作用，形成了我国丰富的教师职业道德理论，铸成了我国古代优秀教师职业道德传统。其中许多内容具有真理性和历史的延续性，至今仍是我们应该学习和借鉴的宝贵道德文化遗产。

1. 敬业乐业

敬业乐业的职业道德首先表现为对教师职业地位的肯定，表现为对教师职业的崇敬和景仰。在我国历史上，教师具有特殊重要的社会地位，"教职，以安邦国，以宁万民，以怀宾客"[①]，指出教师职业具有治国安民的重要作用。荀子将"师"与"天地君亲"并举，提出了"尊师重傅"的崇教观。中国古代对教师地位和作用的肯定，为古代教师崇敬自己的职业、形成敬业乐业的职业道德奠定了道义基础。其次，敬业乐业的职业道德要求教师必须有敬业爱生、诲人不倦、献身教育事业的职业精神。孔子说："教不悔，仁也"，"爱之能勿劳乎，忠焉能勿悔乎。"[②]说明诲人不倦是教师的仁德，只有热爱学生、忠诚教育，才能不辞辛劳，诲人不倦。孟子认为能得"天下英才而育之"是人生的最大快乐，王夫之强调："讲习君子，必恒其教事。"[③]都深刻说明了教师必须具有强烈的责任感和使命感，要有崇敬自己职业、忠诚自己事业的职业道德精神。此外，敬业乐业的职业道德精神还表现为教师对学生的殷切期望，即希望学生能超越自己。孔子曾说："后生可畏，焉知来者之不如今也？"[④]荀子更是将"青出于蓝而胜于蓝"看做是教师无上的荣光。敬业乐业是我国古代教师的优秀

---

① 杨伯峻：《孟子译注》，公孙丑章句上，中华书局，2005年版，第63页。

② 杨伯峻：《论语译注》，宪问篇，中华书局，2004年版，第147页。

③ 王夫之：《姜斋文集》，卷一，转引自王炳照，李国钧主编：《中国教育思想通史》，第四卷，湖南教育出版社，1994年版，第220页。（这句话引用很多，注明的出处大多为（卷一）。我遍查岳麓书社出版的《船山全书》（第十五册）其中"姜斋文集"没有查到这句话，只能转引一个权威些的。）

④ 杨伯峻：《论语译注》，子罕篇，中华书局，2004年版，第94页。

职业道德传统，在这种精神的哺育下，无数教师和学者，放弃为官从政的机会，远离了功名利禄，富贵荣华，四处奔走，广收门徒，安于清贫，专心教学，为国家和民族培养了无数贤达名士和栋梁之材，为中国古代文化教育的发展作出了不可磨灭的贡献。

2. 为人师表

教师一切教育实践活动的目的都是为了培养人才，教师是学生直接学习和效仿的榜样，为此，我国传统师德对教师提出了"为人师表"、"以身立教"的职业道德要求。孔子说"君子怀德"，说明做老师的自己首先要有高尚的道德人格，才有资格去教育学生。孔子十分强调教师的表率作用，认为身教重于言教，他指出："其身正，不令而行，其身不正，虽令不从"①，"不能正其身，如正人何？"②荀子也说："学莫便乎近其人，学之径莫速乎好其人"③，意思是说学生最便于学习的人是离自己最近的人，学生最迅速学习的人是自己崇敬佩服的人，而教师就应该是这样的人。扬雄的名言："师者，人之模范也"是对以身作则、为人师表的师德要求最经典的概括。董仲舒是对汉代教育政策有重要影响的教育家，他自己任教时"进退容止，非礼不行"、为人师表、以身作则而受到人们的尊重。"圣贤语言，体之于身"、"奋志厉义，尽力所及"、"强学力行，立身为教"这些名言警句都表达了我国为人师表、以身立教的传统教师职业道德。

3. 学而不厌

古代教育家指出，教师承担着传授知识、培育人才的社会职责，教师必须具有良好的知识素养，必须具备学而不厌好学进取的精神，才能承担起教师的社会职责。因此，尚知爱智、勤思穷理、博学多才、好学进取成为我国传统师德中的重要内容。孔子认为教师要有"学而不厌"、"敏而好学，不耻下问"的进取和钻研精神。荀子也认为教师应该学无止尽，永不自满，"君子力学，昼夜不息"④。中国传统师德认为教师一方面要博学好学，更重要的是学思结合，创新知识。孔子强调："温故而知新，可以为师矣。"⑤教师不仅要"博学之"，更要"审问之，慎思之，明辨

---

① 杨伯峻：《论语译注》，子路篇，中华书局，2004年版，第136页。
② 杨伯峻：《论语译注》，子路篇，中华书局，2004年版，第138页。
③ 《荀子·劝学》，远方出版社，2004年版，第3页。
④ 杨寄林译注：《太平经今注今译》，河北人民出版社，2002年版，第485页。
⑤ 杨伯峻：《论语译注》，为政篇，中华书局，2004年版，第17页。

之，笃行之"①。荀子则指出，教师除了知识广博外，还应该仪容尊严而令人敬重，经验丰富而有威信，讲解条理清楚而不枝节杂乱，辩论精微而深得要领，而要实现这四种师德师术，教师必须好学进取，不断提高。韩愈则认为做教师的必须"闻道在先"，"术业有专"，才能承担起"传道、授业、解惑"的教师职责。总之，好学进取、刻苦钻研、知识渊博、术业专精是教师职业道德的基本要求。教师必须具有良好的知识素养和刻苦严谨的学风，才能承担起培育人才的重任。否则，就会如黄宗羲所说的"道之未闻，业之未精，有惑而不能解，则非师矣"②。

4. 因材施教

受教育者由于个人秉性的差异，表现出各自不同的个性特点。因此古代教育家指出，教师必须根据学生的不同特点，有针对性地进行教育，即因材施教。因材施教不但是我国古代教育的一项教学原则，而且是对教师的一项职业道德要求。孔子是最早实施因材施教的教育家，他主张根据学生的不同个性与特点采取不同的教育方法，比如，针对冉求平日做事胆小退缩的性格，鼓励他大胆前进，而针对仲由胆大鲁莽的个性，就要让他稳重退缩。孟子对因材施教进行了总结并把握得更为细致，他说："君子之所以教者五，有如时雨化之者，有成德者，有达财者，有答问者，有私淑艾者。此五者，君子之所以教也。"③意思是说，最聪明的学生可以像时雨对草木那样，一点化就会迅速成长；有的学生要注意培养德行；有的需要培养才能；有的学生只能就他的问题做出解答；还有的必须私下个别给予辅导。汉代教育家徐干说的："导人必因其性，治水必因其势。"④明朝王守仁提出的"与人论学，亦须随人分限所及。"⑤也是讲因材施教的职业道德。王守仁还以良医治病必须对症下药为例，说明教学必须因材施教，如果不问症候，固定一种方剂，非但无效，反而会医死病人。

5. 德育为本

中国古代教育承担着治国安邦、教化民众的社会责任，以培养德才兼备治国安民的贤能之士为教育目的。古代教育的社会本质决定了道德

① 朱熹：《四书集注》，中庸章句，中华书局，1983年版，第31页。
② 黄宗羲：《黄梨洲文集》，中华书局，1959年版，第479页。
③ 杨伯峻：《孟子译注》，尽心章句上，中华书局，2005年版，第320页。
④ 徐干：《中论·贵言》，辽宁教育出版社，2001年版，第17页。
⑤ 《王阳明传习录及大学问》，台北：黎明文化事业股份有限公司，1986年版，第126页。

教育是教育的重要职能，也是教师职业道德的重要内容。孔子是对学生进行道德教育的典范，他称自己的教育是："志于道，据于德，依于仁，游于艺"①，意思是说道德是自己进行教育的目标和依据，有了道德才能畅游于六艺的教育中。由此可见孔子对学生的教育内容除必要的学文习武外，最重要的内容就是道德教育。孔子关于道德教育的思想非常丰富，他说"人无远虑，必有近忧"②，"三军可夺帅也，匹夫不可夺志也。"③教育学生要立志乐道，树立远大的人生理想和目标。他教导学生："吾日三省吾身"、"见贤思齐，见不贤而内自省也。"④要求学生克己自省，加强道德修养；他教导学生："讷于言而敏于行"⑤，"言必行，行必果。"⑥做一个言行一致、守信用、讲道德的人。孟子认为"施善教"，"明人伦"是教师的基本职责，培养道德人格是教育的重要价值目标。朱熹办教育一方面强调"明人伦"的教育宗旨，另一方面又强调理想道德人格的培养。在教学中，朱熹更关心的是每个人的道德人格问题，他把尧舜禹当做圣人，当做做人的楷模，并鼓励学生通过道德境界的升华，达到人生的最高境界。朱熹说："先王之学以明人伦为本"，"父子有亲，君臣有义，夫妇有别，长幼有序，朋友有信，此人之大伦。庠、序、学、校皆以明此而已。"⑦更明确指出学校和教师应"以明人伦为本"，把封建伦理纲常和道德教育放在第一位。

6. 开明作风

中国古代传统师德一方面十分讲究师道尊严，以维护教师的地位和威信，另一方面也强调"教学相长"、师生平等，要求教师要有民主作风。这种民主开明作风主要表现在两方面：一是对待教育对象上的平等；二是教学过程中师生关系的平等。我国最早的学校教育其教育对象都是奴隶主贵族子弟，平民子弟没有受教育的权利。到春秋时期，孔子首先倡导教育开明，提出"有教无类"的思想，主张教育对象的平等性，并进行了努力实践。孔子"有教无类"的思想为孟子所继承和力行，他说："苟以

---

① 杨伯峻：《论语译注》，述而篇，中华书局，2004年版，第67页。
② 杨伯峻：《论语译注》，卫灵公篇，中华书局，2004年版，第164页。
③ 杨伯峻：《论语译注》，子罕篇，中华书局，2004年版，第95页。
④ 杨伯峻：《论语译注》，里仁篇，中华书局，2004年版，第39页。
⑤ 杨伯峻：《论语译注》，里仁篇，中华书局，2004年版，第41页。
⑥ 杨伯峻：《论语译注》，子路篇，中华书局，2004年版，第140页。
⑦ 朱熹：《四书集注》，孟子集注·卷五，中华书局，1983年版，第255页。

是心至，斯受之而已矣"①，对求学者来者不拒，只要诚心求教，就认真施教。后儒朱熹也主张人人都有学习知识和接受教育的权利："自天子至于庶人，无一人之不学。"②只有人人都受教育，才能使"天下国家所以治日常多，而乱日常少也。""有教无类"是我国古代教育史上一次重大的革新，它冲决了奴隶主贵族独占文化教育的特权，扩大了教育范围，由此形成了"平等相待"、"一视同仁"等师德传统。师生关系平等主要表现在"不耻下问"、"教学相长"的教育思想中。孔子所主张的"学无常师"、"三人行，必有我师"、"敏而好学，不耻下问"等言论中就包含着师生关系平等的思想。他还提倡"当仁，不让于师"，鼓励学生敢于与教师争鸣，唯真理是从。韩愈进一步发挥了这一思想，认为谁先得道，谁就是老师，因此师生之间"弟子不必不如师，师不必贤于弟子"③，师生应该互相学习。明朝的王阳明还明确提出"凡攻我之失者，皆我师也"④，鼓励学生批评老师的不足和错误。荀子提出的"青取之于蓝而青于蓝"更是脍炙人口，成为教师作风开明希望学生超过自己的一句格言。

中国古代师德传统内涵丰富源远流长。这些优秀师德文化传统，不仅造就了一代知识分子，而且又以知识分子为载体，世代相传，成为中华民族传统美德的组成部分。这些优秀师德传统在现代社会依然闪烁着真理的光芒，依然具有重要的社会价值。因此在当前的师德建设中，我们应该继承和发扬中国传统师德的优秀成果，并赋予新的时代精神，构建出具有中国特色的社会主义高校教师职业道德体系来。

二、中国现代高校教师职业道德的发展

中国现代高等教育从"五四"新文化运动以来得到了迅速发展，许多教育家、思想家根据时代的发展和变迁，提出了许多符合时代精神的新师德思想，传统教师职业道德在新的时代也有了新的变化和发展。从历史发展的阶段来分析，我国高校教师职业道德在现代的变迁主要表现为两大时期，即以新中国的成立为界，"五四"前后至解放前为第一阶段，新中国成立后为第二阶段。了解高等学校教师职业道德在近现代的发展

---

① 杨伯峻：《孟子译注》，尽心章句下，中华书局，2005年版，第336页。
② 《朱文公文集》卷十五
③ 韩愈：《师说》，见《韩昌黎集》，卷十二，商务印书馆，1933年版，第580页。
④ 《王阳明传习录及大学问》，台北：黎明文化事业股份有限公司，1986年版，第195页。

变化，学习这些师德传统和精华，对新时期高校教师职业道德的建设是大有裨益的。

(一)"五四"前后至解放前的高校教师职业道德思想

20世纪初，清朝政府完全腐败，帝国主义列强加紧对我国的侵略，中国的民族危机日趋严重。1911年孙中山先生领导的辛亥革命推翻了清王朝的封建统治，结束了统治中国两千年的封建专制制度，中国社会进入了现代社会的历史进程。随着现代社会的到来，我国的高等教育也开始走上现代发展的道路。辛亥革命时期资产阶级革命家重视发挥教育的作用，除创办革命报刊，宣传革命思想，唤起民众觉悟外，还创办新型学校，传播民主革命思想，培养反清革命志士。中华民国成立后，以孙中山为首的临时政府重视教育的发展，成立了教育部，任命蔡元培先生为第一任教育总长，并对文化教育进行了一系列改革：确定国民教育宗旨；制定现代学校体制；制定新的课程标准等。经过改革，我国当时的高等教育事业有了一定的发展。据1913年的统计，全国大专院校（包括公立、私立）达115所①，中国的高等教育真正走上了现代高等教育的轨道。

"五四"新文化运动是无产阶级领导的人民大众的反帝反封建的伟大的文化运动，也是一场伟大的思想解放运动，从此中国开始了新民主主义革命的阶段。新民主主义革命带来了新民主主义的教育，产生了一批在中国现代高等教育思想史上有影响的教育家，如蔡元培、鲁迅、李大钊、胡适、陶行知、杨贤江、徐特立等。此时的高等教育提倡民主和科学，采用国语和白话文，主张改造旧社会，改造国民性，高校开女禁，提倡男女平等，其中具有马克思主义思想的教育家积极进行了马克思主义的宣传和教育，为无产阶级革命培养了具有共产主义思想的先锋战士，为民族的解放，为社会的进步作出了积极贡献。

抗日战争和解放战争时期我国的高等教育分别在根据地和国统区存在和发展，呈现出不同的发展趋势。由于战争的需要，培养革命干部成为根据地高等教育的主要任务。当时陕甘宁边区就建立了各种军政大学和联合大学。在党的教育方针指引下，根据地的高等教育得到了蓬勃发展，培养了大批革命干部和革命军人，为新民主主义革命的成功提供了干部和组织保证。国统区的高等教育一方面由于战乱受到了损失和破坏，

---

① 毛礼锐主编：《中国教育史简编》，教育科学出版社，1984年

另一方面广大教师关心祖国的前途和命运，具有社会责任感和职业良心，他们以精湛的才学、高度的社会责任感和爱国心教育着青年学生，为中华民族的解放，为中国科技文化的发展培养了人才，促进了高等教育的发展，也积淀了丰富的高校教师职业道德。

"五四"前后至解放前中国高等教育虽然经历了巨大的变迁，但是高校教师的职业道德始终受到教育家和广大教师的高度关注。这一时期的高校教师职业道德继承了中国传统师德的优秀成果，又打上了时代和历史的深深烙印，其主要内容表现为以下几个方面：

1. 爱国奉献

我国知识分子历来具有忧国忧民、爱国爱民的光荣传统。中国近代沦为半封建半殖民地的社会现实，使得我国知识分子忧国忧民爱国奉献的光荣传统得到进一步发扬。因此教师具有政治理想和爱国奉献精神就成为我国近现代高等教育者首要的职业道德要求。孙中山先生指出："教育家须谈政治、谈政治，引导人民谈政治。"[①]早期的马克思主义者杨贤江指出："只有革命的教育，才是中国需要的教育；只有革命的教育者，才是中国需要的教育者。"[②]中国共产主义运动的先驱、革命教育家李大钊提出：知识分子是民众的先驱，教师要以振兴中华为己任。许多教育家不但具有爱国主义的思想和情操，而且身先士卒身体力行积极投身于救国图存的革命实践中。被毛泽东誉为"伟大的人民教育家"的陶行知先生，留学美国但心系祖国，回国后积极投身于人民的教育事业，积极投身于抗日救亡运动中，表现了中国知识分子高尚的爱国奉献精神。解放战争时期国统区的许多教育家积极参加了反内战、反独裁、争取和平民主和国家统一的运动，积极支持青年学生的爱国民主运动。根据地和解放区的教育者则以推翻三座大山，建立新中国为目标，用马克思主义革命理论和毛泽东思想教育学生，为新民主主义革命胜利培养了干部和各类人才；许多教育者还投笔从戎直接投身于抗日战争和解放战争的战场，以自己的生命和鲜血践行了爱国奉献的教师职业道德。

2. 率先垂范

率先垂范、以身作则，是中国传统教师职业道德规范，也是近现代高等教育对教师的基本职业道德要求。蔡元培先生非常重视教师的榜样

---

① 林家有著：《孙中山与中国近代化道路研究》，广东教育出版社，1999年版，第613页。
② 周宏等主编：《中外教育思想全书》（下卷），中国物资出版社，1999年版，第871页。

和模范作用，他说："教员者，学生之模范也。故教员宜实行道德，以其身为学生之律度"①他曾经在北京大学组织"进德会"，要求教师"不嫖、不赌、不娶妾"。他指出要使学生养成健全的人格，教师必须具有谦虚、正直、爱国、爱生和知识渊博等品德，必须在政治理想、知识才学、道德人格和思想作风等各方面都率先垂范为学生作出榜样。鲁迅先生也强调，教师应该成为"后生的模范"。陶行知先生则严格要求教师："个人一举、一动、一言、一行，都要修养到不愧为人师表的地步"②。"要学生做的事，教职员躬亲共做；要学生学的知识，教职员躬亲共学；要学生遵守的规则，教职员躬亲共守。"③无产阶级的革命家和教育家徐特立先生对教师的典范和榜样作用非常重视，他指出教师有两种人格：经师和人师，教师应该"采取人师和经师二者合一的"，④ 他认为做教育工作的人，应该是"有学问的人"、"先进分子"、"模范人物"、"有高尚的道德修养"，在学问和思想品德两方面都能为学生作出榜样的教师，才是优秀的教师。

3. 真人真知

清末科举考试八股取士弊病丛生，致使许多学者脱离实际，不求真理，不做真人。针对八股取士的弊病，在民主与科学精神的指引下，"五四"时期的教育家都强调"真人真知"的科学精神，并将其看做是教师职业道德的一个重要内容。"真人真知"包括两方面内涵，一是要做说真话、办实事、真诚正直、光明磊落的人；二是做一个知识渊博、求知好学、有真知灼见的人。陶行知先生指出，一个一流的教授必须具备两条要素："一有真知灼见，二肯说真话，敢驳假话，不说诳话。"⑤他认为真知灼见是教师学而不厌得来的，做教师的人必须天天学习，不断充实提高，不能"天天卖旧货，索然无味"⑥；他主张"教师对学生、学生对教师、教师对教师、学生对学生，精神都要融洽，都要知无不言，言无不尽。"⑦杨昌

---

①　转引自罗国杰编：《中国传统道德·规范篇》，中国人民大学出版社，1995年版，第434页。

②　转引自王建明编：《面向21世纪基础教育的理论与实践》，北京大学出版社，2003年版，第220页。

③　陶行知：《南京安徽公学办学旨趣》，见《陶行知全集》，第1卷，四川教育出版社，2005年版，第43页。

④　徐特立著：《徐特立教育文集》，人民教育出版社，1979年版，第295页。

⑤　转引自文秉模主编：《大学教师伦理学》，中国科技大学出版社，1991年版，第61页。

⑥　转引自王正平主编：《中外教育名言集萃》，百家出版社，1989年版，第104页。

⑦　转引自李纯良著：《李纯良自选论文集》，中国文史出版社，2004年版，第291页。

济先生也指出："教育者常向被教育者说善之当行，恶之当避，故被教育者信教育者之实行其言，而期其言行一致。教育者之行为若不违其言，其影响于被教育者必甚大。"①两位教育家都认为教师只有严于律己，不断进取，时时求真，做到"真人真知"，才能以自己的人格和学识教化学生，使学生真正受到教育和影响。因此"教师的职务是：千教万教教人求真。"②

4. 师生平等

"五四"新文化运动以来民主与科学的精神得到了弘扬，许多教育家将民主与平等的思想贯彻到高等教育中，形成了民主教育、师生平等的教师职业道德。蔡元培先生说："教师不宜硬以自己的思想去压到学生身上。""要学生圆就圆，要学生方就方，这便是大误。"③陶行知先生提倡民主教育，十分强调教师民主素质的培养。他指出，教师要实现民主教育，就要首先进行自我教育，树立民主作风。著名教育家叶圣陶先生认为，教师应该尊重学生，与学生平等相处，这是"认真当教师的人的起码条件"④。无产阶级教育家徐特立认为，先生和学生的关系是同志的关系，一方面，教师是同志中的领导者，学生要尊重教师；另一方面，教师和学生，一切都是相互平等的关系。在教学过程中，师生都获得进步，这就叫"教学半"或"教学相长"。在根据地和解放区的干部学校里广大教师与学生同吃、同住、同学习、同劳动，建立了新型的革命的民主平等的师生关系，教学民主，师生平等，成为广大教师发自内心并人人践行的职业道德规范。

5. 献身教育

"五四"以来的中国知识分子和教育家具有强烈的爱国主义精神和社会责任感，他们在国家内忧外患、民族生死存亡的历史关头，以自己的才学和职业理想积极投身于教育事业，铸成了献身教育事业的优秀职业道德传统。有许多既有深厚的国学文化底蕴，又接受了西方现代文明教育的知识分子和教育家，他们有强烈的民族精神，又有西方民主开明思

---

① 转引自倪益琛主编：《师德全书》，同心出版社，2002年版，第48页。

② 安徽省陶行知教育思想研究会编：《人民教育家陶行知》，上海教育出版社，1984年版，第78页。

③ 王定华等主编：《中外教育史》，天津社会科学院出版社，1991年版，第216页。

④ 叶圣陶著：《教育与人生——叶圣陶教育论著选集》，上海教育出版社，2004年版，第169页。

想，他们主张发展文化教育事业，改造旧社会，提高国民性，他们不畏艰辛，献身教育事业，为我国现代高等教育事业发展作出了突出的贡献。蔡元培先生堪称其中的典范，他从辛亥革命前就投身于教育事业，为中国的高等教育上下求索，殚精竭虑，直到1940年病逝。还有许多教育家是在海外学有所成的专家和学者，他们抛弃了国外优厚的待遇和生活条件，怀着教育救国、科学救国的远大志向，毅然回到祖国投身于高等教育事业，为国家培养了大批优秀人才，为高等教育事业奉献了终身，陶行知先生就是其中的代表。抗日战争时期，许多高校教师为了避开战乱，保存自己的学校，坚持自己的教育事业，不惜拖家带口辗转千里来到大后方，建立了西南联大，在简陋的环境和条件下，从事自己的教学和研究，为国家培养了许多杰出的科技人才和社会精英，表现了我国老一辈知识分子令人崇敬的敬业爱业献身教育的优秀师德传统。

(二)新中国成立后高校教师职业道德的变化与发展

新中国成立以后，我国高等教育的社会性质发生了根本变化，随着新中国成立以后社会政治、经济、思想、文化的发展，高等教育得到了恢复和迅速发展。但是由于"左"的思想路线的影响，我国高等教育的发展也经历了一些曲折。新中国成立后的高校教师职业道德一方面继承了历史上教师职业道德的优良传统，另一方面随着新中国高等教育的发展以及当时社会政治、经济、思想、文化的发展，呈现出具有时代特征的教师职业道德内容。

1. 解放初期

中华人民共和国的成立，开创了中国历史的新纪元，也开创了中国高等教育发展的新阶段。以毛泽东同志为核心的中国共产党第一代领导集体，首先完成了接管改造旧教育、创建社会主义新教育的历史任务，实现了从半封建、半殖民地教育向社会主义教育的根本转变。1949年10月1日由毛泽东同志签发的《中国人民政治协商会议共同纲领》明确指出：新中国的文化教育是民族的、科学的、大众的文化教育，以提高人民文化水平，培养国家建设人才，肃清封建的、买办的、法西斯主义思想，发展为人民服务的思想为主要内容。1949年12月教育部召开第一次全国教育工作会议，提出了教育必须为国家建设服务，学校必须向工农开门的新中国教育方针。《共同纲领》和教育方针指明了社会主义高等教育的社会属性和人才目标，同时也为高校教师职业道德建设做出了规定，指明了方向。新中国的教师职业道德从中华人民共和国成立之日起，就体现着无产阶级的意志和为广大人民群众服务的本质。广大高校教师在党的教育方针指引下，紧密团结在党和政府的周围，热情学习马克思主义理论，积极改造思想，努力向工农学习，为医治战争创伤、为经济恢复和生产建设培养了国家急需的人才，形成了"革命的、健康的、朝气蓬勃"的教师职业道德风尚。

2. 50 年代后期

50 年代后期，由于"大跃进"等"左"的思潮影响，我国的高等教育在发展的过程中出现了一些曲折。一方面党和国家根据我国高等教育的性质和社会主义建设的需要，制定了正确的教育方针："我们的教育方针，应该使受教育者在德育、智育、体育几方面都得到发展，成为有社会主义觉悟的有文化的劳动者。"①"党的教育工作方针，是教育为无产阶级的政治服务，教育与生产劳动相结合。"②根据党的教育方针，对广大教师提出"又红又专"的职业素质要求。另一方面在"左"的思潮影响下，全国掀起了全民大办高等教育的热潮，降低了高等教育的水平；在教学方面则片面强调师生参加生产劳动，忽视课堂教学和基础理论教学，影响了教学质量的提高。党的教育方针和"又红又专"的职业素质要求为高校教师职业道德的实践指明了方向，形成了热爱祖国、突出政治、注重实践、又红又专的高校教师职业道德。同时，高校教师职业道德也不可避免地表现出一些"左"的倾向，如：只重政治，不重业务；只重实践，不重理论；一些钻研业务，刻苦学习的教师被说成是走白专道路的"白专典型"，一些持不同意见的知识分子被打成右派。这些情况使一批有才华、有思想的教师受到了不公正的待遇，影响了当时高校教师职业道德的健康发展。

3. 60 年代前期

60 年代初，党中央及时纠正了"大跃进"、"人民公社"等"左"的错误，提出了"调整、巩固、充实、提高"的八字方针，国民经济进入了调整时期。同时，教育部颁布了《教育部直属高等学校暂行工作条例》（简称"高教六十条"），对高等教育进行了全面整顿和必要的压缩。"高教六十条"等加强高校调整和管理的重大措施，使我国高等教育迅速摆脱了困境，

---

① 北京市教育局师范教材编写组：《教育》，新疆人民出版社，1972 年版，第 120 页。
② 《中共中央、国务院关于教育工作的指示》（1958 年 9 月），见《干部教育手册》，中共中央党校出版社，1990 年版，第 40 页。

重新走上了健康发展的道路，教学质量和学术水平得到明显的提高。与此同时，"高教六十条"在总结新中国成立以来高等教育发展的经验和教训的基础上，制定了高校教师职业道德原则和规范，明确指出教师要热爱教育事业，热爱学生，指导和帮助他们提高思想觉悟，发展智力和增强体质；教师要以身作则，成为学生的表率；教师要努力学习马列主义、毛泽东思想，关心政治，要努力学习科学技术，刻苦钻研业务，不断提高政治、文化、业务水平；教师之间要加强团结、互相尊重、取长补短、共同提高。"高教六十条"对教师职业道德的规定，纠正了"左"的错误，促进了高校教师职业道德的健康发展，形成了忠诚党的教育事业、热爱学生、以身作则、努力学习、钻研业务、互相尊重、团结互助的高校教师职业道德风气。

4. 文革时期

"文化大革命"十年浩劫，教育事业遭受严重破坏，高等教育受到了极大摧残。整个"文革"期间，由于高校的搬、并、迁、散，全国共砍掉106所高校，[①] 高考制度被废除，师生停课闹革命，高等教育处于停滞状态。"文革"期间"左"的思想路线错误地把广大高校教师当做"资产阶级知识分子"，当做革命的对象，大批"资产阶级反动权威"、大批"师道尊严"、"专家治校"，把高校教师队伍搞得七零八落濒临崩溃。与此同时传统高校教师职业道德也受到了批判，高校教师职业道德建设受到了极大的破坏。

5. 十一届三中全会以来

1976 年党中央一举粉碎了"四人帮"，历时十年的"文化大革命"结束了。1977 年在邓小平同志的直接干预下，停止 12 年的高考制度恢复，从此高等教育的春天来到了。十一届三中全会以来，我国进入了改革开放和社会主义现代化建设的新的历史时期，高等教育也走上了快速发展的崭新历史阶段。以邓小平为核心的第二代党中央结合我国改革开放的新情况，颁布了一系列教育方针政策，为我国新时期高等教育的体制改革、学科调整、教育教学的改革指明了方向，也为新时期高校教师职业道德建设指出了正确方向。

1985 年《中共中央关于教育体制改革的决定》中指出：教育必须为社会主义建设服务，新时代需要的人才"都应该有理想、有道德、有文化、

---

① 《共和国教育 50 年》，北京师范大学出版社，1999 年版，第 355 页。

有纪律，热爱社会主义祖国和社会主义事业，具有为国家富强和人民富裕而艰苦奋斗的献身精神，都应该不断追求新知，具有实事求是、独立思考、勇于创造的科学精神。"20世纪90年代以来，党和国家根据新时期经济、政治、科学文化发展的需要，提出全面推进素质教育，加强德育工作，把学生培养成德才兼备、全面发展的"四有"新人的育人目标。1993年2月中共中央、国务院颁发的《中国教育改革和发展纲要》指出："教育的改革和发展对教师提出新的更高的要求。教师是人类灵魂工程师，必须努力提高自己的思想政治素质和业务水平，热爱教育事业，教书育人，为人师表。"同年10月，我国颁布的第一部《中华人民共和国教师法》规定："教师是履行教育教学职责的专业人员，承担着教书育人、培养社会主义事业的建设者和接班人、提高民族素质的使命。教师应当忠于人民的教育事业。"教师应当履行的义务是："对学生进行宪法所确定的基本原则的教育和爱国主义、民族团结教育，法制教育以及思想品德、文化、科学技术教育"，"关心、爱护全体学生，尊重学生人格，带领学生在品德、智力、体质等方面全面发展。"《教师法》不但从法律上规定了教师的权利和义务，也从道德上规定了教师职业道德的责任和要求。

新时期我国高等学校教师职业道德规范体系，就是依据党在新时期所制定的教育方针、政策和法规，根据国内外高等教育发展的时代要求，在继承了以往优秀高校教师职业道德传统的基础上概括和提炼出来的。其主要内容包括：以爱国主义、集体主义、教育公正、教育人道主义、权利义务相统一、教书与育人相统一为基础的职业道德原则以及与这些教育原则相适应的具体职业道德规范。新时期高校教师职业道德规范体系集中体现了社会主义高校教师的职业道德理想，体现了社会主义的道德价值导向，引导新时期高校教师职业道德走上了新的快速发展的道路。

三、西方教师职业道德的发展

西方教育出自古代希腊和罗马繁荣昌盛的科学文化，受当时崇尚自然和科学风气的影响，其师德思想也体现了自然主义教育的特征。如古希腊哲学家德谟克里特提出，教育必须适应儿童的天性，充分利用儿童的求知欲；教师教育儿童时要采取说服和鼓励的方法，不要采取强迫的做法，因为由内心爱好和良言规劝所激励而趋向美德的人，比受法律和强力所迫使而趋向美德的人更美好。亚里士多德要求，教师应了解学生，根据学生灵魂的不同去实施教育，如针对理性灵魂进行智育，针对动物灵魂进行德育，针对植物灵魂进行体育，重视培养学生至善的道德品质。古罗马时期的教育家昆体良主张：教师应该熟悉学生，研究学生的个性特征，"注意学生智慧的差别"；教学时，要有诚恳的态度，要用心、忍耐，激发学生学习的积极性，适度褒奖，坚决反对体罚。

在经历了中世纪的文化荒漠之后，随着近代西方人文思想和自然科学的发展，随着资本主义现代教育理论的产生及其逐步优化，教师职业道德也得到了飞速发展。资产阶级教育家普遍重视师德问题，他们倡导人道主义教育，要求尊重学生，爱护学生，要求教师为培养学生的独立创造能力和公平正义品质作出努力。法国人文主义教育家拉伯雷认为教师要尊重学生的个性，以平等的态度对待学生，用谈话的方式教学生学习；为学生安排有意义的实际考察活动，以激发学生学习的积极性和生活热情；教师不要把艰深的学习变成机械的背诵，要使学习带有趣味性和创造性；要重视对学生进行道德教育，他说"有知识而无良心，便是灵魂的死亡。"①英国教育家洛克认为，教师的责任是培养学生的绅士风度，使学生形成良好的习惯，怀抱德行和智慧；在教育学生向善的时候，给他力量、活力和勉励；与智慧、学问相比较，洛克更重视德行，他说："学问是应该有的，但是它应该居于第二位，只能作为辅助更重要的品质之用。"②

当代西方社会同样非常重视教师职业道德的教育与研究，形成了现代教师职业伦理学。其中美国的教育伦理学和教师伦理学水平较高，他们注意从心理角度去探索人与社会的适应性，探索教师在教学过程中的人格和行为规范。如1903年，卡那斯和韦伯斯所提出的25项教师职业品质，就是在全面的社会关系中规范了教师的人格和职业道德。在美国教育界不同层次和类别的教育团体往往有独立发表声明制定教师职业道德规范的传统，这些教育团体的教师职业道德规范，同国家制定的教育法规相辅相成，共同推动了教师职业道德建设的发展。第二次世界大战后的美国教师职业道德更加制度化：1948年由全国师范教育委员会提交了《我们时代的教师》，对师德提出了13项具体要求；1968年，NEA（美国国家教育委员会）颁布了《教育职业伦理准则》；20世纪70年代，美国大

---

① （苏）麦丁斯基撰，叶文雄等译：《世界教育史》上册，50年代出版社，1953年，第82页。

② 张焕庭主编：《西方资产阶级教育论著选》，人民教育出版社，1979年，第82页。

学教授联合会又制定了《美国教授职业伦理声明》。这些准则、声明、要求，将教师职业道德纳入了制度化管理的轨道。

综观西方教师伦理道德规范，一方面包蕴着一些与中国教师职业道德要求相同的师德师范，如热爱教育、知德并举、为人师表等。捷克教育家夸美纽斯就指出：教师要成为道德卓越的人，要做学生的表率；教师要充分了解自己职业的社会意义，无限热爱自己的工作。英国教育家洛克认为不可使儿童受到不良榜样的影响，"做导师的人自己便应当具有良好的教养，随人、随时、随地都有适当的举止与礼貌"[①]。另一方面，由于西方文化传统的不同，西方教师职业道德又呈现出自己的一些独有特征。

（一）尊重学生天性的发展，反对压抑个性

在西方教育中，关心爱护学生，重视其天性发展，反对压抑个性是首要的师德规范。意大利著名的人文主义教育家维多里诺在自己创办的学校里废除了体罚，注重学生个性和身体的发展。法国的卢梭认为教师要促进儿童身心的自然发展，要处处考虑儿童的天性，让他们享有充分的自由，尊重他们的个性。德国教育家第斯多惠要求教师必须全面地、深刻地了解学生，了解他们的心理特点和个性差异，他强调指出，不信任人的天性，就不可能有适应自然的、成功的教育。英国教育理论家怀特海倡导要尊重学生的心理发展特征，他认为，大学教育如果无视学生的兴趣、爱好和个性等因素，不但达不到培养心智、发展能力的目的，反而窒息了学生潜在才华的发展。因为"心智绝不是被动的：它是一种永不休止的活动，灵敏、富于接受性，对刺激反应快。"[②]在美国学校教育中，"尊重学生"更是对教师的基本要求。美国学校反对教师对学生进行粗暴的教育和管理，禁止教师对学生进行言语伤害和身体伤害，要求教师要注重学生身心的健康发展，不能因为强调知识学习的重要而增加学生的负担，损害学生的身心健康。

（二）注重培养学生的独立性和创造性

与尊重学生个性发展相联系，西方教师职业道德要求教师以真诚、"无知"的态度和学生对话，促使学生摆脱对教师的依赖性，培养他们的

---

① （英）洛克著，傅任敢译：《教育漫话》，人民教育出版社，1963年，第72页
② 转引自吴式颖、任钟印主编：《外国教育思想通史》，湖南教育出版社，2000年，第124页

独立性与创造性，引导学生不断探求未知的领域。古希腊的苏格拉底指出，教学过程不是传授知识的过程，而是与学生进行对话、共同探寻真理的过程。在这个过程中，教师应当抱有一种真诚的"无知"态度，即教师在教学中只是提出问题，却不回答这些问题，从而把学习变成学生不断探索新知识的过程。法国人文主义思想家蒙台涅建议教师向学生提供能够发展独立性和积极性的条件，他认为，不应该由教师决定一切，教师不能要求学生毫无分辨地接受一种思想，应该让学生从几种观点中独立地得出结论或保留怀疑。被誉为"德国教师的教师"的第斯多惠强调教师在教学过程中应充分调动学生的主动性，通过学生自己的认真观察、积极思考和亲自探索去发现新知识，形成新观点。他特别提出，"教师必须有独创性，他对学生要成为理性和启蒙的真实的火炬，使学生得以揭穿自己的错误意见，而被引导到真理的道路上去。"①美国许多高等教育专家认为，大学教师要注重大学生独立能力和创造能力的培养和发展，不应成为知识输出者，"应该是起'催生'作用的助产士。在课堂上要做的就是帮助学生认识自己的思想，使他们成为具有独立思考的人"。

（三）强调师生之间的平等和信任

法国思想家蒙台涅认为，教师不应该只是他一个人讲话，而应该允许儿童有讲话的机会。如果儿童有能力，他可以自己选择决定，倘若不能，他还可以存疑。"新教育"思想的各个代表人物基本上都主张师生之间的信任和平等。如被称为"新教育之父"的英国教育家雷迪认为，在学校的整个生活中，教师和学生之间应该建立一种真诚的信赖关系。英国教育家巴德利也提倡师生之间的合作精神以及建立一种友好和信任的关系。德国教育家利茨认为在他创办的乡村教育之家中应该提供一种和谐友睦的家庭气氛，使教师和儿童在那里平等地生活。教师应该尽量地去接触和了解儿童，而不应该对儿童作过分强烈的命令、训斥和责难。存在主义教育理论流派的代表人物、奥地利的布贝尔主张师生之间应该建立信任的关系，当教育者赢得了学生的信任时，学生对接受教育的反感就会被克服，而让位于一种奇特情况：他把教育者看做一个可以亲近的人。美国实用主义教育家杜威认为，教育过程是儿童和教师共同参与的过程，也是儿童和教师真正合作和相互作用的过程。在这个过程中，儿童与教师双方都是作为平等者和学习者而参与的。在美国高等学校的课

---

①　转引自仁明、霞云编：《智慧的圣殿》，上海社会科学出版社，1996年，第177页。

堂教学中学生和教师的关系平等随和，学生在课堂上甚至可以不举手就打断教师的讲授或谈话，提出自己独特的观点，而教师则必须耐心地听取学生对某一问题的看法，然后指出这种观点的不足，提出供学生参考的答案。

（四）用公平公正的行为培养学生对正义的追求

夸美纽斯指出，"一切儿童都可以造就成人"，不要放弃"顽劣"儿童，不要过早地把儿童划入"落后"一类里去。卢梭强调，教师应当培养学生的"善良的感情"、"善良的判断"、"善良的意志"，自始至终以善良的态度对待学生，防止不公正的现象。俄国资产阶级民主主义教育家别林斯基号召教师以纯洁的道德为前提，"使儿童摆脱一切不良习气，并发展他们热爱、正义感及人道"①。美国教师职业道德要求教师平等地对待每一个学生，给学生表达自己意见的机会，使学生"作为一个个人而得到公平的对待"；在教学中，教师应当对所有的学生一视同仁，教师不能以个人的好恶，喜爱某些学生，而厌恶另一些学生；要保障学生在校所应享受的权利，使学生在学校里"获得可能的最好的教育"；要通过自己的行为和影响培养学生对正义的追求，使学生也成为一个追求公平正义的人。

西方教师职业道德是西方教育实践的结晶，是关于教师职业道德的一份宝贵思想资料。我们在建设社会主义高等学校教师职业道德时，应该珍视和吸收这些具有民主性、科学性的道德资源，使我们的高校教师职业道德更加丰富充实，提高到更高的水平。

第二节　高校教师职业道德的时代召唤

20世纪后半叶是高等教育飞速发展时期。随着现代科技的迅猛发展和经济全球化的发展态势，世界范围内高等教育出现了综合化、现代化、国际化、信息化等新特点、新趋势。国际范围内教育资源的分配、教育市场的竞争十分激烈，多元文化、多种价值观的冲突也日益明显。改革开放以来，随着社会主义市场经济的建立和深入发展，我国高等教育的改革不断深化，高等教育得到了前所未有的飞速发展，同时也带来了高等教育以及高校教师职业道德的许多新情况、新问题。新时期国内外政

---

① （苏）麦丁斯基撰，叶文雄等译：《世界教育史》下册，50年代出版社，1953年，第114页。

治经济的新格局以及高等教育的改革和发展，对我国高校教师的职业道德提出了尖锐的挑战。高校教师如何应对挑战，树立新的职业道德观念，探索新的职业道德教育与修养的方法途径，成为当前高校教师职业道德建设面临的一项新课题。

一、经济全球化对高校教师职业道德的挑战

经济全球化是 20 世纪 70 年代以来世界范围内迅速发展和凸显的一种经济发展趋势。经济全球化不但带来了世界范围内资本、科技、人才的自由流动，使各国经济上的依存性、互联性增强，而且带来了各国之间政治、文化、科技、教育的广泛交流与合作，对各国的政治、文化、科技、教育产生了深刻和深远的影响。经济全球化条件下的高等教育必须面向世界，必须走国际化的发展道路。经济全球化给我国的高等教育带来了发展的大好机遇，同时又提出了尖锐的挑战。迎接经济全球化的挑战，培养国际化的优秀人才，投身国际化的科技文化竞争中，是我国高等教育的不二选择。经济全球化所带来的高等教育国际化发展，强烈冲击着我国传统的高校教师职业道德，要求高校教师从职业理念、职业目标、职业技能等各方面改革原有的职业道德，树立与高等教育国际化发展相适应的新的职业道德体系。

(一)高校教师必须树立国际化的教育思想和理念

教育思想和教育理念是指导教师教育教学活动的根本原则和意识，是整个教育教学活动的理论和观念基础，它影响着教师的思维模式和认识方式，规定着教育教学活动的性质和方向。教育思想和教育理念也是教师职业道德的理性基础和前提，它从根本上制约着教师职业道德的发展方向和内涵构成。经济全球化所导引的高等教育国际化发展趋势，是不依人的意志为转移的客观规律，是不可抗拒的世界潮流，任何国家都应该顺应这股潮流，都不可孤立封闭地办学。邓小平同志早在 1983 年就提出："教育要面向现代化，面向世界，面向未来"。[①] 三个面向，核心就是教育要走国际化发展的道路。美国著名学者克拉克·科尔说："我们需要一种超越赠地学院传统的新的高等教育观念，这种观念实际上是高等

---

① 《邓小平文选》，第 3 卷，人民出版社，1993 年版，第 35 页。

教育面向世界，或者说高等教育要国际化。"①教育国际化背景下的高校教师职业道德要求高等院校及其教师必须具有国际化的理念和开放的意识，必须具有国际化的视野和胸怀，努力破除封闭保守的教育思想和理念，以积极主动的姿态投身于高等教育国际化的潮流中，为国争光，为民族争气，为高等教育国际化发展作出自己的贡献。

(二)高校教师要树立国际化的人才培养目标及相应的职业道德素质

在经济全球化的综合国力竞争中，人才是关键。参与国际竞争，必须培养具有国际竞争能力的优秀人才。因此经济全球化要求高校教师必须树立国际化的人才培养目标，具备培养国际化人才的职业道德素质。

首先，教师必须具有强烈的爱国主义和民族精神，要有振兴中华赶超世界先进水平的理想和志气，并以这种爱国主义精神教育学生、感染学生，使学生在国际化的人才竞争中，具有坚定的国家民族立场，有高尚的民族精神和国格人格。

其次，教师必须具有能与国际高等教育接轨的知识结构和专业水平。我国原来的学科和专业设置以及课程体系是封闭办学的产物，已经不能适应高等教育国际化发展的需要。国际化的人才培养目标要求教师首先要着眼于国际市场对人才的需要，积极投身于学科专业的调整和课程体系的改革中，促使课程体系从封闭型向开放型、从本土化向国际化转化，尽快建立科学、合理、有利于国际化人才培养的课程体系。国际化的人才培养目标还要求教师更新专业知识，改善知识结构，在自己的教学中渗透国际政治、经济、文化、科技、人文知识等信息，加快教学内容的改革与创新。

此外，高校教师必须比较熟练地掌握一门外语。外语是我们投身于经济全球化和国际竞争的必备手段和语言工具，也是培养国际化人才必备的条件之一。因此高校教师一定要比较熟练地掌握一门外语，要能直接参与国际交流，获得第一手教材和资料，为培养国际化人才奠定语言文化基础。

(三)高校教师要积极参与国际合作与交流，体现优良的学风和国格人格

经济全球化带来的高等教育的国际化发展，使得世界各国的高等教育日益联为一体，相互的交流与合作已经成为一个国家高等教育健康发

---

① 转自：杨德广等：《从经济全球化到教育国际化的思考》，《河北大学学报》(哲学社会科学版)，2000 年第 4 期。

展必不可少的条件。改革开放以来，我国高等教育积极参与了国际交流与合作。经过二十年的发展，我国高等教育国际交流的规模越来越大，范围越来越广。经济全球化带来的日益扩大的国际交流与合作，对高校教师职业道德提出了新的要求。

其一，高校教师要积极争取并珍惜出国学习交流的机会。高校教师首先要苦练内功，提高外语水平，积极创造条件，争取出国学习深造的机会。已出国的教师则要珍惜良机，充分利用国外优越的资源和环境条件，刻苦学习认真钻研，探索真理追求真知，切不可走马观花、浅尝辄止，更不可旅游观光、荒废学业。在学习研究中特别要注意遵守学术道德和学术规范，要踏实勤勉、亲力亲为，决不可投机取巧，破坏学术传统，败坏学术道德。

其二，高校教师要尊重国外同行专家和学者。在与国外专家学者交往中要尊重他人、谦虚谨慎，但是不能迷信权威、畏首畏尾；要尊重他人的宗教信仰、民族传统和道德风俗，同时要维护自己的尊严、国格和人格。对来我国学习的外国留学生，高校教师要认真教学诲人不倦，与他们建立真诚健康的师生关系，体现中国高校教师良好的职业道德风范。

其三，高校教师在涉外活动中要遵纪守法清正廉洁。留学国外、合作项目、接收留学生都会涉及一些经费、基金、课题费、学杂费等经济和费用问题。在处理经济问题时，每一个教师都要严格按有关规章制度和管理程序办事，要加强思想警戒，保持清正廉洁，决不可违法乱纪、贪污盗窃、从中渔利。

(四)高校教师必须弘扬民族优秀文化，反对西方文化霸权主义

经济全球化带来了高等教育国际化的发展，带来了文化多元化的繁荣。与国外高等教育的交流与合作，使我们有机会学习借鉴国外先进的办学经验，广泛吸收世界优秀文化成果，从而促进我国高等教育的发展。但是，我们也不能不看到经济全球化是以西方发达国家为主导的，他们利用经济上和信息技术上的优势，借助全球化和教育国际化的力量，把本身的强势文化、意识形态、价值观念输入到发展中国家，以期实现文化霸权主义的政治目的。大学是国际文化交流的主要阵地，也是网络信息传播最快的场所，西方文化霸权主义的渗透对我们的青年教师和大学生产生了不可忽视的影响，同时也向高校教师职业道德提出了尖锐的挑战，为此高校教师必须从以下几方面加强职业道德修养。

首先，必须保持政治上的坚定立场。高校教师必须坚持马列主义、毛泽东思想、邓小平理论和"三个代表"重要思想的指导地位，坚持社会主义的办学方向，必须保持政治上的敏感性和坚定性，加强对大学生正确的世界观、人生观、价值观教育，把思想政治教育贯穿到教学教育工作的全过程中。

其次，高校教师应该做民族传统文化的积极传播者。中华民族有五千年的文明史，形成了源远流长博大精深的民族精神和传统文化。高校教师肩负着传播民族传统文化、弘扬民族精神的历史重任。高校教师要明确自己的职责，自觉对学生进行爱国主义、自强不息、勤劳节俭、艰苦奋斗、厚德载物、热爱和平的民族精神教育，大力弘扬和传播中华民族的优秀传统文化，同时要帮助学生认识西方文化霸权主义的政治目的，自觉抵制西方不良文化的影响和渗透，坚决反对少数发达国家的文化霸权主义。

总之，全球化背景下的高校教师职业道德要求高校教师，一方面要以国际化的视野，以积极主动的态度尽快融入教育国际化的潮流中，吸收各国先进的科学文化知识，吸收借鉴人类文明的优秀成果；另一方面又要以爱国主义的立场，弘扬中华民族优秀传统文化，坚决反对全盘西化，反对少数发达国家的文化霸权主义。如何在教育国际化的潮流面前，既坚持国际化的发展道路，又不失民族主义的立场，将是高校教师在职业道德教育和修养中一项长期的任务。

二、教育现代化对高校教师职业道德的规定

教育现代化是现代生产的产物，是以政治、文化和社会的现代化为依托的。教育现代化是教育从整体上对传统教育的改革与更新，是一个深刻的革命与创新过程。教育现代化对传统高校教师职业道德提出了挑战，要求高校教师职业道德从教育思想理念、人才培养模式、学科专业设置以及课程体系、教学内容和教学方法等诸方面进行现代化的改造与革新。

(一)教育现代化要求高校教师实现教育思想和理念的现代化

现代教育思想是适应现代社会的发展和人的全面自由发展而确立的关于教育的基本指导思想和原则。现代教育思想是对传统教育思想的改革和超越，是一种具有现代意识且面向未来的教育思想与观念体系，主要包括个性化教育、人性化教育、国际化教育等思想和理念。

1. 个性化的教育思想和理念

人是世间一切因素中最宝贵的因素。人的宝贵性主要来自人的个性和创造性。不同的生长环境和生活经历赋予了每个人特有的性格气质、特有的情商智商和潜在能力。保护每个人健康的个性并把它挖掘和发挥出来，是现代教育的职责和功能。教育部部长周远清同志在 2004 年高等教育国际论坛的讲话中指出："培养学生要注意个性，没有个性就没有创造性。"个性化教育是现代社会人的发展要求，也是现代教育先进的思想和理念。大学是文化传播和学生个性化发展的制度化机构，教师是学生个性化发展的教育者和引导者，高校教师要破除计划经济体制下注重共性、忽视个性，主张整体性、忽视个体性的教育思想，树立个性化的教育思想和理念，鼓励学生的特长和个性发展，促使优秀人才脱颖而出。

2. 人性化的教育思想和理念

人性化的教育思想和理念是经济现代化、政治现代化和人的现代化的要求。经济现代化的实现，要靠人的智慧能力、创造精神；政治现代化的实现，要靠人的民主精神、民主意识；人的现代化是指人的智力体力的全面自由发展；因此社会现代化和人的现代化都要求高等教育必须以人为本，必须树立人性化的教育思想和理念。

人性化的教育思想和理念要求高校教师要破除一切以教师为中心的旧思想、旧观念，树立以学生为中心的教育主体思想，树立以人为本的教育理念；人性化的教育理念要求教师尊重学生的人格，维护学生的权利，在教育教学中贯彻民主平等的精神；人性化的教育理念要求高校教师关心学生的思想、学习、生活，要体现对学生的人生伦理关怀；人性化的教育理念还要求高校教师和管理人员在坚持学校各项规章制度的同时，注重规章制度的人性化操作问题，要体现出对学生负责、为学生前途着想的伦理关怀精神。

3. 国际化的教育思想和理念

国际化的教育思想和理念无疑是一种现代教育理念。国际化的教育理念要求高校教师摒弃封闭保守固步自封的思想和心理，具有国际化的视野，了解世界高等教育的发展状况，明确自己的努力方向；国际化的教育理念要求高校教师具有国际化的胸怀，努力学习和吸收国外优秀的思想和文化成果，同时坚持爱国主义的原则立场；国际化的教育理念还要求高校教师具有国际化的人才理念，培养出具有国际竞争能力的各种优秀人才来。

(二)教育现代化要求教师实现培养目标的现代化

高等教育的培养目标是高等教育对人才种类、层次、规格和要求的质量标准，是国家总体教育目标在高等教育领域中的具体化。现代高等教育有现代化的人才培养目标，其主要特征是：创新性人才、通专结合的复合型人才、科学素质与人文素质统一的人才。培养目标的现代化对教师职业道德提出了许多新的要求。

1. 创新性人才

创新是世界发展的动力源泉，创新性人才是当今世界发展对人才的首要要求，也是现代化的人才培养目标。只有具有创新精神的人，才能破除迷信解放思想，勇于探索发现真理，有所发明有所创造，才能为社会主义现代化事业作出贡献，才能在激烈的国际竞争中站稳脚跟。

创新性人才的培养是一个系统工程，它是由培养人的创新意识、创新精神、创新思维、创新能力、创新品质所构成的一个整体过程。高校教师必须明确现代社会对创新人才的需求，培养学生的创新意识，激励他们向创新性人才目标定向和塑造自己；培养学生的创新精神，引导他们善于提问和质疑，勇于探索和追寻；培养学生的创新思维，促使学生形成批判性、探索性、超越性、逆向性、散发性、精密性思维；培养学生的创新能力，让学生掌握现代科技文化和基础理论，给学生传授专业前沿新知识、新科技，使学生具备探索创新的能力；培养学生创新品质，即勤奋、坚毅、刻苦钻研、不畏艰难、一丝不苟、精益求精等，努力培养出创新性人才来。

2. 通专结合的复合型人才

当前，现代科学技术和学科专业的发展呈现出两种发展趋势：一是学科知识的分化，即学科专业分化越来越细，越来越专。二是学科知识的综合化，即学科和专业之间的融合和渗透日益增强。现代科学技术和学科专业的发展要求我们培养通专结合的复合型人才。过去我们培养的人才是单一的专门性人才，专业知识比较精深，而跨专业知识、通用性知识比较薄弱。这种人才适用面狭窄，不能适应现代社会对人才的需要。现代科学知识和现代社会的发展对人才培养目标提出了新的要求，即宽口径、厚基础，既有通用性基础知识，又有一门专门性学科知识的复合型人才。我们的高校教师基本上是在单一的专业化教育下成长起来的，通专结合的知识基础比较薄弱。面对现代化的人才培养目标，高校教师必须努力从"通""专"两方面下工夫。首先必须不断补充和拓展专业知识，必须了解本学科和本专业发展的最新动态和未来趋势，把握学术前沿，使自己的专业教育能够适应现代社会发展对人才"专"的需要。其次必须加强通识学习。教师要努力学习和了解现代科技发展的新知识、新技术、新理论，扩大知识视野，拓宽知识领域。文科教师要努力学习自然科学知识，理科教师要努力学习人文社科知识，要文理相容，广泛涉猎，使自己具备培养通专结合的复合型人才的基本能力和素质。

3. 科学素质与人文素质统一的人才

在现代科技日新月异迅猛发展的知识经济时代，加强对大学生的科学教育，提高他们的科学素质无疑是非常重要的。但是科学技术是双刃剑，它在促进社会物质财富增加，促进人的科学素质提高的同时，由于各种主客观原因，也会产生人文精神丧失，精神家园荒漠，甚至道德伦理退化的现象。因此对大学生加强科学素质教育的同时，必须加强人文素质教育。培养科学素质与人文素质统一的人才，是现代高等教育人才培养模式的又一个标准。科学素质是指由科学知识、科学态度、科学思维方式等科学性因素构成人的内在素养和品质，这是现代人应具备的基本素质。高校教师应该通过自己的教育和教学，培养学生信仰科学、探索规律、追求真理、实事求是的科学精神；提高学生的科学文化水平和专业学科能力；训练学生辩证唯物的、批判创新的、综合分析的科学思维方式。人文素质是指由知识、能力、观念、情感、意志等多种因素综合而成的一个人的内在品质，表现为一个人的人格、气质、修养和道德。加强对当代大学生的人文素质教育具有十分重要的现实意义。由于应试教育的长期存在，致使许多大学生人文素质教育先天不足，大学生的人文素质状况令人担忧。高校教师要通过教育、教学、管理和社会实践等各项活动，主动承担起对大学生进行人文素质教育的任务，促使学生理想信念、道德修养、人格品质、审美情趣、民主平等、团结协作精神的全面提升与发展。

(三)实现教学体系的现代化

教学体系的现代化是指专业学科设置、课程体系、教学内容和方法的现代化。教师以传授科学知识为己任，教师的专业素质、水平和能力是职业道德的重要组成部分，是教师职业道德得以实现的依据和内在功力，没有精湛的业务水平，没有熟练的专业技能，实现自己的职业理想，完善自己的职业道德就是一句空话。因此掌握现代教学知识体系，具有现代教学技能和方法，是高等教育现代化对教师职业道德的基本要求。

1. 学科专业的现代化

高等院校的学科专业是根据社会分工和科学知识的分类而设置和确立的，每一学科和专业都对应着某种特殊的科学知识体系，对应着某种人才培养规格。随着现代科技的飞速发展，随着社会分工的不断深入，社会对人才的需求也不断变化，高等学校的学科和专业总是处于不断地调整和变化之中。我国高等教育原有的专业和学科设置是计划经济体制的产物，应该说那种设置是适应当时社会需要的，也曾经培养出大批社会主义建设所需要的人才。但是随着市场经济体制和高等教育国际化发展战略的确立，原有的学科专业设置已不能适应现代社会发展对人才的需要，调整改造传统的学科专业体系，创建现代新型学科专业体系，成为教学体系现代化的首要任务。为此，高校教师职业道德要求高校教师要理解学科专业现代化的意义，努力学习新知识、新科技，了解新学科、新专业，跟上学科专业现代化的步伐。

2. 课程体系的现代化

学科专业的调整必然要求课程体系的相应变化和调整。课程体系是由学科和专业的性质、任务、育人目标所决定的。围绕其性质、任务、育人目标设置了由专业基础课、专业必修课、专业选修课、专业提高课、专业研究课组成的相互联系，循序渐进，不断深化的课程体系。我们原有的课程体系是传统学科专业设置的产物，计划经济的印记突出，许多课程已不能适应现代社会对人才培养的需要，课程体系的重新设置已经成为继学科专业调整后摆在每个教师面前一项迫在眉睫的任务。课程体系的现代化改革涉及每一个教师，高校教师职业道德要求每一个教师都要积极投身于课程体系的现代化改革中，该淘汰的课程坚决放弃，该改造的课程坚决改造，努力探索勇于创新，为实现课程体系的现代化作出贡献。

3. 教学内容的现代化

高校的每一门课程都承担着传授知识、创新知识、培养人才的任务。现代科技的迅猛发展，现代社会对现代人才培养目标的设定，要求每门课程的教学内容必须进行现代化的改革。教学内容的改革是每一个高校教师必须亲历亲为的职业活动，也是新时期高校教师职业道德建设的一项重要任务。高校教师要主动自觉地投身于教学内容的改革中去，要淘汰和更新陈旧的内容，反映现代科技发展的新成果，要借鉴国际先进的教学资源，如有可能，要使用国外优秀的原版教材。教学内容改革不是一件简单和轻而易举的事情，它需要扎实的学术功底和开阔的学术视野；需要坚定的改革意志和克服困难的毅力；需要付出时间和精力。因此高校教师一定要充分认识教学内容改革的重要性，下定决心克服困难，把教学内容的现代化改革进行到底。

4. 教学方法的现代化

随着电脑网络技术的迅速发展，整个世界进入了信息化时代。信息技术以其迅猛异常势不可挡的气势，在教育科技和教学方法方面显示着独特的优势，深刻改造着"一支笔、一本书、一块黑板"的传统教学方法。网络技术大容量的信息存储，可以提供丰富的教学资源，使教师方便快捷地获取所需信息和资料；网络技术提供了文体、图形、音频、视频和动画等全新的信息传播方式，可以取得良好的视觉、听觉和感觉效果，取得良好的教学效果；网络技术改变了教师对学生的单向性教学过程，现实了教学过程的交互性以及教学指导的个别化，从而激发了学生学习的积极性与主动性；建立在网络平台上的远程教学还可以超越时空限制进行网上授课，也可以与同行交流，向名家学者请教并获得丰富的教学资源。面对瞬息万变的信息社会，面对网络技术的种种优势，高校教师是否有利用计算机获取信息、处理信息、并将信息技术整合到教学中的能力，成为信息时代合格教师的重要职业素质。为此，高校教师必须努力学习和掌握计算机技术，将现代教学方法运用到教学工作中去，促进教学质量的提高。从职业道德的角度看，计算机技术的使用和网络教学的开展实际上大大增加了教学工作量，增加了教师的负担，诸如电脑课件的制作、网络教学的设计、信息资料的提供、问题的解答、难点的探讨都要付出大量的时间和精力，因此现代化的教学方法要求教师要具有敬业勤业、不辞辛苦、不计报酬的良好职业道德。

三、社会主义市场经济对高校教师职业道德的要求

党的第十四届代表大会提出了建立社会主义市场经济体制的经济改革目标以来，我国便进入了由计划经济向社会主义市场经济转型的新时期。市场经济目标模式的确立，不但带来了经济社会的巨大变革，而且引起了高等教育以及高校教师职业道德的深刻变化。新旧体制的转换所引起的高等教育改革以及新旧道德意识的碰撞，使传统的高校教师职业道德面临着市场经济的挑战，整个职业道德正在也必将在市场价值体系主导下整合与重建。

(一)社会主义市场经济要求高校教师具有与市场经济相适应的思维方式和思想理念

高校教师传统职业道德是在长期的计划经济体制下形成的,计划经济的封闭保守整齐划一,造成了高校教师传统职业道德中封闭、保守、单向性的思维方式和思想理念。市场经济是以市场为导向、以资源优化配置为目的的一种现代经济体制。各种生产要素的自由流动和组合,多种利益主体的存在和发展,必然要求一种开放式的思维方式,要求创新意识、竞争意识和法律意识与之相适应。因此社会主义市场经济要求高校教师必须破除封闭保守的思想观念,树立与市场经济相适应的创新意识、竞争意识和法律意识。

创新是市场经济具有生机与活力的动力源泉,也是市场经济对人才规格的重要要求。大学是知识创新的摇篮,是培养高级专门人才的基地,从它产生的那天起,就肩负着创新知识,培养创新性人才的历史使命。大学教师必须具有创新意识和创新能力,必须具有批判精神、探索精神和超越精神,在教学上要不断改革求新,在科研上要勇于开拓创新。有创新精神的教师,才能培养出具有创新意识和创新能力的人才,才能适应市场经济对人才的需要。

公平竞争是市场经济的重要特征,优胜劣汰是市场经济运行的重要原则。社会主义市场经济要求高校教师必须具有竞争意识,必须彻底改变计划经济条件下安于现状、固步自封、不思进取、害怕竞争的思想和心态,从思想意识、心理状态等方面培养竞争意识。高校教师要紧跟时代的脉搏,坚持苦练内功,增强竞争实力,积极参与竞争,创造出最好的工作业绩。

市场经济并非自由经济,而是一种法制经济。知法、守法、依法执教不仅是社会主义市场经济条件下高校教师的职业责任,更是教师应履行的职业道德。高校教师必须努力学习各种法律法规,认真履行法律义务,同时保护自身的合法权益。此外,高校教师特别要加强对学生的法律教育,注意提高学生的法律素质。

(二)社会主义市场经济要求高校教师培养适应市场发展的优秀人才

社会主义市场经济体制的建立和发展,对人才规格和能力素质提出了全新的要求。高校教师必须适应社会主义市场经济对人才的需要,积极投入学科和课程体系改革中,为社会主义市场经济的发展提供优秀的人力资源。

在计划经济体制下，国家对高等教育实行统一的计划管理，造成了我国高等教育"千万本教材一个版，千万名教师一个腔，千万个学生一个样"的局面。培养出的人才规格单一，知识褊狭，缺乏多样性，更缺乏竞争力。计划经济向市场经济的转轨，改变了国家统包统分的大学生就业方式，大学生将直接面对市场，参与市场竞争，进行双向选择。高校学生就业方式的转变，要求高等学校培养的人才必须适应市场的发展，必须符合市场的需求。此外，社会主义市场经济的发展和科学技术的进步，带来了产业结构的调整，开辟了许多新兴行业和领域，也催生了许多应用学科、交叉学科和边缘学科，这些行业、领域和学科的发展对人才规格提出了新的多样化要求。为了培养适应社会主义市场经济发展所需要的各类人才，为了提高学生在市场经济中的竞争实力，高校教师必须了解和研究市场经济的特点以及对人才规格的要求，必须按照市场经济的规律进行学科专业和课程体系的调整改革；在知识结构方面，教师要根据市场经济的需要进行知识结构的调整，努力学习和补充市场经济的相关学科知识；还要积极投身于应用学科、高新技术学科和边缘交叉学科的建设中，使教学改革和人才培养更能适应社会主义市场经济对人才的需求，努力培养出在市场经济中有竞争实力的优秀人才来。

（三）社会主义市场经济要求高校教师必须警惕市场经济的负面影响，恪守职业道德规范

社会主义市场经济的确立和深入发展，带来了许多新思想、新理念、新道德，促进了高校教师职业道德的主体性、民主性、平等性的变革与发展，但是市场经济的消极因素也不可避免地对高校教师职业道德产生了负面影响，出现了价值观念多元化的态势，诱发了个人主义、拜金主义和享乐主义等不良倾向。有的教师理想信念淡漠，社会责任感降低；有的教师"一切向钱看"，缺乏敬业、勤业精神；有的教师个人主义思想严重，集体观念、团结协作精神淡漠；有的教师心态浮躁急功近利，缺少严谨治学求真务实的精神，缺乏学术诚信；还有的博硕士生导师，利用职务之便，将学生的科研成果据为己有，用不正当的手段追名逐利，产生了学术腐败现象。

上述种种情况告诉我们，市场经济的负面影响对高校教师职业道德的冲击和破坏是不容忽视的，加强教师自身的职业道德修养，加强对教师的职业道德教育迫在眉睫。为此，在市场经济条件下高校教师必须坚定职业理想和信念；树立正确的利益观和职业观，加强社会责任感，自觉抵制拜金主义、个人主义的腐蚀；加强道德修养，诚信为本，求真为怀，反对学术腐败，公平参与竞争；在服务社会以及与市场经济接轨的过程中，严格要求自己，恪守职业道德规范，表现出高尚的职业道德素质来。

四、当代大学生现状对高校教师职业道德的期望

大学生是青年中的佼佼者，是最朝气蓬勃积极向上的知识青年群体。但是大学生涉世不深，缺乏经验，政治思想上、人格心理上尚不完全成熟，特别是在改革开放和社会转型的时代背景下，大学生的成长环境发生了很大变化，大学生的成长道路上出现了许多新问题，他们需要教师从各方面给予引导和帮助。此外，近些年来随着高等学校的扩招，我国高等教育开始从精英教育向大众化教育转化，学生数量的增多，学生构成的多样化，也带来了学生思想、心理、道德等方面的复杂化，带来了教育管理方面的诸多问题。高校教师是实施教育的主体，当代大学生的现状向教师职业道德提出了新的挑战和更高的期望。

(一)高校教师必须加强对大学生的政治思想教育

中国大学生历来有热爱祖国、关心国家前途命运的优良传统。当代大学生继承和发扬了中国大学生的光荣传统，大多数表现出良好的政治思想素质：他们拥护党的改革开放路线，拥护四项基本原则；他们热爱祖国，决心振兴中华；他们支持全面实现小康社会的奋斗目标，决心投身于社会主义现代化事业。但是，他们毕竟年轻，政治上还有许多不成熟的地方，特别是在经济全球化、政治多极化的国际新形势下，在西方敌对势力"西化""分化"图谋的渗透下，有些大学生在政治方向、政治观点方面出现了一些不容忽视的问题：比如，有的大学生缺乏马克思主义基本理论素养，缺乏理想信念和正确的政治方向；有的大学生推崇资产阶级的自由民主，相信西方国家对人权的保护和尊重；有的人对马克思主义的指导地位产生动摇，认同西方国家的多党轮流执政制等。

大学生的政治思想状况对高校教师职业道德提出如下要求：首先，高校教师要有高度的政治责任感和政治觉悟，充分认识对大学生进行政治思想教育的重要性，主动承担起对大学生进行政治思想教育的重担。其次，教师本人要努力学习马列主义、毛泽东思想、邓小平理论和"三个代表"重要思想，具有科学的世界观、价值观、人生观，具有爱国主义精神，并以自己坚定的政治方向、政治立场、政治态度教育影响学生。再

次，高校教师要坚持教书育人的原则，将国情教育、近代史教育、社会主义、爱国主义、集体主义以及理想信念教育寓于教学活动中，特别要注意在向学生介绍国外的政治思想、学术流派时，要坚持全面辩证的观点，力戒片面性，要帮助学生认清资产阶级政治观、价值观、人权观的实质，提高他们的政治鉴别力，增强他们抵御资产阶级政治文化侵蚀的能力。

（二）高校教师必须加强对大学生的道德教育

当代大学生是我国实行计划生育国策以后出生的，绝大多数是独生子女，他们是在改革开放和市场经济的社会环境下长大的，又是在应试教育的指挥棒指导下考入大学的。独生子女道德上的缺陷，应试教育中人文教育的缺失，市场经济中一些消极因素的影响，对外开放中西方人生观、价值观和腐朽生活方式的渗透，都对他们的道德品质、道德人格造成了不良影响，带来了他们道德上的种种缺陷。比如，有的大学生以自我为中心，个人主义严重；有的大学生无组织，无纪律，自由散漫，不愿受约束；有的人唯我独尊，不懂得尊重别人，缺乏谦虚谨慎团结协作精神；有的人贪图享乐，铺张浪费，缺乏艰苦朴素吃苦耐劳的精神；还有的人缺乏诚信道德，作业抄袭，考试作弊，贷款不还，恶意拖欠，甚至有人在求职中伪造学历，弄虚作假。大学生道德缺失状况令人担忧，加强对大学生的道德教育成为高校教师职业道德中一项十分重要的任务。

高校教师必须明确现代社会对人才道德素质的要求，树立教书育人的教育观念，把对学生的思想品德和道德人格教育作为自己不可推卸的职业职责，自觉对学生进行思想品德和道德人格的教育。教师要加强道德修养，完善道德人格，要以身作则，言教加身教，以自己关心集体、尊重他人、克己奉公、助人为乐、敬业勤业、淡泊名利、谦虚谨慎、团结合作、艰苦朴素、清正廉洁的优良品质和道德人格影响和感染学生，为学生作出榜样。

（三）高校教师必须关心大学生的心理健康，促进大学生健康心理和健康人格的发展

有研究表明，未来社会由于紧张的生活节奏，激烈的竞争压力，心理疾病将成为继癌症和心脑血管疾病后第三大危害人类的疾病。大学是社会的缩影，大学生由于种种主客观原因，心理健康问题也非常突出。有调查表明，当代大学生的心理矛盾、心理冲突、心理压力严重，有近15％的大学生不同程度地存在心理障碍。这些心理障碍主要表现在以下几方面：

其一，独生子女群体的心理障碍。独生子女是一批被家长精心呵护和百般娇宠长大的一代，他们独立生活能力差，自我意识突出，不会处理人际关系，上大学后，在集体生活中，在与他人交往中，往往产生心理上的不适。

其二，理想与现实的落差，导致心理不适。许多学生在上大学之前，对大学抱有美好的想象，但是真正上大学后，他们又感到大学并不像自己想象的那么理想和美好，理想与现实之间的落差以及在学习、生活、人际交往等方面遇到的困难和矛盾，使他们产生了迷茫、失望、甚至悲观消沉的心理。

其三，就业恐慌症。近些年来随着市场经济的发展，社会竞争日益激烈，就业形势日趋严峻。面对激烈的人才竞争，面对巨大的就业压力，许多大学生产生了就业恐慌症，他们自责、压抑、缺乏自信、害怕踏入社会，终日处于紧张焦虑之中。

其四，贫困大学生的心理障碍。随着九年义务制教育的推行，高等教育普遍实行了交费上学。交费上大学给一些学生和家庭带来了沉重的经济负担，出现了许多贫困学生。贫困大学生由于家庭经济和生存环境的困难，心理压力更大，谨小慎微、自卑、封闭、孤僻、自责、虚荣等心理问题更为突出。

综上所述，大学生的心理健康问题不容忽视。关心学生的心理健康，引导学生走出心理困境，已经成为高校教师职业道德中一项义不容辞的责任。为此高校教师职业道德要求教师，首先，努力学习现代心理学知识，加强对学生的心理教育。教育他们正确认识自我，接纳自我，实现人格和谐心理健康；教育他们热爱生活，乐观向上，培养良好的人际交往能力，提高自己的心理承受力。其次，关注学生的心理健康。教师对学生的心理问题要有警觉性、敏感性，要及时发现问题，及时解决问题，不可疏忽大意，延误时机，以免造成严重后果。再次，教师要掌握心理咨询和心理疏导的技能技巧，并灵活机动地运用科学方法，帮助学生克服心理障碍，走出心理困境。此外，教师本人要有健康良好的心理素质和心理状态。教师要热爱生活、情趣广泛、乐观向上；教师要宽容大度、善于与他人合作、有良好的人际关系；教师要有坚强的意志和克服困难的勇气；教师要有和谐的人格，处人处事全面辨证平和有度。总之，教师要以自己健康良好的心理品质影响感染学生，使学生在心理素质方面既得到教师的言教，又得到教师的身教。

综前所述，新时期高校教师职业道德正面临着来自经济全球化、教育现代化、市场经济以及大学生现状等诸方面的冲击和挑战，改造传统的高校教师职业道德体系，努力学习新时期高校教师职业道德原则和规范，加强高校教师职业道德教育与修养，是全体高校教师，特别是青年教师的重要一课。

◆思考题

1. 从中国传统教师职业道德中你受到了哪些教育和启示？

2. 在经济全球化的条件下，高校教师如何既走国际化的教育发展道路，又坚持爱国主义和民族文化的立场？

3. 高等教育的现代化发展对高校教师职业道德提出了哪些新的要求？

4. 联系大学生的思想道德实际谈谈高校教师职业道德在大学生健康成长中的重要性。

阅读资料一：

陶行知——中国知识分子的师德典范

陶行知原名文濬，1891 年 10 月 18 日生于安徽歙县西乡黄潭源村，家境清寒，天资聪颖。1909 年入南京汇文书院，次年转入金陵大学文科。1914 年，陶行知先生以第一名毕业于金陵大学，后赴美留学，受业于美国著名教育家杜威，获博士学位。1917 年他抛弃了国外优厚的待遇和生活条件，怀着教育救国的远大志向，毅然回到祖国，全身心地投身于人民的教育事业，积极投身于抗日救亡运动中，表现了中国知识分子忠诚人民的教育事业、忧国忧民爱国奉献的光荣革命传统和高尚的职业道德情操。

陶行知先生被毛泽东誉为"伟大的人民教育家"，他终身致力于中国人民的教育事业，为促进国民素质的提高，为实现教育救国的理想，殚精竭虑奉献了终生。1917 年回国后，陶行知先后创办了《新教育》、《民主教育》等多种教育杂志，进行教育研究和教育宣传，并组织了《中华平民教育促进会》，积极开展平民教育。他对中国农村的贫穷落后、农民缺少文化有深刻的体验。他认为只有创新乡村教育，普及乡村教育，中国农村贫穷落后的面貌才能得以根本改观。1927 年 3 月，他亲自"上山下乡"

自筹经费，开荒盖房，在南京北郊晓庄创办试验乡村师范学校（后改名晓庄学校），开展乡村教育运动，进行教育改革和实践。1930年4月，国民党反动政府因惧怕晓庄学校的革命性，陶行知受到通缉，被迫临时避难日本。1931年春，陶行知返抵上海，创办"自然学园"，"儿童科学通信学校"，编辑出版《儿童科学丛书》和《儿童科学活页指导》，积极进行了少年儿童的教育理论和教育实践指导活动，为我国的儿童教育事业的奠基和发展作出了重要贡献。

　　陶行知先生不但具有爱国主义的思想，而且身体力行积极投身于中国人民抗日救亡的革命实践中。1935年他参与发起"上海文化界救国会"，组织了"国难教育社"，推行国难教育。1936年陶行知当选为全国各界救国联合会执行委员和常务委员，他要求教育者"教育大众联合起来解决国难"去争取"中华民国领土主权之完整"、"争取中华民族之自由平等"，他还亲赴欧美各国宣传中国人民的抗日救国主张，发动侨胞支持援助抗日战争，得到了各国人民和海外侨胞的同情和支持。1937年7月，在四川省合川县凤凰山为难童创办育才学校，在普修课外，设有音乐、戏剧、绘画、文学、社会、自然、舞蹈等活动小组，因材施教，培育人才幼苗，学校办得有声有色。1940年9月，周恩来和邓颖超同志专程访问了育才学校，给学生留下了"一代胜似一代"的签名题词。1946年1月，陶行知在重庆创办社会大学，亲任校长并提出："大学之道，在明民德，在亲民，在止于人民之幸福。"推行民主教育。社会大学采取开门办学的原则，积极倡导学生参与社会政治活动。2月1日，社会各界在校场口集会庆祝政治协商会议的胜利，当特务冲击会场，发生校场口惨案时，陶行知、李公朴等校领导带领学生冲在最前面，致使李公朴先生头部被打成重伤。陶行知一面安排学生把李公朴先生送进医院，一面继续指挥学生同特务进行顽强斗争，直至最后的胜利。一周后，当李公朴伤愈出院，头上缠着绷带返校时，陶行知先生还专门召开了学生大会欢迎他的归来。他站在讲台上，对李公朴的壮举给予了极高的评介，号召学生继续起来为争取民主而斗争。说到激昂处，他一把握住李公朴先生的手，高高地举过头顶，大声疾呼："为民主不惜牺牲一切！"。抗日战争胜利后，陶行知回到上海，立即投入反独裁、争民主、反内战、争和平的斗争中，他坚决反对国民党反动派的独裁统治，积极参加争取和平和民主的运动，在沪三个月内演讲一百多次，并积极筹组"中国国际人权保障会"，终因"劳累过度，健康过亏"不幸于1946年7月25日患脑溢血骤然逝世，年仅

55 岁。

陶行知的一生，是在人民涂炭、国家多难、民族危急之秋度过的，他以"捧着一颗心来，不带半根草去"的赤子之心，为人民的教育事业、为中国的民族解放和民主斗争事业，鞠躬尽瘁，奋斗终生，作出了不可磨灭的贡献，同时，以自己的高尚师德情操为后继师者树立了光辉典范。

阅读资料二：

孟二冬——当代高校师德的榜样

2006 年 4 月 22 日，是孟菲心痛的日子，因为她最亲爱的父亲孟二冬教授因病医治无效逝世了，年仅 49 岁。然而 6 月 9 日她又得到了最大的安慰与鼓励。因为这一天她收到了胡锦涛总书记的一封信。胡锦涛同志在信中对孟菲说："你爸爸是一个普通的教师，但他为人师表的高尚品德却深深打动了每一个人，给人以心灵的震撼。"，"他不仅在浩如烟海的典籍中学习和研究中华文化，在三尺讲台上讲授和传承中华文化，而且他以自己的模范行为诠释和躬行中华文化的精髓。他把自己有限的生命全部用来报效祖国和人民。在他身上，不仅体现了学识的魅力，而且体现了人格的魅力。"这封信情真意切，流露的是一位长辈对失去父爱晚辈的拳拳爱心，表现的是党的总书记对一位优秀教授的高度赞誉，传达的是党中央对广大教师的殷切期望。

正如胡锦涛总书记所说，北大教授孟二冬用他整个的教师生涯，用他踏实勤勉的治学精神和为人师表的崇高品德，回答了什么是一个人民教师应有的师德品质，为新时期广大高校教师树立了光辉的典范。

孟二冬同志生于 1957 年 1 月，安徽省宿县人。1985 年考入北京大学中文系攻读硕士学位，1988 年毕业后到烟台大学任教。1991 年再次考入北京大学中文系攻读博士学位，1994 年 7 月获文学博士学位并留校任教，历任讲师、副教授、教授、博士生导师。2004 年 3 月至 4 月底，孟二冬同志主动要求参加北京大学对口支援的新疆石河子大学的教学工作。支教期间，他出现严重的嗓子暗哑症状，但仍以顽强的毅力坚持授课，直至教学完毕，跌倒在讲台上。经诊断，罹患食管恶性肿瘤（晚期），先后经历三次大手术，终因病情恶化，英年早逝。

孟二冬同志从教二十余年对党和人民的教育事业无限忠诚。他热爱学生，为人师表，品德高尚，始终以教书育人为己任，坚持不懈地教育学生追求真知，追求卓越，成为学生健康成长的良师、崇高人格的楷模。他指导学生细致入微，严谨扎实，注重因材施教，鼓励学生大胆创新。他不但在业务上严格要求学生，而且关心学生的思想和生活，言传身教，润物无声。即使在病重住院期间，他依然心系讲坛，坚持在病床上指导学生，并且时刻牵挂着石河子大学的同学，继续为他们寄送书籍和资料。直至弥留之际，孟二冬同志仍然不忘一名人民教师的神圣职责，希望生命的最后时刻也用来指导学生。

孟二冬同志学识广博，敬岗爱业，长期工作在教学科研第一线。他担任主干基础课中国古代文学史的教学工作，并开设了李贺诗歌研究、唐诗研究概论、唐前诗歌理论研究、唐代应试研究等大量选修课，他的课生动活泼深受学生欢迎。他淡泊名利，甘于寂寞，以"板凳宁坐十年冷，文章不著一字空"的精神潜心钻研学术，努力产出学术精品。他撰有《中国诗学通论》(合著)，《陶渊明集译著》，《中唐诗歌之开拓与新变》，《韩孟派诗传》，《中国文学史》(参编)，《登科记考补正》等专著，并发表了许多高水平的学术论文。其中，《中国诗学通论》获教育部普通高等学校第二届人文社会科学研究成果奖，中国文学二等奖；历时七年写成的《登科记考补正》获"文渊阁"四库全书电子版第一届学术成果一等奖，北京大学第九届人文社会科学优秀成果一等奖。他参与编著的《中国文学史》获北京市哲学社会科学优秀成果特等奖、第五届国家图书奖、2002年全国高校优秀教材一等奖。

孟二冬同志为人清正，刚毅豁达，始终保持着乐观进取、锲而不舍的精神状态。病发初期，他一直抱病坚守岗位，病重以后，他忍受了巨大的痛苦，以超常的勇气同病魔作了顽强的斗争。他的坚强、勇毅、达观深深感染了身边的每一个人。

孟二冬同志以他精湛的学识和高尚的师德得到了领导和广大师生的肯定。2004年被评为"北京大学优秀教师"；2005年被授予"北京大学优秀共产党员"、"北京大学优秀教师标兵"荣誉称号。他的先进事迹被广泛报道后，赢得了社会各界的高度赞誉。国家人事部、教育部授予孟二冬同志"全国模范教师"荣誉称号；中华全国总工会向他颁发了"全国五一劳动奖章"；北京市委教育工委授予他"北京教育系统优秀共产党员"荣誉称号；北京市总工会向他颁发了"首都劳动奖章"。

孟二冬同志是我们党培养的新一代知识分子的杰出代表，是当代高校教师的优秀师德典范，是我们学习的光辉榜样。

第二章 原理与基础——高校教师职业道德的本质及作用

高校教师的职业道德是指高校教师在从事教育劳动时所应遵循的行为规范和必备的思想品德之总和，是在高校教育职业活动中，调节教师与他人、教师与社会集体相互关系的行为准则，它从道义上规定了高校教师在教育劳动过程中应该以什么样的思想、情感、态度、行为去做好本职工作，为社会承担义务。高校教师职业道德的本质、特征、构成及作用，是高校教师职业道德的基本理论问题，了解这些基本理论问题是高校教师进行职业道德修养的基础和前提。

第一节 高校教师职业道德的本质与特征

一、高校教师职业道德的本质

高校教师职业道德是社会职业道德的一种类型，是整个社会道德的一个组成部分。作为社会道德的一部分，它是由一定社会的经济、政治、文化生活条件所决定的；作为职业道德的一种类型，它从特定的职业领域角度，反映了高等教育活动过程中的各种利益关系，反映了高等教育内部的规律和要求。高校教师职业道德的本质应该从唯物史观决定论的基本原则出发进行探讨，应该从高校教育活动客观存在的利益关系和规律性中挖掘。

(一)高校教师职业道德是由社会经济关系决定的一种道德意识现象

高校教师职业道德是社会道德的重要组成部分，同其他道德一样，归根到底取决于社会经济关系状况，受一定社会经济关系的制约。社会经济关系对高校教师职业道德的决定作用主要表现在三个方面：

1. 社会经济关系是高校教师职业道德产生的客观物质基础。有什么性质的经济关系就有什么性质的高校教师职业道德。恩格斯说过："人们自觉地或不自觉地，归根到底总是从他们阶级地位所依据的实际关系中，从他们生产和交换的经济关系中，获得他们的伦理观念。"①教师职业道德作为社会道德的一个组成部分，必然要受到一定社会经济关系的决定和制约。这种决定和制约作用表现为，社会经济关系决定制约着教育制度、教育性质、教育目的和教育内容，而教育制度、性质、目的和内容又决定着教育活动的性质和任务，决定着教师的地位，从而决定了教师在整个教育劳动中应该具有怎样的教育理念，采取怎样的劳动态度，在处理各种利益关系上遵守怎样的行为准则，亦即教师职业道德。因此，社会经济关系是高校教师职业道德产生的客观物质基础，是决定高校教师职业道德体系性质和内容的本质性根源。

2. 社会经济关系的发展变化，必然引起高校教师职业道德的发展变化。高校教师职业道德是一个动态变化的道德规范体系，随着经济关系的发展变化，高校教师职业道德在内容上、形式上、结构上都会发生变化。这是因为经济关系的发展变化，必然引起整个社会政治、思想、文化、教育的发展变化，引起人才培养目标的变化，从而给教师职业道德提出了新课题、新要求，促使高校教师职业道德作出相应的调整和变化，形成与发展变化了的社会经济关系相适应的新职业道德观念或体系。

3. 一定社会的经济关系通过上层建筑向教师提出职业道德要求。教师职业道德属上层建筑领域，直接受上层建筑诸因素如政治、法律、哲学、道德等意识形式的影响，而上层建筑诸因素都是由一定经济关系，一定经济基础决定的，因此，一定社会的经济关系通过上层建筑诸因素，通过曲折和间接的方式，影响制约着高校教师职业道德的性质和内容。也就是说不同性质的经济关系决定了不同性质的政治观、法律观、哲学世界观、道德观，从而对高校教师的政治素质、法律素质、哲学素质、道德素质提出不同性质的要求，这些职业素质要求融会于职业道德中，就形成了不同性质、不同内容的高校教师职业道德体系。

（二）高校教师职业道德是教育教学活动中利益关系的反映

利益是道德的基础，任何道德都是特定利益或利益关系的反映。高校教师职业道德作为调整教育教学活动过程中人们相互关系的行为规范，主要反映了教育教学活动中的利益关系。教育教学活动中的利益关系按照主体构成上的不同，可以分为学生的个人利益、教师的职业利益、社

---

① 《马克思恩格斯选集》第 3 卷，人民出版社，1995 年，第 434 页。

会的发展利益三个层次。

学生的个人利益是教育教学利益的基础。学生的个人利益主要表现为：要求接受教育的平等权利；要求从高等教育中获得知识、增长才干、发展个性；要求得到教师对自己学业、思想、人格、身心健康的全面关心和爱护；要求行使独立人格，保持自尊不受侵害，并得到发展才能的机会。学生的利益需求是师德确立的首要利益基础。我国著名的教育家叶圣陶先生认为，师德的实质就是教师怎样使自己的行为"有利于学生德、智、体全面发展，使学生得到实际的益处。"①高校教师在教育教学活动中给学生以实际教益是高校教师职业道德形成的首要利益基础。教师在认识职业道德本质，履行职业道德规范时，首先应该理解这一利益基础，并以自己的实际行动维护学生的切身利益。

教师的职业利益是教育教学利益中不可忽视的利益。教师的利益主要是：争取教师社会地位、政治地位和经济地位的提高；要求有能保证自己贡献才智的工作环境和条件；要求自己的劳动成效显著，成为自我人格完善的动力；要求自己的劳动价值得到承认和尊重，得到与自己所付出的劳动相对应的物质报酬和社会地位等。教师的职业利益就是教师在职业活动中应该享有的各种权益，这是教师生存和发展的必备条件，也是教师能够热爱自己的职业，接受职业道德教育，承担职业道德责任和义务的利益基础。

社会的发展利益是教育教学利益的最终目的。社会利益主要涉及社会经济利益、政治利益、文化教育利益等三个方面。社会经济利益、政治利益要求高等教育再生产出维护现有经济制度和政治制度的劳动者和接班人；文化教育利益要求高等教育促进文化教育事业的蓬勃发展，要求培养出一代又一代具有高素质的专门人才来。社会的发展利益规定了教师职业道德的社会性质和整体职业道德内容，从而成为高校教师职业道德形成的又一利益基础。

（三）高校教师职业道德是高等教育活动客观规律的反映

高校教师职业道德作为高等教育活动中的职业行为规范，还是高等教育活动内在规律的反映，是高等教育内在规律的客观要求。高等教育活动的规律概括有三：

1. 高等教育活动具有明确的目的性。高等教育活动的目的是根据社

---

① 《听叶圣陶谈师德》，《上海教育》，1983 年第 11 期。

会发展的需要，培养具有较高科学文化知识、良好思想道德品质、较高生产劳动技能以及创新精神的各种专门人才。高等教育是一种"成型式"、"成才式"教育，比中小学具有更高、更明确的人才培养目标。高等教育的高素质人才培养目标，使高等教育活动的艰难性、复杂性更为突出，也对高校教师职业道德提出了更高、更全面的要求。

2. 高等教育活动具有广泛的群体性。高等教育活动的对象主要是在校大学生群体。从表面看，高等教育的对象是单一的大学生群体，归属于高等学校，但实际上大学生不仅仅生活在校园里，而且生活在社会中，他们还归属于多种社会群体。因此，高等教育的直接对象是在校大学生群体，间接对象却是社会群体，高等教育活动具有广泛的群体性。这种广泛的群体性要求高校教师职业道德不仅要反映学生群体的发展要求，而且要反映社会群体的利益要求。具体来说，我国高校教师职业道德除了要体现大学生群体利益发展的要求外，还应该体现整个社会民众的利益要求，承担起促进全民族科学文化素质和道德素质提高的社会职责。

3. 高等教育活动具有很强的时代性特征。20世纪以来现代科技在能源、航天、生物遗传工程、电子计算机等领域取得了突破性的伟大成果，这些科技成果的实际运用深刻影响着人们的经济生活、政治生活、文化生活和社会生活，把人类带入了知识经济和政治文化发展的新时代。现代科技的日新月异，知识经济的初露端倪，政治文化多元化的发展态势，对高等教育产生了直接重大的影响，带来了高等教育综合化、终身化、现代化、国际化、信息化发展的新特点、新走向。新时期高等教育发展的时代特征，要求高校教师职业道德必须不断更新，反映出当代高等教育发展的规律性和时代特征来。

综上所述，社会经济关系是高校教师职业道德产生的物质根源；教育教学过程中的各种利益关系是高校教师职业道德产生的利益基础；高等教育活动的内在规律是高校教师职业道德产生的现实依据。高校教师应该从以上三个方面理解和把握职业道德的本质和根源，把自己对教师职业道德的理解建立在科学和理性认识的基础上，从而更自觉地进行职业道德修养，更主动地履行职业道德义务，在自己的职业劳动中，为国家的繁荣昌盛，为民族的兴旺发达作出应有的贡献。

二、高校教师职业道德的特征

高校教师职业道德直接表达了高校教师在教育教学活动过程中应承

担的责任、义务和使命，集中体现了高校教师职业活动的特殊要求。高校教师职业道德的特征，就是从高等教育职业劳动的特殊性中产生的。与其他职业劳动以及中小学教师职业劳动相比较，高校教师职业道德具有以下一些特征。

1. 高校教师职业道德具有全面性特征

高校教师职业道德的全面性特征，是指高等教育对高校教师的业务素质和思想品德素质有全面性的要求。高校教师职业道德的全面性是由两个因素决定的：一是高等教育的育人目标。高等教育的育人目标是根据社会发展的需要，培养热爱祖国、艰苦奋斗、专业扎实、勇于创新、尊重他人、团结协作的社会主义新型人才，培养科学文化素质和思想道德素质全面发展的社会主义现代化事业的建设者和接班人。高等教育的育人目标是一种德智体全面发展的人才目标，这一育人目标对高校教师的业务素质和思想道德素质提出了全面性要求。二是高校教师职业劳动的需要。高校教师的职业劳动始终是围绕着人与人之间的关系进行的，高校教师要正确处理和协调师生之间、教师与教师之间、教师与各级领导之间、教师与各职能部门之间、教师与后勤服务人员之间、教师与家长以及社会之间的诸多道德关系，面对多样化、复杂化的道德关系，高校教师职业道德必须具有全面性特征，以应对各种复杂的关系和情况。

2. 高校教师职业道德具有高层次性特征

高校教师职业道德的高层次性是指，与其他职业道德相比较，高校教师职业道德有更高、更严格的要求。高校教师职业道德的高层次性表现在：其一，高校教师是人类文明最重要的继承者和传播者，现代社会文明每向前跨进一步，都包含着高校教师的劳动价值和职业道德价值。在当今科学技术迅猛发展、国际竞争日趋激烈的情况下，科技和教育越来越成为经济和社会可持续性发展的驱动力，社会的进步比以往任何时候都更加有赖于高等教育。高等教育在社会进步中的重要作用，把高校教师职业道德推到了整个社会职业道德的更高层次上。其二，高等学校是新思想、新理论、新科技的策源地，是高层次人才培养的摇篮。高等学校所承担的社会职责和历史使命要求高校教师要有更坚实的专业理论基础，更广阔的知识视野，更出色的智慧和能力，更高尚的职业道德品质和更健全的道德人格。总之，高校教师职业道德应该居于整个社会道德的高层次、高水平上，良好的师德不但使教师成为学生学习的榜样，还成为全社会学习的道德楷模。

3. 高校教师职业道德具有典范性特征

高校教师职业道德的典范性是指高校教师在职业道德意识支配下所表现出来的符合道德规范的行为对大学生学习、思想、人格所产生的示范性效果。高校教师劳动的对象是有思想、有感情、有个性的大学生，他们可塑性大，模仿性强，教师的言行举止对他们具有强烈的示范作用，"教师的世界观，他的品行，他的生活，他对每一现象的态度，都这样或那样地影响着全体学生。"[①]高校教师职业道德的典范性主要表现在两个方面：一是精深的专业水平和严谨的治学精神；二是高尚的道德人格和优秀的思想品质。高校教师职业道德的典范性是强有力的教育因素，高校教师良好的职业道德对学生是一种榜样、一种召唤、一种无声的命令，是引导和激励学生刻苦学习、磨砺品德、完善自我、积极向上的精神力量。正如19世纪俄国著名的教育家乌申斯基所说："教育者的人格是全部教育的基础"，教师的职业道德、教师的言传身教是"任何教科书、任何道德箴言任何惩罚和奖励制度都不能代替的一种教育力量"[②]。

4. 高校教师职业道德具有广泛性、深远性特征

高校教师职业道德的广泛性和深远性特征是指在道德影响上，高校教师职业道德要比其他职业道德影响面更广泛，持续力更深远。高校教师职业道德的广泛性、深远性主要表现在两方面：其一是高校教师职业道德不仅直接作用于在校学生，而且通过学生的科学文化素质和思想道德素质对社会和家庭产生广泛的影响。高校教师职业道德对大学生的影响一旦形成，就会凝聚为学生内在的比较稳定的知识、才能和品质，因此高校教师职业道德对学生的影响不仅仅表现在学生时代，而且对学生的未来，甚至对学生的一生产生深远的影响。特别是随着高等教育的国际化、大众化发展，高校教师职业道德对学生本人、学生家庭乃至整个社会的影响会越来越广泛。其二是高校教师职业道德将超越校园，直接作用于社会，对社会的物质文明和精神文明建设产生广泛深远的影响。现代社会中高等学校开放化、社会化的趋势越来越明显，学校与社会的联系日益密切。高校教师作为社会人群中的文化精英，肩负着传播科学知识，改造社会风气，推动社会文明进步的社会使命。高校教师职业道德通过教师的社会实践将对整个社会的进步和文明发展产生广泛而深远

---

① 加里宁：《论共产主义教育和教学》，人民教育出版社，1957年版，第44页。

② 乌申斯基：《西方资产阶级教育论著选》，人民教育出版社，1979年版，第350页。

的影响。

第二节 高校教师职业道德的构成与作用

一、高校教师职业道德的构成

高校教师职业道德的构成是指那些概括和反映高校教师职业道德的主要特征，体现社会对高校教师职业道德的基本要求，对教师的职业行为发生影响的各种道德要素。教师职业道德构成用特殊的概念把教师职业劳动中的道德要求确定下来，对于教师认识教育活动中的道德关系，调整教师的职业道德行为，具有重要的意义。它主要由职业理想、职业责任、职业态度、职业纪律、职业技能、职业良心、职业公正和职业荣誉八个要素构成。

(一)教师职业理想

职业理想是指从业者对所从事职业的志向和抱负。高校教师的职业理想是指从事高等教育事业的教师应有的志向和抱负。《中华人民共和国教师法》指出："教师是履行教育教学职责的专业人员，承担教书育人，培养社会主义事业建设者和接班人，提高民族素质的使命。教师应当忠诚于人民的教育事业。"忠诚于人民的教育事业，为社会主义事业培养优秀的建设者和接班人，正是当今高校教师的崇高职业理想。教师职业理想是教师职业道德的核心，是激发教师产生职业道德情感和职业道德信念的思想基础，是指引教师自觉履行职业道德规范的原动力。树立崇高的教师职业理想，高校教师应该从以下几方面努力：

1. 树立崇高的职业理想，忠诚人民的教育事业。首先要热爱教育事业，要对教育事业怀有崇敬挚爱之情。对教育事业的热爱必须建立在对教育的社会作用以及重要性认识的基础之上，教师只有深刻认识到教育与社会发展、教育与民族振兴、教育与人才培养的密切关系，只有真正认识到教育的社会作用，才能明白教育事业的重要性，才能对教育事业产生热爱崇敬之情。热爱教育事业不仅要对教育事业怀有崇敬挚爱之情，还应该具有献身人民教育事业的坚定决心，具有为教育事业艰苦奋斗、不怕牺牲、辛勤耕耘、甘于奉献的精神。

2. 树立崇高的职业理想，忠诚人民的教育事业，就要热爱学生，关心学生，全心全意为学生的全面发展服务。热爱学生有丰富的内涵和要求：它要求教师平等对待每一个学生，努力实现教育公平；要求教师既教书又育人，努力把学生培养成掌握先进科学技术、具有创新精神和社会责任感的"四有"新人；要求教师关心学生的心理和人格健康，调动学生的积极性，促进学生个性和特长的健康发展。

3. 树立崇高的职业理想，忠诚人民的教育事业，要有良好的业务和思想素质，要将崇高的理想落实在具体的教育教学职业实践中。因此教师要努力学习，积极上进，不断提高自己的业务素质、思想道德素质和能力素质，以更好地完成自己的职业使命，实现自己的职业理想，特别是在现代科技日新月异，教育事业飞速发展，社会竞争愈演愈烈的今天，教师更应该孜孜以求，刻苦学习，不断提高自身的综合素质，成为学习型社会的典范。

4. 树立崇高的职业理想，忠诚人民的教育事业，还要维护教育事业的尊严和地位，勇于同一切危害教育事业的行为作坚决的斗争。教师应该旗帜鲜明地维护教育事业的发展利益，反对一切危害教师利益、学生利益、学校利益的行为，反对一切有损教师职业道德的行为，努力为教育事业的顺利发展作出自己的贡献。

(二)教师职业责任

职业责任是从事职业活动的人必须承担的职责和任务。教师职业责任就是教师对社会、对他人、对集体必须承当的职责和任务。这种职责和任务从总体上来说就是具有职业责任感和使命感，就是爱岗敬业、忠于职守、勤奋工作，为培养优秀人才，为教育事业的发展尽职尽责。树立教师的职业责任感，落实教师的职业义务，必须做到以下几点：

1. 教师必须具有职业责任感。教师要有强烈的责任意识，要有高度的责任感，明白教师职业对社会、对学生所负责任的重大，认真履行教师的职业责任；教师要明确教师职业责任的内容和要求，知道教师应该履行哪些责任和义务；此外教师应该严格要求自己，无论在什么环境和条件下，都脚踏实地一丝不苟地履行自己的职责，完成自己的义务。

2. 教师要对学生负责。对学生负责就是要关心热爱学生，平等公正地对待学生，使每个学生都得到发展自己才能的机会；就是要开启学生的智慧，培养学生的创新能力，使学生能够适应知识经济时代对人才的需要；就是要加强对学生的政治思想教育，帮助学生树立正确的世界观、人生观、价值观，促进学生德智体全面发展。

3. 教师要对学校负责。教师要热爱自己的学校，要有集体荣誉感，不做有损学校声誉、破坏学校形象的事;教师要积极参与学科建设和专业建设,勇于开拓,努力实践,促进学校教学科研水平的提高;教师要遵守学校的一切规章制度,维护教育教学正常秩序,努力建设文明校园和和谐校园;教师要有民主意识,监督学校各级领导,敢于向一切错误思想和不良倾向作斗争。总之,对学校负责就是要把自己溶于学校集体中,为学校的发展贡献自己的力量。

4. 教师要对社会负责。对社会负责,归根结底就是要为社会培养出高质量的有用人才。教师培养的人才,如果能适应社会发展的需要,能承担社会物质文明、精神文明建设的重任,就是教师对社会尽了责任;倘若教师培养的学生,不能适应社会对人才的需要,甚至是残品、次品、危险品,就会对社会带来消极影响或者危害性,教师就没有尽到自己的社会责任。此外,教师还要积极参加社会实践活动,以自己的知识、技能、才智服务于社会,要谦虚谨慎脚踏实地,以对社会负责的精神,促进社会文明的进步与发展。

(三)教师职业态度

职业态度是指人们对自身职业劳动的看法和采取的行为。教师的职业态度是指教师基于对自己职业意义的深刻理解和认识,对自己职业劳动的看法和所采取的行为。端正职业劳动态度,树立正确的职业劳动观,是高校教师职业道德教育与修养的一项重要内容。

1. 深刻理解教师职业的社会意义,树立正确的职业价值观。正确的职业劳动态度首先来自对自己所从事职业的社会意义和价值的理解。教师职业是传播文明培育人才的职业,是"太阳底下最高尚的职业"。现代社会的发展,知识经济时代的到来,使得教师职业在整个社会中的地位越来越突出,在社会文明发展中的作用越来越大。高校教师必须深刻理解教师职业的社会意义,深刻理解教育劳动的光荣与伟大,从内心产生对自己职业的崇敬与热爱,为树立正确的职业价值观和劳动态度奠定理性基础。

2. 树立主人翁的精神,认真对待自己的工作。教师要以主人翁的精神对待自己的工作,态度认真,敬业勤业;要忠于职守保质保量地完成学校、院系以及教育主管部门交给的各项任务;要不畏艰辛持之以恒,无论在什么环境和条件下,都严格要求自己,恪守职业道德规范,做好自己的工作,献身于人民的教育事业。

3. 尊重他人的劳动,加强教师集体的团结。高等学校是由教学、科研、服务、管理、学生工作各部门组成的互相协作密切联系的组织系统，学校各项工作的顺利开展，离不开各部门的团结协作和密切配合。正确的职业态度要求教师服从学校党政工团的正确领导，理解学校各部门的工作任务和性质，尊重每一个教职员工的劳动，加强教师集体的团结，创造和谐的劳动环境，共同完成教育教学任务。

（四）教师职业纪律

职业纪律是职业劳动中应该遵守的规章、条例、守则等，是对职业行为进行约束和控制的手段。教师职业纪律是教师在从事教育劳动中应该遵守的规章、条例、守则、纪律等，它是维持正常教育教学秩序的前提条件，是学校各种工作正常运转、相互协调的制度性保证。教师职业纪律具有强制性，其表现为：一是要求教师必须严格遵守职业纪律以及各项规章制度；二是对不遵守纪律和规章制度的行为，要追究其责任。教师职业道德要求高校教师模范遵守职业纪律，反对一切自由散漫、无组织、无纪律的行为。

1. 不断增强教师职业意识。教师职业是一种示范性、典范性极强的职业，教师本人无时无刻不处于学生的监督之下，教师的一言一行都会给学生以影响，教师良好的职业纪律是学生无声的教育榜样，教师违反职业纪律，不但给工作带来影响，而且破坏教师的形象，影响教育教学效果。教师要时刻想到自己的职业和身份，增强自己的职业意识，提高自己模范遵守职业纪律的自觉性，为学生做出榜样。

2. 认真学习教师职业纪律的有关规定。教师职业纪律内容丰富，条款繁多，有些内容还会随着社会、时代和教育的发展变化而变动，因此，每一个教师都要认真学习教师职业纪律的有关规章、制度、条例、条款，了解每一规章制度的具体规范和要求，特别是刚刚走上教师岗位的青年教师，这种学习更为重要，因为这是模范遵守职业纪律的前提。

3. 严于律己，落实行动。职业纪律不能只写在纸面上，更不能只停留在口头上，教师应该把职业纪律熟记于心中，并时时处处严格要求自己，将职业纪律落实到教育教学等各种实际活动中，成为自己职业活动的指导和警戒。教师在执行职业纪律的过程中，要有坚强的意志和持之以恒的决心，要勇于自我批评，及时纠正错误。

（五）教师职业技能

职业技能是从事一定职业的人们应当具备的技术和能力。教师的职业技能是指从事教育劳动的教师应当具备的知识、技术和能力，它是教师从事教育、教学、科研工作的重要条件，是完成教书育人任务、实现教师职业理想的业务基础。因此，教师职业技能也成为教师职业道德的一个构成要素。新的时代给高校教师职业技能提出了更高的要求：

1. 高校教师首先要有精深的专业理论知识和专业技能技巧。高校教师肩负着培养现代社会发展所需要的各种高级专门人才的社会职责，教师必须要有精深的专业理论知识和专业技能技巧才能承担起这样的社会重任，特别是在今天，现代科技日新月异，新科学、新技术、新知识不断涌现，知识更新的周期大大缩短，更要求高校教师与时俱进、不断更新知识，提高专业理论水平和专业技能技巧，以胜任科技时代对高校教师业务素质越来越高的要求。

2. 高校教师要有良好的知识结构，要有广博的文化基础知识。现代社会的发展要求高素质的德智体美全面发展的人才，对大学生进行科学素质和人文素质教育成为高等学校素质教育的核心；此外随着各种边缘学科和交叉学科的出现，学科和专业发展的综合性、渗透性、广延性越来越突出，各种知识的互通、互融、互连性越来越增强，高校教师单一的、狭窄的专业知识，已经不能适应素质教育和学科专业发展的需要。因此高校教师应该努力学习自然科学、社会科学以及现代新兴学科的有关知识，努力改造自己的知识结构，扩大自己的知识视野，奠定广博的文化知识基础，更好地承担起素质教育的重任来。

3. 高校教师要有现代教育理念、教育科学理论和教育技能。高校教师应该顺应信息技术的发展和教育国际化的发展趋势，确立自主学习和终身学习的理念，促进学生自主学习和探索创新精神的养成；高校教师要认真学习教育学、心理学、管理学等方面的知识，具有从事教育、教学、管理所需要的各种职业能力；高校教师要掌握现代教育方法和手段，要熟练地运用计算机和网络技术，要具备做思想工作、驾驭课堂以及指导专业实习等工作能力。

（六）教师职业良心

良心是人们在履行对他人和社会义务的过程中形成的道德责任感和自我评价能力，是各种道德心理因素在个人意识中的统一。教师职业良心在教育劳动中表现为教师对自己教育活动行为的自我控制和自我评价。教师职业良心是教师职业道德觉悟的综合表现，是教师自觉履行职业责任，激励自己完成职业使命最重要的内在因素和心理机制。如何培养教师的职业良心呢？

1. 加强教师职业道德教育，提高教师职业道德综合水平。教师职业良心是教师基于对自己职业的使命、职责、社会意义的深刻理解而产生的对社会、对学生的道德责任感和自我评价能力，是教师的职业道德认识、职业道德情感、职业道德意志、职业道德信念在个人意识中的统一。因此加强教师职业道德教育，提高教师职业道德综合水平，是培养教师职业良心的前提和基础。教师职业良心要求高校教师虚心接受职业道德教育，提高职业道德认识，增强职业责任感，培养职业道德情感，为职业良心的形成奠定道德觉悟基础。

2. 加强教师职业道德修养，提高教师自我评价和自我调节的能力。教师职业良心作为存在于教师内心的道德信念，是教师加强职业道德修养，将外在的职业道德规范内化为自己内在的道德律令的结果。教师职业良心是一种道德自律，除了必要的道德教育外，教师在教育劳动中的自我教育、自我修养、自我评价、自我调节是特别重要的。教师在进行职业道德修养中，特别要注意培养自己的知耻心、自尊心、自爱心。知耻心是指人们对自己的不良思想和行为所产生的一种耻辱感、羞愧感；自尊心是指人们期望得到社会和他人对自己人格、尊严肯定尊重的心理要求；自爱心是指人们对自己的人格尊严、名誉地位珍视爱护的心理。知耻心、自尊心、自爱心是职业良心中的重要心理因素，是教师职业良心产生的重要心理机制和内在动因。

(七)教师职业作风

职业作风是指从业者在职业实践活动中所表现出来的一贯态度和行为方式，是在长期的职业实践中形成的具有稳定性、一贯性、连续性的工作习性和特征。教师职业作风就是教师在教育劳动过程中表现出来的一贯态度和行为习性和特征。教师职业道德要求教师树立良好的职业作风。

1. 树立实事求是脚踏实地的作风。实事求是，一切从实际出发，是我们党的优良传统，也是教师职业作风之一。教师要深入实践，注重调查研究，掌握事物的全面情况，有针对性地做好教育教学和科研工作；教师在对人、对事进行道德评价时，应该尊重事实，采取实事求是的态度；教师要讲真话，办实事，言行一致，表里如一；教师办事要认真踏实，一步一个脚印，切忌夸夸其谈，华而不实。

2. 树立积极主动认真负责的作风。教育劳动是培养人、塑造人的特殊职业劳动，是一项艰苦复杂长期性的脑力劳动，要求教师必须具有积极主动、认真负责的工作态度和作风。工作积极，就是要求教师以积极的态度和主动的精神对待自己的各项工作，要勇挑重担，吃苦耐劳，不畏艰辛，甘于奉献；认真负责，就是要求教师无论何时何地，无论是在顺境还是逆境中，都要忠于职守，埋头苦干，兢兢业业，一丝不苟。

3. 树立诚实守信平等待人的作风。诚实守信是中华民族的传统美德，也是教师应该具备的职业道德品质和职业思想作风。所谓诚实，就是要求教师做人要真实真诚、表里如一、实实在在、不自欺欺人；所谓守信，就是要求教师重承诺、守信用、言行一致、说到做到。平等待人是指教师在与人交往中，要以平等的态度对待每一个人，要公平公正，秉公办事，一视同仁。平等待人是高校教师必备的个人品质素养，也是教师职业道德作风的重要表现。

4. 树立发扬民主团结协作的作风。教师职业道德要求教师具有民主意识和民主作风。教师要尊重学生，深入学生，虚心听取他们的意见，欢迎他们参与学校的教育和管理；在教育教学过程中，教师要循循善诱，诲人不倦，激发学生的学习热情，调动学生的主动性和积极性；教师要尊重校院系领导，积极参与校院系的改革和管理，献计献策，提出合理化建议；教师要加强与其教职员工的团结协作，互相学习，取长补短，为实现共同的目标而奋斗。

(八) 教师职业荣誉

职业荣誉是指一定社会组织或行为当事人对职业行为的社会价值、对出色履行职业职责的行为所作出的肯定性的评价和自我满足的感受。高校教师的职业荣誉是教师自觉履行教师责任、出色完成职业义务后，社会给予的褒奖和赞许以及教师个人内心所产生的尊严感与自豪感。职业荣誉是职业道德中积极能动的因素，是推动教师自觉履行职业责任和实现职业良心的强大动力。教师职业道德要求教师树立正确的职业荣誉观。

1. 教师必须正确理解职业义务和职业荣誉的关系。教师职业义务是教师必须履行的职业责任和任务，教师职业荣誉是教师在认真履行职业义务，为教育事业作出突出成绩和贡献后，社会给予的肯定和褒奖。在职业荣誉中，贡献是前提，荣誉是结果。因此，教师在培养自己正确的荣誉观时，首先要着眼于认真履行职业义务，出色完成职业职责，努力做出成绩，取得优秀成果，而不能心中只想着褒奖，眼睛只盯着荣誉，却不想着责任和义务，不愿意牺牲和奉献。

51

2. 教师必须正确处理个人荣誉与集体荣誉、个人荣誉与他人荣誉的关系。集体荣誉是个人荣誉的基础，个人荣誉是集体荣誉的组成部分。正确的荣誉观要求教师首先要树立集体荣誉感，要珍视学校、教师集体和自己院系的荣誉，严以律己，努力工作，为集体的荣誉作出自己的贡献，决不允许损害集体荣誉的行为发生。其次教师要珍视自己的荣誉，维护自己的人格和尊严，要争取优异成绩，以个人荣誉为集体荣誉增光。第三，教师还应该正确处理个人荣誉与他人荣誉的关系。教师要通过自己的辛勤劳动和艰苦奋斗获取个人荣誉，不可采取任何投机取巧、弄虚作假的手段沽名钓誉骗取荣誉；教师对自己取得的成绩和荣誉，要保持谦虚谨慎的态度，不可骄傲自满，傲视他人；教师对他人的荣誉要怀有敬重之心，不可无视别人的劳动，嫉妒别人的成绩，贬低他人的成果，破坏他人的声誉。

3. 与时俱进，不断进步。教师的荣誉是对已经取得的成绩的肯定，只能说明教师职业劳动的过去，并不能完全证明教师职业劳动的现在和将来。因此正确的荣誉观要求教师与时俱进，不断进步，树立更高的标准和目标，努力做出更大的成绩。特别是在现代科技飞速发展，高等教育深化改革的当今社会，教师更要与时俱进，不断进步，决不可骄傲自满故步自封，躺在荣誉上睡大觉，否则不但已有的荣誉保不住，而且还会落伍掉队，甚至被淘汰。

二、高校教师职业道德的作用

在绵延数千年的人类社会发展史中，教师作为精神文明的开拓者，始终肩负着传承文化，创新知识，繁荣学术的光荣使命，承担着开启民智，哺育人才，继往开来的重大社会职责。高校教师职业道德作为高校教师职业素质的具体表现，是教师完成其职业职责和社会使命的基础和必备条件。人才的培养，教育目标的实现，离不开教师的辛勤工作，离不开教师高尚的职业道德素质。高校教师职业道德在人才培养、社会进步等方面所发挥的作用是其他任何一种职业道德所无法比拟的，特别是在知识经济的时代，这种作用更为明显和突出。

（一）高校教师职业道德在大学生人才培养中的作用

高校教师承担着培养人才的历史重任。高校教师通过教育教学活动培养影响学生，促进大学生德智体全面发展。高校教师职业道德对教师的教育教学活动有直接的规范指导作用，对大学生的成长成才有直接的教育引导作用。

1. 高校教师职业道德对学生具有教育作用。良好的职业道德是教师最好的教育手段，可以使学生受到良好的科学文化和思想道德教育，促进大学生素质的全面提升。对大学生进行专业理论教育和科学文化教育是高校教师首要的任务，因此，高校教师职业道德首先要求教师具备精深的专业理论知识和专业技能技巧。良好的教师职业道德可以促使高校教师钻研业务，更新知识，不断提高自己的专业理论水平；可以促使高校教师努力学习，改善知识结构，扩展知识领域，激发学生的求知欲，促进他们自主学习和创新精神的养成；良好的职业道德能够使教师更好地承担起教书的社会职责，促进大学生科学素质的全面提高。高校教师不但要承担教书的职责，而且要承担育人的任务。高校教师职业道德要求教师深刻理解社会主义高等教育的性质和目的，明确社会主义现代化事业对大学生思想道德素质的要求，树立既教书又育人的职业道德意识；要求高校教师加强对学生的政治思想和道德人格教育，帮助他们树立正确的世界观、人生观和价值观，促进学生人格和心理的健全发展。良好的高校教师职业道德可以强化教师教书育人的社会责任感，促使教师主动承担起对学生进行科学文化教育和思想道德教育的社会职责，有力地促进大学生科学素质和人文素质的提高，从而推动大学生的全面发展和完善。

2. 高校教师职业道德对师生关系具有调节作用。良好的教师职业道德是调节师生关系的最佳手段，可以形成融洽的师生关系和教育氛围，促使学生更好地接受教育，更快地进步和提高。师生关系的好坏、教育氛围的优劣、学生心理健康与否，是影响教育效果的一个重要因素。融洽的师生关系、和谐的教育氛围、顺畅的心理状态是最优化的教育生态环境，可以使学生敬重教师，信服教师，调动学生接受教育，主动学习的积极性；反之，师生关系不融洽，教育氛围不和谐，心理感受不舒畅，学生就会对教师疏远、冷淡、不满、埋怨，自然就会影响教师的威信，影响教育教学的效果。良好的职业道德是调节师生关系的最佳手段。教师以师德原则和规范为标准，通过自我约束、自我评价，对自己的职业行为和职业活动进行指导和规范，就可以形成融洽的师生关系、和谐的教育生态环境，就可以提高工作效率，顺利完成教育教学任务，促使大学生更快地进步与提高。

3. 高校教师职业道德对学生成长具有导向作用。良好的教师职业道

53

德是引导学生的示范性手段，对大学生的成长和成才具有重要的导向作用。教师居于教育教学活动中的主导地位，教师的学风学识、道德人格、思想作风、工作态度都会对学生产生重要的示范和导向作用，都会影响到学生的成长和发展。教师高尚的职业责任感、严谨的治学态度、不懈的求知精神以及完美的道德形象，会对大学生产生强大的吸引力，激励他们以教师为榜样，树立远大的理想志向，选择正确的人生道路，刻苦学习，严于律己，砥砺品德，成为像自己景仰的教师那样事业有成、道德高尚的优秀人才。许多为社会作出突出贡献的学者、专家在回忆自己的成长经历时，常常提到教师对他们的引导和教育，念念不忘教师的高尚职业道德。事实证明，高校教师职业道德是一种巨大的教育力量，对大学生的成长和成才起着潜移默化的、不可忽视的引导和示范作用。

（二）高校教师职业道德在教师个人发展中的作用

高校教师职业道德不但对大学生的成长成才和全面发展具有重要的作用，而且对教师本人的发展和完善，对教师人生价值的实现，具有十分重要的意义。

1. 高校教师职业道德是推动教师专业发展，实现职业理想和专业抱负的巨大动力。高校教师的首要职责是对大学生进行科学文化和专业理论教育，是要把大学生培养成为掌握一定专业理论知识的、有创新精神的高级专门人才。高等教育的育人目标，对高校教师的专业理论基础和科学文化素养提出了很高的要求，没有扎实的专业理论功底，没有广博的知识结构基础，没有开拓创新能力，就不能承担起培养大学生的任务，就不可能在教学科研方面做出成绩，在事业上取得成功。近些年来随着高等教育的飞速发展，大批高学历、高层次的青年教师补充到高校教师队伍中，他们受到完整系统的专业教育，具有良好的专业理论基础和知识背景，他们将高校教师职业作为自己的首选，满怀职业理想和专业抱负，他们期盼自己的专业知识和能力水平能够胜任现代高等教育的需要，能够出色完成教学科研任务，他们期盼自己在专业上有所创新有所建树，取得优异成绩，实现自己的职业理想和专业抱负。高校教师职业道德在专业水平、专业技能、知识结构、科学态度、创新精神等方面对教师的高标准严要求，为高校教师的专业发展指明了方向，是推动教师提高专业水平，弘扬科学精神，养成良好学风教风，实现职业理想和专业抱负的巨大推动力。

2. 高校教师职业道德是推动教师道德完善、人格发展的内在动力。

高校教师教书育人的职业职责，要求高校教师不但应该具有高水平的专业理论和专业技能，而且要有高水平的道德修养和道德人格，否则教师就不能站在更高的层面上，对学生进行思想道德教育；教师本人的示范性和榜样性作用，也对教师的政治思想、道德人格提出了很高的要求，否则教师就没有资格对学生进行教育；高等教育活动的整体性、联系性、协调性、合作性以及艰巨性和复杂性等特征，对高校教师的道德作风、道德品质和道德意志也提出了较高要求，否则教育活动就不能顺利进行，教育目的就不能真正实现。因此高校教师职业道德除了有专业方面的规范准则外，还要求教师要有正确的世界观、人生观和价值观，要有正确的政治方向，要有高尚的道德理想和道德人格，要有良好的道德品质和道德作风。高校教师树立了高尚的职业道德，就能产生完善自我的积极性，就能严于律己、以身作则、加强修养、砥砺品质，使自己的思想道德水平不断提高，成为道德高尚、人格健全的优秀教师。全面完善自己，做一个道德高尚、人格健全、为人师表的优秀教师，是每一个青年教师自我发展的内在要求，而高校教师职业道德则是推动教师道德完善、人格发展的内在动力，是教师实现完善自我、发展自我的基础和保证。

3. 高校教师职业道德是教师为社会作出贡献，实现人生价值的保障。人生价值是一个人一生的所作所为对社会、对他人以及对自己所具有的意义。高校教师的人生价值应该立足本职，在为教育事业的奉献中得到实现。培养具有创新意识和创新能力的德才兼备的合格人才，为国家振兴、民族兴旺提供优秀的人力资源，这是高校教师的光荣职责，也是高校教师对社会的独特贡献。教师如果能够几十年如一日坚持不懈努力工作，很好地承担起自己的社会职责，出色完成自己的职业使命，就为社会作出了贡献，也促进了自己的发展完善，那么教师就实现了自己的人生价值。高校教师职业道德从职业理想、职业责任、职业技能、职业纪律、职业态度、职业作风、职业良心、职业荣誉等方面对高校教师的职业活动进行了全面性的指导和规范，可以促使高校教师更好地承担起自己的社会职责，为社会主义现代化事业培养出一批批优秀人才，为社会文明的发展，为中华民族的振兴，作出积极贡献，从而实现自己的人生价值。

人生价值的实现之路是不平坦的，总会遇到各式各样的矛盾和困难，特别是在市场经济的大潮中，教师的思想、工作、生活也必然会受到各种各样的冲击，会遇到各种各样的矛盾与困难。良好的职业道德可以指导教师在利益矛盾面前做出正确的行为选择，帮助教师解决矛盾，克服困难，一如既往地承担起自己的职责，完成自己的职业使命，实现自己的人生价值。

(三)高校教师职业道德在社会发展中的作用

高校教师职业道德的作用不仅仅表现在大学生的成长成才和教师的发展完善以及人生价值的实现上，高校教师职业道德通过学生、通过教师的科技活动和社会实践活动还会对社会的发展产生积极的作用。

1. 高校教师职业道德在社会主义物质文明和精神文明建设中发挥着重要的作用。高校教师的工作对象是大学生，目的是培养社会主义现代化事业的建设者和接班人。经过高等教育培养后的大学生将走上政治、经济、科技、文化等各行各业的工作岗位，将直接参与社会主义物质文明和精神文明建设的具体工作。高校教师良好的职业道德水平和爱岗敬业精神，将有力地促进大学生科学素质和创新能力的发展，将有力地促进大学生政治思想和道德人格的完善，并通过走向社会、走向工作岗位的学生，波及社会各个层次和领域，对整个社会的物质文明和精神文明建设产生积极推动作用。

高校教师职业道德在社会主义物质文明和精神文明建设中的作用还通过教师自身的社会实践直接发生。高等学校是科技创新、理论创新、文化创新的策源地，是传播科技文化和人类文明的场所，高校教师就是科技创新、理论创新、文化创新的实践者，就是科技文化和人类文明的传播者。高校教师良好的职业道德可以促使教师与时俱进，开拓进取，有所发明，有所创造，取得科技发展和理论发展的新突破和新成果，并促使教师勇于实践，不断探索，将这些科技成果和理论成果运用到社会实践中，使之转化为现实的生产力和思想精神动力，从而促进社会主义物质文明和精神文明建设的发展。

此外，教师良好的师德作风和"为人师表"的公众形象，在社区生活、家庭生活以及公共生活中，对群众起着引导示范的作用，可以直接间接地影响社会道德风气，对社会主义精神文明建设起到积极促进作用。

2. 高校教师职业道德在提高全民族素质上具有重要的作用。民族素质主要包括科学文化素质、思想道德素质、健康心理素质，它是一个民族在经济、政治、文化、心理、身体等方面诸因素的综合体现。作为一个发展着的动态系统，民族素质既是历史发展的传承，又有现代社会的新定位。与发达国家以及我国全面建设小康社会的奋斗目标相比，目前，我国的国民素质在整体上还不够高，还存在许多亟待解决的问题，因此，实现全民族素质的极大提高，是我们面临的一项重要而艰巨的任务。民族素质的提高主要靠教育，小学教育是民族素质的启蒙和奠基教育，中学教育是民族素质的养成和发展教育，大学教育是民族素质的提高和完善教育，各阶段的教育都不可少，其中高等教育在全民族素质的提高中负有更重要的责任。高等教育能否承担起提高全民族素质的社会职责，能否有效地促进大学生科学文化、思想道德、健康心理素质的发展提高，关键在于高校教师的职业道德觉悟和职业道德水平。良好的职业道德觉悟和职业道德水平，可以激发高校教师的民族自尊心和社会责任感，可以调动教师的积极性和创造性，有力地促进大学生素质的全面提高。一代又一代高素质大学生的培养和成长，必然对全民族素质的提高起到积极促进作用。

3. 高校教师职业道德在建立学习型社会中具有重要的作用。当今世界，文化与经济、文化与政治相互交融，文化在综合国力竞争中的地位和作用越来越突出。文化的力量，深深熔铸在民族的生命力、创造力和凝聚力之中。建立学习型社会，加强对广大人民群众的文化教育，成为提高民族的生命力和创造力，增强国际竞争力的重要方法和途经。高等教育及其教师在建立学习型社会中负有重要的责任，高校教师职业道德在建立学习型社会中具有重要的作用。它可以调动教师的学习积极性和主动性，以适应学习型社会对高校教师的专业文化素质要求；它可以激发学生的学习自主性和创造性，以适应学习型社会对人才学习能力和自我发展能力的需要；它可以促使高校教师走出课堂，走向社会，积极承担国民教育和继续教育的任务，大力传播科学文化知识，有力的促进全民学习、终身学习的学习型社会的形成。高校教师应该在学习型社会的建立中，在激烈的国际竞争中，以自己良好的职业道德风貌，为国家的繁荣昌盛，为中华民族的伟大复兴，为科技文化的发展作出积极的贡献。

◆思考题

1. 你如何理解我国高校教师职业道德的本质和特征？
2. 教师职业道德的构成要素和基本要求是什么？
3. 联系个人实际谈谈高校教师职业道德的作用。

阅读资料一：

大力推进师德建设　办人民满意教育

周济同志 2006 年在全国优秀教师师德报告会上的讲话

听了老师们的报告，我们有三点深刻的体会：第一，百年大计，教育为本；教育大计，教师为本。发展教育事业，必须坚定不移地依靠人民教师这支队伍，必须建设好人民教师这支队伍。第二，学高为师，德高为范。师德是教师最重要的素质。加强师德建设是教师队伍建设最为重要的内容。第三，必须把思想政治教育放在师德建设的首位。今天的报告会，使我们受到了一次爱的教育。霍懋征老师强调，"没有爱就没有教育"；邹有云老师提出，"让爱的阳光照亮深山"；黄静华老师"用心去爱每一位学生"；盘振玉老师"用大山一样的情怀，让爱在大瑶山中不断延伸"；林崇德老师指出："师爱是师德的灵魂"。五位老师共同的特点就是热爱祖国、热爱人民、热爱教育、热爱学生。他们是"把爱献给教育的人"，是世界上最幸福的人，为我们树立了人民教师的光辉榜样。人民教师是无比光荣而又神圣的称号。我理解，人民教师有两层深刻的含义，第一是为人民服务的教师，第二是让人民满意的教师，我们要向五位优秀教师学习，做为人民服务的教师，做让人民满意的教师。我们中国的教师队伍是一支忠诚党和人民教育事业的队伍，是一支特别能战斗的队伍，是各行各业中最为敬业最为奉献的一支队伍。我们全中国一千多万名教师，教育着两亿五千万青少年学生，每天都在做着一件又一件平凡的事情，然而这些事情却连着千家万户，连着祖国的未来。没有广大教师的艰苦奋斗，就没有教育事业的今天，就没有我们青年一代的健康成长。广大教师和教育工作者，特别是工作在艰苦、贫困地区的广大教师和教育工作者，教书育人，辛勤耕耘，为人师表，无私奉献，为我们国家社会主义事业作出了巨大的贡献，赢得了党和人民的信赖和全社会的尊重。我们的教师队伍中不断涌现出一批又一批可歌可泣的模范典型，今天作报告的五位老师就是他们当中的杰出代表，他们无愧于人民教师的光荣称号。教育部党组已经作出决定，号召全国广大教师和教育工作者向他们学习，学习他们热爱祖国、热爱人民、忠诚于人民教育事业的崇高理想；学习他们热爱学生、教书育人、辛勤耕耘、无私奉献的高尚品德；学习他们鞠躬尽瘁、艰苦奋斗、勇于探索、开拓创新的敬业精神。

同时，也希望社会各界对教师多一分理解，多一分支持，多一分关爱，进一步形成尊重知识、尊重人才、尊师重教的良好氛围，形成"科教兴国"、"人才强国"的强大动力。今天的报告会结束后，中宣部、教育部联合组织的全国优秀教师师德报告团还将赴全国各个省（市）作巡回报告。我们要在全国教育战线掀起一个以"爱的教育"为主题的师德宣传教育的新高潮，在全社会营造一个学习模范、崇尚师德、尊师重教的良好风气。

阅读资料二：

教师 —— 用生命抒写职业的人

恩斯特·卡西尔。恩斯特·卡西尔是 19 世纪至 20 世纪德国大学教授。卡西尔 1919 年起担任汉堡大学哲学教授，1930 年起担任汉堡大学校长。在这期间，他逐渐创立了"文化哲学"体系。1933 年，希特勒上台，他辞去汉堡大学校长职务，离开德国。其后辗转于英国牛津大学、瑞典歌德堡大学、美国耶鲁大学，最后于 1944 年就任哥伦比亚大学。他的一生始终没有离开教席。1945 年 4 月 13 日，在哥伦比亚大学美丽的校园里，一群学生围着卡西尔提问，卡西尔耐心地回答着、回答着，就在这时他猝然而亡，倒在学生的怀抱里。恩斯特·卡西尔不但以他的百科全书式的渊博学识征服了世界的学术界，同时也以他对教师职业的热爱、对学生的热爱、对教学的热爱而感动我们。

华罗庚。华罗庚是中国数学大师，也是一位以自己的生命投入教育的优秀教师。他曾先后在清华大学、英国剑桥大学、西南联合大学、美国普林斯顿大学、伊利诺伊大学、中国科技大学等大学担任教授。他对学生提出"天才在于积累，聪明在于勤奋"的箴言。他要求学生的不仅仅是"速度"，而是"加速度"，"速度"是出成果，"加速度"就是要提高成果的质量。老年华罗庚知道年龄不饶人，就在生病住院期间仍坚持工作。他逝世的情境与卡西尔极为相似。75 岁高龄的华罗庚 1985 年到日本讲学。那年 6 月 12 日下午 4 时，他站在东京大学的讲台上，讲"在中国普及数学方法的若干问题"。他越讲情绪越高，原定 45 分钟的讲演之后又补充讲了 20 分钟。讲完后，听众热烈鼓掌，他准备从椅子上站起来表示谢意，突然，他倒下了，心肌梗塞，不治而亡。这又是一位用自己的最后生命抒写完教学生涯的教师。

《中国教育报》2006 年 3 月 6 日第 10 版

第三章　方向与指导——高校教师职业道德的普遍原则与特殊原则

　　高校教师职业道德规范体系是由职业道德原则和职业道德规范两部分组成的。高校教师职业道德原则又可以分为普遍原则和特殊原则，它是高等学校教师职业的社会属性和职业属性的本质性体现，是高校教师职业道德体系的方向与指导。道德原则是一定社会或阶级对人们的行为提出的最基本要求，是道德体系的核心，是人们立身处事的基本准则，也是人们判断行为是非善恶的根本尺度。高校教师职业道德原则作为教师职业道德体系的重要组成部分，它规定制约着高校教师职业道德的一切规范，是调整教师在教育活动中一切道德行为的根本指导原则。爱国主义原则和集体主义原则是我国高校教师应该遵守的职业道德普遍原则，也是我们在高校教师职业道德建设中，必须坚持的思想教育原则和道德价值导向。教育人道主义原则、教育平等原则和教书育人原则是高校教师应该遵守的职业道德的具体化、特殊化原则，对高校教师的思想行为具有直接的规约性和指导性。

第一节　高校教师职业道德原则确立的依据

　　江泽民同志在庆祝北师大建校一百周年大会上对教师提出了殷切希望和具体要求，他指出："我国广大教师，要率先垂范，做先进生产力和先进文化发展的弘扬者和推动者，做青少年学生健康成长的指导者和引路人，努力成为无愧于党和人民的人类灵魂工程师"，要"志存高远，爱国敬业"，要"为人师表，教书育人"，要"严谨笃学，与时俱进"。江泽民同志的讲话揭示了新时期高校师德建设的新内涵，也为新时期高校教师职业道德原则的确立指出了方向。任何道德原则都不是凭空而生的，都有其产生的深层基础和根据。高校教师职业道德原则作为调节教师劳动过程中各种利益关系的根本性指导准则，也有其产生的社会基础，也有其确立的客观依据。

一、高校教师职业道德原则与社会主义道德原则相一致

作为一种社会意识形态，高校教师职业道德原则是由一定社会经济关系决定的，体现着一定阶级对教育和教师的根本要求，并受一定社会道德原则和教育活动规律的制约。因此，高校教师职业道德原则的确立，既必须反映一定社会经济关系、政治制度对教育事业和教师的要求，体现社会教育制度的本质和社会发展的根本利益，又必须反映教师劳动的特点和教育活动的客观规律。同时，作为社会道德的一种表现形式，还必须体现社会道德原则的基本要求。马克思指出："生产关系总合起来就构成所谓社会关系，构成为所谓社会，并且是构成为一个处于一定历史发展阶段上的社会，具有独特的特征的社会。"[①]恩格斯也指出："一切以往的道德论归根到底都是当时的社会经济状况的产物。"[②]因而社会制度的性质是由生产关系的性质决定的，一定社会的道德体系和道德原则也是由生产关系的阶级和时代属性所决定的。我国是建立在生产资料公有制基础上的社会主义国家，人民群众是国家的主人。实现社会主义现代化，国家繁荣昌盛，人民幸福安康，是我们的奋斗目标。这就从根本上消除了个人利益与社会集体利益的对立，为实现个人利益与社会集体利益的统一奠定了坚实的基础。党的十四届六中全会的《决议》明确指出："社会主义道德建设要以为人民服务为核心，以集体主义为原则"。十五大报告又指出：要"深入持久地开展以为人民服务为核心、集体主义为原则的社会主义道德教育。"这就是说，我国现阶段，社会主义道德的核心是为人民服务，基本原则是集体主义。高校教师职业道德原则的确立，必须体现这一社会道德基本原则的要求。社会主义教师职业道德是建立在社会主义经济关系之上的一种新型的职业道德规范体系，社会主义教师职业道德原则的确立应该以集体主义原则为根本出发点，要用集体主义原则来统帅教师的教育活动，来处理教师个人与学生、教师个人与学校集体以及教师个人与社会集体的关系，形成和提炼出体现教育活动特点，反映教育主客体利益关系的社会主义教师职业道德原则。

---

① 马克思：《雇佣劳动与资本》《马克思恩格斯选集》第一卷，人民出版社，1995 年版，第 345 页。

② 恩格斯：《反杜林论》《马克思恩格斯选集》第三卷，人民出版社，1995 年版，第 435 页。

　　具体说，社会主义教师职业道德原则体现在社会主义的教育方针中。1957年，毛泽东在《关于正确处理人民内部矛盾的问题》中说："我们的教育方针，应该使受教育者在德育、智育、体育几方面都得到发展，成为有社会主义觉悟的有文化的劳动者。"1958年《中共中央、国务院关于教育工作的指示》提出："党的教育工作方针，是教育为无产阶级的政治服务，教育与生产劳动相结合。"十一届三中全会以后，以邓小平为核心的第二代党中央结合我国改革开放的新情况，颁布了一系列新的教育方针、政策和法令，为我国新时期教育的改革和发展指明了方向。邓小平同志非常重视教育、重视人才的培养，把它看做是中国走向现代化的基础。1983年9月邓小平为北京景山学校题词："教育要面向现代化，面向世界，面向未来。"邓小平指出："我们要实现现代化，关键是科学技术要能上去。发展科学技术，不抓教育不行。"[①]"科学技术人才的培养，基础在教育！"[②]邓小平同志关于教育的论述指明了教育改革的方向和道路，也确立了教育的战略地位。1985年《中共中央关于教育体制改革的决定》中指出："教育必须为社会主义建设服务，社会主义建设必须依靠教育。"又提出，新时代需要的人才，"都应该有理想、有道德、有文化、有纪律，热爱社会主义祖国和社会主义事业，具有为国家富强和人民富裕而艰苦奋斗的献身精神，都应该不断追求新知，具有实事求是、独立思考、勇于创造的科学精神。"20世纪90年代以来，党和国家根据新时期经济、政治、科学文化发展的需要，提出全面推进素质教育，把学生培养成德才兼备、全面发展的"四有"新人的育人目标。1993年2月，中共中央、国务院颁发的《中国教育改革和发展纲要》规定："加强德育工作是全体教师的共同职责。教师应当把德育贯穿和渗透到教育教学的全过程中，并以自己的楷模作用，促进学生的全面成长。"提出："教育的改革和发展对教师提出新的更高的要求。教师是人类灵魂工程师，必须努力提高自己的思想政治素质和业务水平，热爱教育事业，教书育人，为人师表。"1993年我国颁布了《中华人民共和国教师法》，《教师法》总则部分第三条规定："教师是履行教育教学职责的专业人员，承担着教书育人、培养社会主义事业建设者和接班人、提高民族素质的使命。教师应当忠于人民的教育事业。"在教师义务部分的第八条规定，教师应当履行的义务是："对学生

---

① 《邓小平同志论教育》，人民教育出版社，1995年版，第24页。

② 《邓小平同志论教育》，人民教育出版社，1995年版，第54页。

进行宪法所确定的基本原则的教育和爱国主义、民族团结教育，法制教育以及思想品德、文化、科学技术教育"，"关心、爱护全体学生，尊重学生人格，带领学生在品德、智力、体质等方面全面发展。"

当今，为使我国面向 21 世纪的现代化建设事业奠定坚实的人才和知识基础，教育必须坚持"三个面向"，全面推进素质教育，提高教育质量。社会主义的教育方针集中体现了社会主义经济关系和政治制度的要求，体现了无产阶级和广大人民群众的根本利益，反映了社会主义教育的本质属性。因此，我国高校教师职业道德原则的确立，必须依据教育方针的基本精神，反映社会主义教育的本质属性，体现社会发展和广大人民群众的根本利益，贯彻集体主义的道德原则。

二、高校教师职业道德原则与新的时代要求相一致

教育是人类文明史上的崇高事业，它是新生一代的成长和社会生活的继承和发展不可缺少的手段，它担负着传递生产知识、劳动技能、生活经验和社会意识的职能，对社会生产力的发展起着积极的推动作用。当代国际之间的竞争，虽然经常和大量地表现为经济竞争，但是经济竞争实际上是科技的竞争，而科技的竞争实质上就是教育的竞争。而在教育竞争中，高等教育又有着特殊的作用。高等教育承担着人才培养、科学研究和社会服务的职能，高等学校是新知识、新思想、新文化的发源地，是弘扬民族优秀文化和传播人类先进文明的神圣殿堂，是社会全面可持续发展的动力源泉，是衡量一个国家社会发展水平和竞争实力的重要标志，因此，在现代社会发展中具有非常重要的地位和作用。中共中央、国务院在联合下发的《关于进一步加强和改进大学生思想政治教育的意见》中，对加强高校师德建设提出了要求，指出高校"所有教师都负有育人职责。广大教师要以高度负责的态度，率先垂范，言传身教，以良好的思想、道德、品质和人格，给大学生以潜移默化的影响"。之后，教育部专门下发了《关于加强高等学校师德建设的若干意见》分别就加强师德建设的重要性和紧迫性、指导思想和基本原则、基本内容和要求、有效途径和措施等作出了明确规定。这说明，党和政府已充分认识到加强高校师德建设对于青年大学生的培养成长所具有的特殊重要性和紧迫性。加强高校师德建设也是建设高素质教师队伍的迫切需要。高校教师是高等教育的实施者，是大学生思想政治教育的主体，所有教师都负有育人职责。随着社会的发展，高校教师的责任更加突出，对师德素质的要求

更加严格，教书育人工作的标准更高。切实加强高校师德建设，对于打击和抵制少数人的学术腐败、道德失范、有损高校教师形象的行为，保护教学科研人员的积极性、主动性、创造性，保持高校的创新能力和科技竞争力，建设高素质的教师队伍，促进高校教学科研发展，具有十分重要的积极作用。

高校教师职业道德的原则确立必须与新的时代要求相一致。一个国家、一个民族，要想自立于世界强国之林，离开了高质量的高等教育，离开了高水平的高校教师，显然是不行的。在全面建设小康社会的进程中，要发展教育事业，提高中华民族的科学文化素质和思想道德素质，实现物质文明、政治文明和精神文明全面发展，没有高校教师的辛勤劳动和努力是不可能办到的。高校教师所从事的职业是极为重要和光荣的，它直接关系到我国社会发展战略目标的实现，关系到社会主义现代化建设的成败。因此，高校教师职业道德原则的确立，必须与新时期、新时代高等教育的改革发展要求相符合，必须与我国社会发展的战略目标相一致。

三、高校教师职业道德原则与新的教育理念相一致

德国教育家斯普朗格说："教育的最终目的不是传授已有的东西，而是要把人的创造力量诱导出来，将生命感、价值感唤醒，'一直到精神生活运动的根'"。他还说："教育绝非单纯的文化传递，教育之为教育，是基于对其人格心灵的呼唤，这是教育的核心所在。"[①]美国前总统罗斯福说："如果只教给学生知识，而不培育其心灵，那么将来为社会培养的是一堆祸害。"[②]这是一种新的教育理念。新的教育理念是指主体性教育理念。主体性教育是针对"非主体性教育"或"工具性教育"提出来的，其核心是强调承认并尊重受教育者在教育活动中的主体地位，将受教育者真正视为能动的、自主的、独立的个体。主体性教育通过启发、引导受教育者内在的教育需求，创设和谐、宽松、民主的教育环境，从而使他们成为自主地、能动地进行认识和实践活动的社会主体，也就是具有主体性的人。主体性教育理念的基本特征是科学性、民主性、活动性和开放

---

① ［德］斯普朗格，转引自邹进：现代德国文化教育学［M］，山西教育出版社，1992年版，第112页。

② 富兰克林·罗斯福传［M］. 中国社会出版社，2006年版，第96页。

性。主体性教育理念在我国的形成和发展，引发了学术界特别是教育界强烈的共鸣，有力地推动了素质教育的开展。在现代教育实践活动中，教师和学生的关系并非传统意义上主体与客体的关系，而是教育主体与受教育主体间的双向交流的关系，教育的过程在本质上是对受教育者主体性的培养过程，这是一种主体性教育。主体性教育理念具体指：

（一）"以学生为本"的教育理念

"以学生为本"的教育理念是指我们的教育要从学生的实际出发，注重发挥教师的主导作用，重视教育的社会功能，着眼于学生的发展，使学生获得全面、主动、有个性的可持续发展。"以学生为本"的教育理念，要求教师反思传统的教育观念，强化主体性教育意识，树立新的、符合时代潮流的教育观念；要求教师提高师德修养水平，从内心深处尊重学生的主体地位，深入学生，了解学生，把学生视为自己的子女，视为平等的挚友，宽容他们的不成熟，接纳他们的弱点，挖掘他们的个性特点，发现他们的闪光点。教师只有用真情去交流、呵护、激励和欣赏学生，只有把自己最真挚的感情放在学生身上，全身心地投入到教育人、培养人、塑造人的工作中去，用情感与关爱感动学生，才能赢得学生的信赖，使学生视教师为良师益友，建立起"亲其师，学其艺，近其人，信其道"的新型师生关系，才能形成师生互相融洽、互动互助、共同进步的良好局面。

（二）"学为人师"的教育理念

"学为人师"的教育理念要求教师应成为研究型、专业型人才。教师不仅传授知识，而更重要的还在于发现真理，创造新的知识，确保人类文化可持续发展，所以教学活动以研究为"源"，以传授为"流"，源流结合，才能教学相长，源远流长。传授知识要求教师要博览群书，知晓天文地理，懂得古今中外，钻研教材、了解学生，在学习知识、储备知识、发现真理方面成为学生的榜样。"学为人师"的教育理念，还要求教师行为示范。行为示范主要是对教师思想品德、言行举止、衣着服饰和诚信度的要求。学为人师、行为示范是相辅相成的，它把知与行、教师自身修养与育人的本领等方面结合起来，简明全面概括了教师职业道德的基本内涵。行为示范要求教师在言行举止、接人待物、品德修养等方面为学生做出榜样；要求教师传授基本技能时，要用最简洁的语言来表达，最熟练的操作技能为学生做出示范；在计算机操作、外语交流以及教学技能等方面都应是学生的表率；还要在运用这些工具、手段中寻找出一

65

般规律,把人类积极的经验转化为学生的知识技能,培养学生主动适应和创造意识。在市场经济条件下,人民教师要做到言行一致,表里如一,把理论与实践结合起来,把内心与行为统一起来,把育人工作渗透到知识传授和自己的行为中去,这是新时期对合格教师道德品质的综合要求。

(三)"开拓创新"的教育理念

"开拓创新"的教育理念要求大学教师在教学科研上积极进取,改革创新,争取有突破性的研究成果。实践证明,高校教师的教育理念决定着教师教学方法和教学质量,决定着学校教育的成果。在经济全球化与市场经济条件下,大部分陈旧的教学理念和方法,已不能适应培养社会主义现代化事业的优秀建设者和接班人的需要。"开拓创新"的教学新理念要求教师在教学活动中,改变以往"填鸭式"、单一古板式、教师独霸课堂式的教学方式,要善于总结教学经验,发现学生特长,发现教学规律,给大学生有动眼看、动手做、动口议、动身表演的机会,这是保证师生互动,支撑教育质量的基础。"开拓创新"的教育新理念,要求高校教师积极开展科学研究,要关注学科专业的最新成果,要了解学术动态和学术前沿,要努力开展开拓创新性的科学研究,争取原创性的科研成果。"开拓创新"的教育新理念,要求高校教师不断学习,不断创新,完善自我,丰富人格,把知识、情感、道德统一协调起来,形成良好的心理结构,以为人师表、言传身教来教育大学生,来塑造下一代。

总之,随着现代高等教育的改革和发展,高等教育的教育理念、教育思想、人才培养规格和模式,以及学科体系、专业结构都在发生着深刻的变化,这些变化对高校教师职业道德提出了许多新的要求。与此相适应,高校教师职业道德原则也应该进行调整和更新,应该反映现代高等教育改革发展的规律和要求。而新的教育理念正是现代高等教育改革发展的思想性、观念性体现。因此,高校教师职业道德原则的确立还应与新的教育理念相一致,要体现青年学生身心发展规律和人的全面发展的要求,要反映高等教育改革发展对高校教师的教学科研要求。

四、高校教师职业道德原则与教师的权利和义务统一相一致

权利和义务既是一对法律范畴,又是一对道德范畴。权利是指法律或道德所赋予的人们应当享有的地位、名誉、待遇和利益;义务是指法律或道德所要求的人们对他人、社会、集体应该承担的责任。但是法律的权利义务关系与道德的权利义务关系是有明显区别的,法律的权利与

义务是相对应的，法律主体履行了一定的法律义务，就可以享受相应的权利，而要享受一定的法律权利，就必须履行相应的法律义务，法律权利和义务是相辅相成，互为条件的，正如马克思所说的"没有无义务的权利，也没有无权利的义务"。但道德权利与义务却不是简单对应的，一方面，从动机看，道德行为主体履行道德义务并不以取得某种权利为出发点，而是发自内心的一种道德责任感和义务感，是一种自觉自愿的自律性行为；另一方面，从结果看，道德行为主体并不以自己履行道德义务后的良好结果作为获取道德权利的筹码，道德义务是一种只尽义务，不求索取，只要付出，不求回报的高尚行为。但是现代道德权利义务观与传统的道德权利义务观有两点区别，一是作为道德行为主体，履行道德义务不以谋取道德权利为目的是正确的，但是，对自己应该享有的道德权利也不可以完全无动于衷，也应该具有一定的维权意识，这实际上是对道德受益者的一种教育和鞭策。二是作为道德客体，即社会、集体和他人，对别人自觉履行道德义务的行为，不可视而不见，应该主动回报以相应的道德权利、名誉、待遇和利益，这表明了社会的是非善恶观念和正确的道德价值导向。

对于高校教师来说，如何处理好权利与义务的关系应从两个层面理解：第一个层面是法律所规定的权利与义务，特别是《教师法》中对教师的权利与义务的明确规定，它一方面明确规定了教师应该享有的基本权利，如教育教学权，参与学校管理权，要求进修培训权，按时获取工资报酬权等；另一方面，它又严格规定了教师必须履行的基本义务，如遵守职业道德、尊重学生人格、贯彻国家教育方针、完成教师工作任务等。依照《教师法》对教师权利和义务的规定，我们从法律层面上应该认识到保障教师权益是履行教师义务的必要前提，而履行教师义务是享有教师权利的必然要求，权利和义务是辩证统一的，两者相辅相成，不可偏废。第二个层面是从教师职业道德的高度来理解教师的权利与义务关系，这就是在法律所规定的教师权利与义务关系的基础上，以一种职业的道德感、责任意识来理解教师自身的权利与义务。在这个层面上，高校教师职业道德要求教师履行自己的职责不以获取权利为目的，要自觉承担起教书育人、培养社会主义建设者和接班人的历史重任，自觉履行自己的义务，要具有无私奉献的精神。但是，为了更好地履行自己的责任和义务，教师也要维护自己的必要权利和合法权益。学校领导、各级政府更应该在保障维护教师的合法权益上做出积极的努力。不管是从法律层面上还是从职业道德层面上，都应坚持权利和义务相统一的原则。

(一)把权利作为履行职责的基础

作为高校教师，追求为实现自身职责的权利是必要的，也是完成职业使命，实现教育目的的前提条件。近些年来，随着我国社会经济的日益发展，教育投资也越来越大。通过增加教育经费、改善办学条件、提高教师工资福利待遇、加强师资培训等一系列政策措施，教师的社会地位和经济待遇有了很大改观，教师的权利也日益得到保障。这一切为教师完成教育教学任务，履行自己的教育职责，实现教育目标，提供了日益完备的外部条件，有力地促进了教育事业的发展。高校教师职业道德要求教师正确看待自己的权利，要把它们作为更好地履行职业道德义务的基础，而不应该把它们当做获取个人待遇和报酬的机会和条件；高校教师职业道德要求教师树立正确的权利观，要看到权利中所包含的党和人民的期望与重托，要把权利变成推动自己做好工作的动力，努力做出更多更大的成绩来。

(二)把义务当做责任看待

对于高校教师来说，一方面，教师一旦进入现实的职业岗位，就必然要承担对学生、对学校、对国家、对社会的责任和义务，这是一种他律性的要求。另一方面，教师要在深刻认识义务他律性的基础上产生一种高度的道德责任感。责任感和义务既有区别又密切联系，义务强调的是一种外在的客观要求，责任感则是把外在的客观要求内化为主体的一种自我意识，义务是责任的外在形式，责任是自觉意识到的义务。高校教师职业道德要求教师首先理解职业道德义务的他律性和客观性，理解它们深刻的社会根源性；其次，要从内心认同这些职业道德义务，把它们转化为内心的一种道德责任，形成一种深重的道德责任感，变成自律性的道德原则。从认识义务到变成责任，从他律走向自律，教师就会产生内在的自觉和强大的动力，就会使职业道德水平得到迅速提高和发展。

(三)把权利和义务统一于教书育人的教育活动实践中

《中华人民共和国教师法》指出："教师是履行教育教学职责的专业人员，承担着教书育人、培养社会主义事业建设者和接班人、提高民族素质的使命。教师应当忠诚于人民的教育事业。""教书育人，培养社会主义事业建设者和接班人"，这是党和人民赋予高校教师的职业权利，是其他任何职业都不能享有的特殊职业权利，高校教师要特别珍视这种培养接班人的权利。"教书育人，培养社会主义事业建设者和接班人"，又是高校教师应该承担的社会职责和职业职责，是高校教师职业道德对教师提出的根本要求，教师必须明确自己的责任和义务，忠诚于高等教育事业，自觉担负起教书育人的崇高职责。高校教师是具有专门科学文化知识的人，他们希望自身的价值得到进一步展现，这是无可争议的个人权利。一定意义上说，个人的自由和权利之所以是人生快乐和幸福的基础，就在于人生活在社会之中，虽然个人的快乐和幸福最终要来源于社会的发展与社会的整体幸福，但个人的自由和权利恰恰构成了社会发展的根本条件和必须的动力。每一名高校教师都希望最大限度地实现其生活幸福的空间舞台，并通过自己在这舞台上充分发挥聪明才智，使自己的价值获得最好的实现。尊重自我利益权利的要求并明确个体利益权利的相对性和限度性，这是做人德性的最具体的体现。

随着市场经济的发展和科学技术的进步，随着知识经济时代的到来，知识的价值越来越被重视，教师劳动也可能以商品价值的形式获得认同。因此，教师在追求社会价值的同时，也越来越重视个体价值的实现，即肯定为教育事业而奉献的同时，也比以往更强调个体的发展。也就是说，高校教师在履行自己职业责任的同时，不能不考虑到自己的个人发展，家庭的需要，经济的收入以及其他现实生活的问题。在现实社会中，奉献与索取是统一的，教育不能回避市场规律，当前师德建设中必须研究个人功利与奉献精神的关系。整个社会都应消除把教师职业仅仅看成是只讲奉献，不求索取的错误认识。特别是在知识经济时代，教师劳动是创造较高价值的劳动，理所应当获得经济及社会相应的回报。但是，每个教师又不能忘记，个人离不开集体，教师个人价值的实现，离不开高等教育事业的发展，离不开国家民族的兴旺发达。因此，献身教育事业是每个教师追求人生价值目标，实现人生价值的根本途径，献身教育是教师实现人生价值最现实、最可靠的途径。

高校教师应该把权利和义务统一于教书育人、培养接班人的教育活动实践中，促进学生德智体全面发展，为提高我们民族的素质，为实现国家的繁荣昌盛和民族的兴旺发达，作出自己的贡献。我们在确立高校教师职业道德原则时，应该着眼于教师的权利与义务相统一。

第二节　高校教师职业道德的普遍原则

爱国主义原则和集体主义原则是我国高校教师应该遵守的职业道德

的普遍原则，也是我们在高校教师职业道德建设中，必须坚持的思想教育原则和道德价值导向。

一、爱国主义原则

爱国主义就是对祖国的忠诚和热爱，核心是对民族和国家的生存发展、繁荣兴旺等根本利益的关心与维护。爱国主义是在历史中形成的，是一个变化着的复杂的社会、历史、道德和心理现象，有多种表现形式，内涵十分丰富。爱国主义精神的实质是肯定个体与社会的统一性，以及社会优先于个体，并在此基础上形成崇高的社会责任感和历史使命感。爱国主义就是每个人对祖国负有的责任和使命，它既是道德义务，又是政治义务和法律义务。高校教育作为国民教育的重要组成部分，作为培养社会主义现代化事业的建设者和接班人的重要职业部门，其职业道德的首要和核心内容就应该是坚持爱国主义原则，大力弘扬爱祖国主义精神。高校教师作为高等教育的主体，首先应该遵循爱国主义的职业道德原则，既做爱国主义的践行者，又做爱国主义的传播者，把用爱国主义培养当代大学生作为自己重要的职业责任，真正担负起对大学生进行爱国主义教育的神圣使命。为能够更好地在政治思想上和实际教育教学活动中贯彻和体现爱国主义这一职业道德原则，高校教师应在以下几个方面做出努力：

(一)加深对爱国主义道德原则的认识

我们国家在长期的历史发展过程，形成了爱国主义的优秀传统，这是中华民族赖以生存和发展的精神支柱，是中华民族自立于世界民族之林的魂魄所在。在社会主义现代化建设过程中，在经济全球化的新形势下，爱国主义更是中国走向繁荣富强，民族实现伟大复兴的强大精神动力。爱国主义也是个人利益与国家、民族利益密不可分的道德反映。国家、民族的发展与进步，需要每个炎黄子孙的努力奋斗和牺牲奉献；而只有民族兴旺发达，国家繁荣昌盛，个人才能得到全面发展，现实幸福安康。高校教师应该正确认识个人与国家民族之间相互依存密不可分的道德关系，深刻理解爱国主义道德原则对我们国家和民族生存发展的重大意义，同时深刻认识到自己在爱国主义道德宣传教育中的重要职责，自觉把爱国主义作为职业道德原则，忠诚党的教育事业，努力为国家的教育事业作出贡献。

(二)培养爱国主义道德情感

人们的爱国主义感情不是与生俱来、自发产生的，它是在对国家、民族的历史和现状认识的基础上，通过培养和自觉选择而逐步形成的。只有在科学认识民族和国家发展的历史和现状的基础上，只有在对自己长期生活的乡土怀有深情的基础上，才能将乡土情深扩大与升华，产生出对自己祖国和民族的热爱。因此，高校教师必须加强对国情和历史的认识，认识祖国悠久的历史，灿烂的文化，伟大的人民，大好的河山，培养自己爱国主义的道德情感，同时用这种道德情感教育学生，感染学生，把学生培养成国家和民族需要的优秀人才。许多老一辈高校教师几十年如一日，辛勤耕耘，刻苦研究，默默奉献，无悔无怨，他们之所以能如此执着，原因就在于他们对祖国怀有深厚的感情，能尽自己的努力来奉献国家，造福民族，把热爱祖国的情感与热爱自己的工作紧密联系在一起，自觉献身于祖国的教育事业。

(三)坚持爱国主义道德并将之转化到实际工作中

无论是对爱国主义的认识，还是爱国主义的情感和信念，这都是爱国主义原则的基本要求，但是爱国主义仅仅停留在认识、情感、信念上仍是不够的，还必须把爱国主义的理想、情感转化为爱国主义的实际行动，落实到实际的工作中去，只有这样，爱国主义才能转变为一种力量，成为真正推动国家富强、民族振兴的助动力。对于高校教师来说，无论在学校从事什么工作，无论能力大小与职位高低，都要树立国家利益和人民利益高于个人利益的思想，都要从爱国主义的道德原则出发，看其是否有利于维护国家和民族的团结和统一、声誉和尊严，是否有利于促进社会主义现代化建设事业的发展和进步，是否有利于高等教育事业的改革和发展，是否有利于德才兼备的创新性现代人才的培养与造就。符合爱国主义原则的，就坚决去做，不符合爱国主义原则的，一定要克服或反对。对于每个高校教师来说，个人的岗位和工作可能是平凡的、普通的，但只要坚持爱国主义道德原则的指导，只要努力践行爱国主义道德精神，勤勤恳恳、踏踏实实地努力工作，为我国高等教育的发展，为培养接班人作出自己的贡献，就是一个真正的爱国主义者。

(四)增强民族自尊心、自信心和自豪感

自尊心和自信心是中华民族永不衰竭的民族精神，是人们爱国主义感情的重要思想和心理基础，也是形成爱国行为的内在精神动力。我国是一个发展中国家，综合国力与发达资本主义国家相比还有较大的差距，随着对外开放的推进，我国引进了发达资本主义国家先进的技术和管理方式，但以极端个人主义、拜金主义、享乐主义为核心的资产阶级世界观、人生观、价值观和颓废文化也随之而来，严重冲击着一些青年学生对我们国家和民族的认同感和自信心，由此，产生了历史虚无主义和民族虚无主义的不良思想倾向。对此，邓小平同志曾深刻指出："必须发扬爱国主义精神，提高民族自尊心和自信心，否则我们就不可能建设社会主义，就会被种种资本主义势力所侵蚀腐化"。① 高等学校是各种理论思潮交汇的重要场所，是西方敌对势力和我们争夺接班人的主要战场，高校教师则是这场争夺战的主力军，站在国际竞争的前沿阵地上。爱国主义道德原则要求高校教师在经济全球化和高等教育国际化的形势下，在这场激烈的争夺战中，既要学习西方先进的科学文化，开阔视野与时俱进，又要保持高度的警惕性，坚持马克思主义在意识形态中的指导地位，坚持国家和民族利益的原则立场，坚持正确的思想价值导向，增强自己的民族自尊心、自信心和自豪感，并通过自己的言传身教，培养大学生的民族自尊心、自信心和自豪感，培养他们爱国主义的道德情操。

二、集体主义原则

集体主义原则是社会主义道德的基本原则，是调整个人利益与集体利益之间关系的根本指导准则和基本价值取向。首先，集体主义道德原则不是人们主观臆断的产物，而是个人利益与集体利益辩证统一关系在道德观念上的反映。个人利益是个人生存和发展需要的满足，集体利益是集体和社会存在和发展的基础，它们之间的关系是辩证统一的，既有密切联系互相依存的一面，又有相互区别、相互矛盾的一面。它们之间的密切联系，首先表现为集体利益是个人利益的基础和前提，集体利益为个人利益的实现提供物质和精神条件的保障，正如马克思所指出的："只有在集体中，个人才能获得全面发展其才能的手段，也就是说，只有在集体中才可能有个人自由。"②其次，个人利益是集体利益的内容和组成部分。集体利益是对广大人民群众个人利益的概括和集中，否认了人民群众的个人利益，集体就变成了虚幻的集体，集体利益也就不存在了。

---

① 《邓小平文选》第三卷，人民出版社，1993年版，第358页。
② 马克思：《德意志意识形态》《马克思恩格斯全集》第3卷，人民出版社，1960年版，第84页。

同时我们应该看到，由于个人利益代表的是个别的、局部的、眼前的利益，集体利益代表的是整体的、长远的、全局的利益，它们之间存在着矛盾性和不一致性。个人利益与集体利益的这种辩证统一关系，反映在道德上，就形成了集体主义道德原则。集体主义道德原则是社会主义道德的基本原则，它建立在社会主义基本制度的基础上，是为巩固和发展社会主义经济制度、政治制度这一根本目的服务的。教师职业道德的集体主义原则是社会主义集体主义原则在教育领域的具体化，它要求广大教师必然在利益统筹兼顾和必要服从原则的指导下，正确处理教育与社会的关系；教师队伍与教育事业发展的关系；教师个利益与学生集体、教师集体、学校集体利益的关系。高校教师要遵循集体主义道德原则，自觉地以集体主义道德原则来调节自己的思想和行为，促进社会集体利益的发展。高校教师贯彻集体主义道德原则，应该从以下两方面做出努力：

（一）关心和维护集体利益

教育活动是一种集体活动，学校的课程由不同学科、不同专业的教师担任，要完成教育教学任务，要现实教育目的和培养目标，必须通过教师集体的共同努力。实践证明，良好的教师集体具有强大的凝聚力和向心力，是保证教师完成教育教学任务的必要条件，良好的教师集体具有极大的感染力和鼓动力，是教师能够挖掘潜能充分发挥聪明才智的重要条件。因此，集体主义道德原则要求教师关心和维护集体利益，把个人置于集体之中，为集体利益的发展作出自己的贡献。关心和维护集体利益有明确的内涵要求：其一是应该遵守集体的纪律、爱护集体的荣誉。集体纪律是一个集体团结有力，奋斗目标得以实现的前提条件。没有统一的目标计划，没有步调一致的集体纪律，教师集体就会变成一盘散沙，就不可能产生高效有序的教育过程，人才培养的目标就很难实现。因此，教师应该严格遵守集体纪律，认真执行各项规章制度，保证集体的团结一致。集体的荣誉感是推动教师履行道德义务的巨大精神力量，也是培养学生的重要手段，每一个教师不但应该维护集体荣誉，而且还应该以自己的努力为集体创造荣誉。其二是应该正确处理个人利益与集体利益之间的关系，正确对待个人利益与集体利益之间的矛盾。当个人利益与集体利益发生矛盾冲突时，教师应该从大局出发，从社会的、学校的、学生的整体利益和长远利益出发，对个人利益做出必要的克制与牺牲，以保证集体利益的发展。若是因为集体本身存在着不公平、不合理、不健全的环节，从而引起个人正当利益与集体利益发生矛盾时，则应通过合法的程序和手段来改变集体中不合理的方面，以满足个人的正当合理需求，从而达到矛盾的解决。

(二) 正确处理好集体成员之间的关系

每一个教师个体都是教师集体中的一员，尊重集体中的每一个成员，处理好集体成员之间的关系，加强集体成员之间的团结，也是贯彻集体主义道德原则，维护好集体人际关系的重要方面。正确处理集体成员之间的关系，首先要求高校教师尊重集体中的每一个成员，即要尊重每个教师的人格，要尊重每个教师的劳动，要尊重每个教师的权利，要互相尊重，平等待人。互相尊重有利于形成良好的人际关系，调动每个教师的积极性，互相尊重有利于和谐教师集体的形成，增强教师集体的凝聚力和战斗力，从而促进个人利益和集体利益的共同发展。其次，正确处理集体成员之间的关系，要求高校教师正确对待集体成员之间的竞争。在集体成员利益关系方面，从总体目标上说，教师集体中各成员之间的价值目标是一致的，不存在根本利益上的冲突。但这并不意味着教师集体中各成员在利益的获取上是等同的。由于高等学校内部管理体制的深化改革，由于高等教育发展的内在要求，教师集体中的竞争必然存在，教师在利益分配上的差异也不可避免。近些年来，教师竞争上岗、竞聘职位在高等院校中普遍推行，在利益分配上也逐步转向以绩效、以贡献为依据的分配方式，这种客观的利益关系反映到教师的道德认识中，就是以拼搏、进取、贡献为荣，以甘居落后、平庸无能为耻，形成了教师之间的激烈竞争。教师职业道德要求集体成员正确参与竞争，竞争的目的必须正确，竞争的手段必须符合道德；在竞争中要正确处理好竞争与协作的关系，加强与其他教师的团结协作；竞争的结果应该是每个成员的共同提高，集体目标得以高效实现。再次，正确处理集体成员之间的关系，要求高校教师正确处理教师集体中的内部矛盾，加强教师之间的团结。矛盾无处不有，无处不在，教师集体内部的矛盾也是经常发生的。一旦有了矛盾，集体主义道德原则要求每个教师都要从维护集体团结的愿望出发，各自多做自我批评，互相谅解，消除误会，达到团结；教师之间还要经常交流思想，沟通信息，以便形成统一认识，达到团结协作的目的。教师集体成员之间的团结，是教师集体的战斗力和凝聚力的基础，是教师集体的教育力量之所在。一个团结有力的教师集体，才能促进每个教师的提高，促进教学科研任务的顺利完成，促进教育目标的实现。

第三节　高校教师职业道德的特殊原则

高校教师职业道德普遍原则与特殊原则是既有联系又有区别的两个概念，它们之间相互作用、相互影响，共同构成了教师职业道德原则的有机整体。从整体性和规范性的角度看，高校教师道德普遍原则和特殊原则两者是一致的，它们都是评价教师职业思想行为的道德尺度，都是调节高校教师职业行为的道德要求和道德准则，普遍原则是对道德特殊原则的概括和总结，特殊原则是普遍原则的具体化和展开。从层次性和应用性的角度看，高校教师职业道德普遍原则和特殊原则具有一定的区别。高校教师职业道德普遍原则是高校教师职业道德的社会属性和阶级本质的集中体现，在道德规范体系中居于主导地位，具有概括性、稳定性特点，对高校教师的思想行为具有总体指导性；高校教师职业道德的特殊原则是在职业实践活动中是具体的、可以直接比照的、可以直接操作的道德要求，具有具体性、变动性特点，对教师的思想行为具有直接的指导性和约束力。

一、教育人道主义原则

人道主义泛指一切强调人的地位，关心人，爱护人，重视人的价值，维护人的尊严和权利的思想体系。教育人道主义原则是人道主义原则在教育领域内的应用和实践。教育发展的历史表明，教育人道主义是随着人道主义的兴起而兴起和发展的。瑞典著名民主主义教育家裴斯泰洛齐提出"教育意味着完整的人的发展的思想"，认为"教育的唯一的目的就是要协调地发展那些由于受到上帝的恩赐而构成其人格的才能和素质"，"教育的问题不在于传授专门的知识或专门的技能，而在于发展人类的基本能力（人类的基本能力对穷人和富人当然是一样的）"。[①] 这些思想都带有浓厚的人道主义色彩，对后世的教育思想产生了深刻的影响。前苏联著名的教育家马卡连柯和苏霍姆林斯基都是成功实践教育人道主义精神的典范，苏霍姆林斯基曾经明确地指出："没有起码的人道就不可能有共产主义道德，一个无力细致感受事物的感情冷淡的人，不可能理解崇高

---

① 裴斯泰洛齐教育论著选[M]．北京：人民教育出版社，1992 年版，第 231 页。

的理想。感情冷淡会造成对人们漠不关心，漠不关心会产生自私自利，自私自利会导致冷酷无情。"①在我国近几年兴起的"情感教育"、"尊重的教育"、"愉快教育"等都要求突出人在教育中的地位，也同样饱含着人道主义的精神。可见，教育人道主义思想在人类教育发展史上源远流长，是教育过程中一个广为应用的普遍原则。

教育人道主义强调教育对人的普遍关怀和尊重，强调教育要重视人的价值、维护人的权利、提升人的自由，从而使人成为具有充分人性的人，尤其是要使人真正地作为个人获得解放或主体的地位。教育人道主义原则的丰富内涵可以概括为两个基本方面：一是把人当人看，二是使人成为人。

(一)教育应当始终坚持并高扬"把人当人看"的人道精神

人道主义是一种把人本身作为最高价值的思想体系，它反对把人物化或神化。如早期人道主义者但丁所言："人的高贵，就其许多成果而言，超过了天使的高贵"②。承认自己和他人都是人，都具有人应该具有的地位和权利，这是不同历史时期的人道主义者们共同的价值诉求。人道主义总是努力恢复人的本质，它所关注的是把人当做人而不要当做非人。因此，把人当人看应该是人道主义的第一原则。教育是人的事业，一切教育活动都是围绕人并且是为了人而展开的。教育所指向的不是一堆没有生命的自然物质，而是有血有肉、有情感、有思维、有意志的"活生生的人"。即便是那些犯过错误需要惩罚的学生，我们也必须要考虑到，这是对人的惩罚，惩罚的方式必须是合乎人性的。因为，"人，只能按人的方式来把握"。只有"把人当人看"，以人的方式来教育人，才能把人从纯粹的自然生物性中解放出来，成长为一个人性丰满的个体；也只有在这种教育中成长起来的人才会具有人道主义的品格，才能建立并支撑起一个真正人道的社会。这在教师职业道德中具体表现为：

1. 教师要尊重学生的人格尊严

尊重学生即是在教育过程中对学生个体存在价值的肯定。人格尊严是人之所以为人的最基本特征，是人得以安身立命的最根本基础，人格尊严是不容侵犯的。尊重学生的人格和尊严，要求高校教师把学生作为与自己平等的主体来看待，肯定每个学生个体存在的价值，以平等、谨

---

① [苏]霍姆林斯基. 给教师的建议[M]. 教育科学出版社，1980 年版，第 107 页
② [意]但丁著，田德望译. 神曲 [M]. 人民文学出版社，2004 年版，第 45 页

慎的态度对待每一个学生,尊重他们的人格,维护他们的尊严,不应该有任何侮辱学生人格、贬损学生尊严的言行。学生虽然是受教育者,是被教育和管理的对象,但学生作为教育活动的主体之一,同时享有许多合法权利,比如学习的权利、人身安全不受侵犯的权利、个人隐私权利、言论自由的权利、参与社会活动的权利、与他人交往的权利等等。这些都是学生作为社会人的最基本的权利。高校教师要有明确的学生权利意识,要尊重他们的各种权利,不可随意剥夺或损害他们的权利。学生的发展过程有其共同的特征,同时,就每个学生个体来说,也有其不同于其他学生的个性特征,尤其是青年大学生,随着身心发展的逐步成熟,个性也就明显地体现出来,其中也不乏有个性较为突出的学生。对此,高校教师要有一个正确的看法,学生有个性是正常和健康的表现,有些个性甚至是学生创新性和特殊发展性的个性品德,只要不影响和损害他人利益、集体利益,就要尊重学生的个性发展,并应因势利导,促使学生个性朝着健康有益的方向发展,不能因学生个性独特而持有偏见,更不能对他们疏远、冷淡、歧视、排斥。

2. 教师要关心学生,爱护学生

由于应试教育的长期实施以及独生子女的大量存在,现在的大学生尽管独立意识很强,实际独立能力却很弱。再加上大学是与中学完全不同的一种教育环境和学习生活环境,许多大学生无论是在学习上、生活上、思想上、人际关系上、交友恋爱上都会许多不适应,都会遇到许多困难、矛盾和问题,他们特别需要教师的关心爱护和帮助,特别需要有人指点迷津,给予扶助。此外,贫困大学生的大量存在,也对教师关心、爱护学生提出了许多更高更新的要求。根据教育人道主义原则,高校教师对学生应该施以人道主义的关怀。教师要深入学生,全方位了解学生的思想动态和心灵需求,要根据他们的年龄和心理特征有针对性地答疑、解惑,帮助他们解决困难,走出困境。教育人道主义原则要求高校教师关心爱护每一个学生,特别是对那些犯过错误按照校纪校规需要处罚的学生,更应该施以人道主义的伦理关怀。对这些学生处罚的方式应该是合情合理、合乎人性的,处罚以后应该主动关心、热情帮助,被处罚学生的合法权益要给予保障。那些对学生不闻不问、冷淡漠视的行为,那些歧视排斥犯过错误的学生,随意侵犯他们合法权益的行为,都是违背教育人道主义原则的,高校教师在职业道德实践中要特别注意避免和纠正。

（二）教育应当努力促进并践行"使人成为人"的人道追求

教育要践行"使人成为人"的人道追求，就必须要赋予个体充分的自由，保证人人享有他们为充分发挥自己的才能和尽可能牢牢掌握自己的命运而需要的思想、判断、感情和想象方面的自由。这首先需要教育者确立这样的教育理念：即学生的自由不是教师的施舍，而是人所固有的"类特征"，是学生的权利。只有当他成为自己的主人，能自觉、自主、自愿地根据自己的兴趣、爱好、特长和社会的需要去发展自己的个性和实现自身的价值时，真正的自我完善才会成为可能。因此，教育者要把学生看做自我实现的主体，珍视他们发展的主动权，努力营造和创设一个有助于生命舒展的开放、多元和相对宽松的环境。从这个意义上来看，"使人成为人"的教育过程就应当成为一个培育自由精神、增长自由意志和提升自由能力的过程。教育对自由本身的追求，也就是对彻底的教育人道主义的追求。在教师职业道德中具体表现为：

1. 教师要提供必要的条件，保障学生的自由和权益

学生的自由和权益是学生主体地位的体现，也是学生作为社会人的基本权利。教育人道主义原则要求高校教师在教育管理和教学过程中，在师生交往中，充分尊重学生的自由和权益，提供必要的条件，保障学生自由和权益的现实。随着学分制以及学生民主管理体制的实施，大学生在学习、生活、社会实践等方面的自由度日益提高，学生有选择教师、选择课程的自由；有选择学制、选择学习年限的自由；有参加各种课外活动和社会实践的自由；有主动参与民主管理，自荐学生干部的自由；有言论自由和行动自由等等。教师应该尊重学生的自由，只要不违反法律和校规校纪，只要不损害他人利益和集体利益，就要尽力为学生创造条件，帮助他们现实自己的自由。学生的各种合法权益，也应该是教师注意关照的人道主义内涵。教师要关心学生学习、生活以及人身的各种权益，不但要加强法律意识，身体力行维护他们的各种权益，还要积极宣传有关法律，疏通民主渠道，创造条件，保障学生的各种权益。教育人道主义原则是以人为本的人性化的职业道德原则，它不但使学生能够得到最根本、最真挚、最深切的关心和爱护，有利于学生人道精神的培养和道德素质的提高，而且它可以净化教师的职业思想，提升教师的职业道德人格，使高校教师职业道德永葆美好的人性光辉。

2. 教师要尊重每个学生的隐私，允许每个学生拥有自己的支配空间

每个人都有不愿为人所知的秘密，都希望拥有一个不被他人侵犯的

自由活动空间。教育平等原则要求教师尊重学生的隐私权。私拆学生信件，或将学生不愿为人所知的秘密公之于众是侵犯学生隐私的行为。同样，学生的学习成绩也是学生的一个隐私，张榜公布学生的考试成绩及排名的做法，也是对学生隐私权的践踏。尤其对于学习较差的同学，公布考试成绩会给他们造成压力，有时还会使他们产生"破罐子破摔"的思想。作为教育工作者的教师，应该做的是鼓励他们克服学习上的困难，帮助他们提高学习成绩。教师尊重学生的隐私权，给他们一个相对"自由的空间"，他们能自由地放飞自己的心灵，去思考，去奋斗。尊重学生的隐私权，就是维护学生的尊严，就是要他们不失羞耻心，让他们的心灵始终保持一种可贵的自尊，从而心悦诚服地听从老师的教诲，自觉进行反省并矫正自己的不良行为，形成正确的自我激励机制。

从当代教育发展的现状来看，把教育人道主义确立为教育伦理原则和教师职业道德原则，更有其突出的重要意义。把教育人道主义确立为教育伦理原则和教师职业道德原则，是教育本质的内在要求，也是教师职业道德的核心要求。教育是培养人的伟大事业，必须要致力于对人的普遍关怀，致力于对人的价值、尊严、权利和自由的追求，致力于人的完善和发展，教师职业道德是教育目的和育人目标得以实现的有力保证，必须把对学生的尊重关心和热爱，把促进学生的全面发展完善，作为其职业道德的核心内容。

二、教育平等原则

教育平等的含义包括四个要点：第一，人即目的，人受教育的最终目标是个体自由和谐的发展，只有尊重每一个体的基本人权与自由的发展，才符合教育平等的原则；第二，教育权利平等原则，亦即"受教育"权利平等，这是相对于政治上、经济上的平等权利而讲的"教育上"的平等权利；第三，教育机会均等原则，即每个人有均等的入学机会，在教育过程中有均等的对待、有均等的学业成功机会；第四，差别性对待原则，即实现教育平等必然需要对不同个体施以不同的教育待遇，但是，差别性原则的基本前提是使全社会中处于最不利地位的人获得最大的利益。

中国在教育上有一个漫长的对教育平等的追求历程。教育平等思想古已有之，孔子便是中国教育史上主张教育平等的第一人，他所倡导并力行的"有教无类"的教学思想，就具有鲜明的教育平等倾向。"有教无类"实际上是"教无类",即人不分政治地位和经济地位高低,也不分种族、出身和先天资质的贤愚,都应该列为教育的对象,要使教育成为面向平民的教育,从而使人人都能得到教育。孔子打破了"学在官府"的垄断,首创私学,使平民子弟也平等地获得了接受教育的机会。他公开声称:"自行束脩以上,吾未尝无诲焉。"①意思是,只要送上微薄的十条干肉作为拜师礼,我没有不给予教育的。在他看来,在接受教育的权利方面,贵族与平民是平等的,没有"类"的区别和差异。"有教无类"之说就是教育不分尊卑、不分亲疏、不分好差,坚持一视同仁。这一教育理念,充分体现了儒家的仁爱思想。南宋著名思想家朱熹继承了孔子"有教无类"的思想,力主扩大教育对象范围,不局限于门第、身份、地域,只要诚心向学,都应该热心教诲。朱熹讲学,学生远近来学,自负粮食,常无肉菜,仅"脱粟饭"而已,但他不以贫为意,把著书和讲学看做是一生最大的乐趣。

在漫长的阶级社会中,私学的勃兴与发展,无不富含了人们对教育平等的艰辛追求与实践。到了近现代,教育平等成为政治家、思想家在追求社会平等的同时必然关注的问题。被毛泽东誉为"伟大的人民教育家"的陶行知先生所积极倡导和身体力行的平民教育就是追求教育平等的光辉典范。他指出,在贫穷落后的中国要普及教育,一是要省钱,二是要省时间,三是要通俗。用穷办法普及穷人所需要的"粗茶淡饭的教育",反对"洋化教育",反对用浪费的方法去普及"少爷教育"、"小姐教育"、"书呆子教育"教育。今天我们提倡的教育公平具有丰富的内涵,它既传承了历史上尊重人、热爱人、帮助人的教育平等精神,又具有鲜明的时代特征,即如今的"平等教育",早已被纳入法制的轨道,成为受教育者合法权益的一个重要内容。教育平等作为高校教师职业道德原则要求教师必须做到:

(一) 维护大学生的平等接受教育的合法权利

大学生是教育平等原则的直接受益者,能否有效地维护大学生的合法权益不但是贯彻"以人为本"教育理念的重要体现,而且也是推进教育平等走向法治化的重要环节。

大学生的合法权利源自他们所具有的双重身份,其一,他们是国家公民;其二,他们是正在学校接受教育的公民。因此,大学生既享有作

---

① 《论语·述而》《论语》刘琦,译评,吉林文史出版社,1999年版,第48页。

为公民应享有的一般的法定权利，又享有作为受教育者应享有的特殊的法定权利。而高校学生合法权益就是取得高等学校学籍的在校学生能够按照自己的意志以作为或不作为的方式，以及要求他人相应不做出或做出一定行为的方式实现一定利益的许可和保障。我国现行法律对学生的权利已作了明确规定，我国《教育法》第四十二条规定："受教育者享有下列权利：1. 参加教育教学计划安排的各种活动，使用教育教学设施、设备、图书资料；2. 按照国家有关规定获得奖学金、贷学金、助学金；3. 在学业成绩和品行上获得公正评价，完成规定的学业后获得相应的学业证书、学位证书；4. 对学校给予的处分不服向有关部分提出申诉，对学校、教师侵犯其人身权、财产权等合法权益，提出申诉或者依法提起诉讼；5. 法律、法规规定的其他权利。"

　　另外，我国《高等教育法》第五十四条规定："家庭经济困难的学生，可以申请补助或者减免学费"；第五十七条规定："高等学校的学生，可以在校内组织学生团体。"高等学校是国家或人民授权的行政执法主体，学校应该依据上述教育法律和法规制定相关的规章制度以保障和维护学生的合法权益。学校相关规章制度的制定，必须符合行政合法性原则，即行政权力的设定、行使必须依据法律，不能与法律相抵触。高校教师则要努力学习教育法律法规，了解掌握学校的各项规章制度，依法维护学生的各种权益，主动贯彻教育平等原则。

　　(二)尊重大学生的人格平等和个性发展的机会平等

　　尊重学生是我们构建和谐校园的需要，也是我们培养全面发展的人的需要。美国著名作家爱默生说过："教育成功的秘密在于尊重学生。"[①]尊重学生的人格和个性发展，要求高校教师做到：

　　1. 尊重学生的人格平等

　　教师与学生在道德人格和法律人格上是完全平等的。处在教育活动主导地位的教师应该有主动尊重学生人格的义务。教师和学生为了一个共同的理想和目标——培养人才走到一起来，他们在人格上是平等的，应该互相尊重。尊重学生的人格要求教师必须树立以人为本的教育思想。学生既是教学活动的对象，也是教育活动的主体，他们具有个体存在的价值，具有独立存在的人格。尊重学生的人格，就应处处从学生的特点

---

　　① 　[美]爱默生．《爱默生演讲录》，孙宜学译．北京：中国人民大学出版社，2003 年版，第89 页。

出发，事事为学生的发展着想，研究他们，了解他们，并引导他们发现自我，实现自我，使他们人格发展、心理健全；尊重学生的人格，就要把学生当成自己的孩子、自己的朋友，进行平等对话，实现人格平等。教师只有尊重学生的人格，才会得到学生的信任和爱戴，师生之间才能建立平等、和谐的良好关系。尊重学生也是一种人格教育，学生可以从中学会尊重父母、尊重兄弟姐妹、尊重周围其他人，同时学会自尊、自爱，从而促进学生的人格发展，实现社会和人际关系的和谐。

2. 教师尊重学生的个性发展机会平等

尊重学生的个性差异是教育的起点与前提。每个人带着不同的基因来到这个世界上，在不同的环境、经历中拥有不同的性格能力，即所谓的个性。每个人的语言、逻辑数学、空间、音乐、美术、身体运动、人际交往及自我认识方面的能力各不相同，每个人都有自己的强项和弱点，这就是差异。尊重学生的个体差异性要求教师做到客观公正的看待学生。教师要善于发现每个学生的闪光点，并且视同至宝，精心呵护与引导。即使是所谓"后进生"，也应该相信他们不是天生落后，而是一群"才能未被开发之人"。只有充分了解自己的教育对象，诸如他们的性格、习惯、兴趣、爱好、长短、潜能、心理状态、家庭状况以及缺点的成因，作出客观公正的评价，教师才能避免偏颇，给学生以尊重和关爱。尊重学生的个性差异，还要求教师以平等的态度对待每个学生。在教学中、班级事务的决策上，不同个性的学生会有不同的意见和表现。教师要鼓励学生提出自己独到的见解，保护学生的积极性。即使学生的见解有偏颇，也应耐心启发诱导，动之以情，晓之以理，进行说服教育，不可压制学生的特殊性、打击学生的主动性。

3. 教师要平等尊重所有学生的兴趣和意愿

每个学生都有自己的兴趣和爱好，积极的兴趣是学生学习和探索新鲜事物最重要、最持久的动力，也是学生获得知识和发展能力的先决条件。优质的教育应让学生在快乐的情绪中学习，并保持对学习活动的积极态度，为一生的持续发展打下基础。教师尊重学生的意愿，可以激发他们的学习兴趣，培养他们的自主性和创造性。学生最喜"异想天开"，有的会做出一些超出自己能力的事情，有的还会"别出心裁"，提出许多"越理犯规"的建议。老师应该尊重学生的兴趣和意愿，对学生一些正当合理的良好愿望，哪怕这些愿望有时显得有些"不合时宜"，也应该予以充分重视与关注，并因势利导，适时鼓励；对他们不成熟、不切合实际的想法，要善意的规劝，不能批评打击甚至讽刺挖苦，以保护学生的积极进取之心，进而激发其潜能，为教育的成功提供保障。

总之，尊重学生的人格平等和个性发展机会平等，平等尊重所有学生的兴趣和意愿是教育平等原则的重要内涵，是处理师生关系的关键，是教育成功的秘诀，更是一个教育工作者师德、师魂的集中体现。在高校师德建设中，在教师的师德修养中，尊重学生应该成为高校和每个教师永记的座右铭。

三、教书育人原则

教师的首要任务是教书育人。教书育人原则古来有之。《礼记·大学》早就指出："大学之道，在明明德，在亲民，在止于至善。"这"至善"包括个人至善与社会至善两大方面，即不仅自己要有至善的德性，还要帮助别人自新，使整个社会达到至善的境界。唐代韩愈发展了《大学》的这一思想，明确地提出了德教在教学中的地位："师者，所以传道，授业，解惑者也。"[①]我国当代著名教育家叶圣陶先生说："党和国家对一个人民教师的职业道德具体要求很多，其中要求教师教书育人是根本的。"[②]"教书"是指传授知识，开发智力，培养学生的智能，"教书"是知识信息的传递过程，是知识性学习的过程；"育人"是培育学生的道德品质，是引导学生形成崇高理想和高尚道德的养育过程。"教书"是"育人"的前提和基础，"育人"是"教书"的感性化、性格化过程。在实际教育教学过程中，教书育人是互相联系，互相促进的。能否自觉地履行"教书育人"这一职责和道德义务是衡量一个教师职业道德水平高低的重要标志之一，如果一个教师只"教书"不"育人"，实际上是一种失职行为。教书育人作为高校教师职业道德的一个原则，简言之就是要求教师既为经师又为人师。

(一)教师要学识渊博，能为经师

前苏联教育家乌申斯基说："教师的事业从表面来看虽然平凡，却是历史上最伟大的事业之一。"[③]目前，高等教育正处于改革时期，各国都在探讨高校如何从传统教育过渡到信息社会教育的问题，教学方法也由"传授知识型"向"智力开发型"转化。因此，要做好教书育人这项工作，就必

---

① 韩愈：《师说》《韩昌黎全集》，卷十一，中国书局，1991年版，第182页
② 《听叶圣陶谈师德》，载《上海教育》，1983年第11期。
③ 凯洛夫主编《教育学》，人民教育出版社，1975年版，第693页。

须注重教育规律的研究；学习和掌握现代化的教育手段，锐意教育改革，坚持理论与教学实践相结合，勇于探索新形势下的教育规律。为创造适合中国特色的高等教育科学作出自己的贡献，切实做好教书育人的工作。

1. 高校教师要突出"以人为本"理念，实现从"知识课堂"到"生命课堂"的转变

传统教育观念认为，课堂教学即传授知识，教育以"知识为本"，因此，长期以来形成了教师"讲"、学生"听"的"一言堂"教学模式。"知识课堂"，即作为"专门的传授知识的场所"，它是"知识为本"或"知识至上"的课堂。它的弱点十分明显，强调应试教育，使人成为知识的奴隶，成为被知识"异化"的人。在"知识课堂"中，教师的角色是知识的传授者，学生学习以死记硬背、机械训练为主，其教学是一种"操作性教学"，教师在课堂教学中讲得口干舌燥、筋疲力尽，而学生在课堂上听得头脑发胀，昏昏欲睡，其实质是低效的教学。现代教育的观念是"以人为本"，主张将人的培养放在第一位，人的发展是教育的出发点和归宿，应把人的和谐与全面发展放在第一位。教学重点不是传授学生知识，而是培养能积极进取、具有良好综合素质和实践创新能力的大学生。高校课程是培养人和教育学生做人的课程，必须走出"知识课堂"，实行全新的课堂模式，即"生命课堂"。"生命课堂"就是在课堂教学中，不仅是为了知识而教学，而且是为了人的发展而教学。在"生命课堂"中，教师的主体性、创造性、挑战性和趣味性等融为一体，使教师在教学中充分考虑学生的特点与学习的需要，真正做到因材施教、因人施教。在"生命课堂"中，学生成为学习的主人，学生在课堂中应有自己思维与活动的时间与空间，学生在学习中将体验与兴趣结合起来，将自己的方法、价值观与知识的获取结合起来。课堂将由过去"死"的课堂变为"活"的课堂、"静"的课堂变为"动"的课堂、"教"的课堂变为"学"的课堂。在"生命课堂"中，教学过程强调教师与学生、学生与学生之间的相互沟通、相互激励、相互启发，是"活的教学"、"有生命的教学"。因此，高校课堂教学要真正达到教学目的，就必须完成从"知识课堂"到"生命课堂"的转变。

2. 高校教师要实现从"一个课堂"到"两个课堂"的转变

从"一个课堂"到"两个课堂"的转变，即课堂教学与课外实践教学。高校课程重在教育学生，教育在于内化。加强和改进课程教学，在坚持理论武装学生的同时，必须坚持理论联系实际、贴近实际、贴近生活、贴近学生的原则，实现教书育人的目的，提高学生的全面素质。如果单

纯把学生局限在课本上、课堂内，是难以真正达到育人目的的。必须加强实践教学，必须扩大"课堂空间"，把校内第一课堂与校内第二课堂和校外第二课堂结合起来。通过实践教学，引导学生学会分析问题，掌握正确的立场、观点和方法，主观能动地认识社会、认识人生，提高思想政治修养和实现自我教育的目的。但从实际情况看，很多高校存在"三重三轻"现象，即重课堂，轻课外；重理论，轻实践；重教学，轻育人。虽然高校各门课程教学大纲中都安排了实践课时，但由于高校各方面的原因和条件限制，实践教学并没有真正落到实处，有些甚至形同虚设。原因主要是师资不足、资金不足、认识不到位。要实现教学目的，提高育人的有效性，必须实现从"一个课堂"到"两个课堂"的转变。一是发挥校内第二课堂作用，可以通过"请进来"的办法，请一些社会学者、企业家、政府官员开展"专题讲座"；也可以通过组织辩论赛、演讲赛、讨论会等形式，教师与学生面对面进行思想交流或"交锋"；还可以由教师参与和指导学生开展积极健康的社团活动，借助社团活动平台，对学生进行教育。二是发挥校外第二课堂的作用，组织学生开展实践调查、参观考察、爱国主义教育等活动，让学生在实践课堂中接受教育、启迪思想、内化人格。

3. 高校教师要有良好的多层次、多方面的学科知识

学科知识是高校教师知识储备中的一个重要组成部分，也是最基本的部分。学科是由一定的概念组成的逻辑系统结构，它有一个完整的体系。学科知识不仅包括一门学科的概念、原理、理论等内容本身，同时也包括概念与概念之间、原理与原理之间是如何联系起来的知识。教师掌握的知识不仅包括该学科的概念体系，而且也包括这个概念体系是如何建构起来的。任何教师缺乏了基本的学科知识，将无法完成教学工作，在这个意义上，学科知识应该是教师掌握的最基本的知识。需要指出的是，尽管学科知识非常重要，但它并不起着绝对的作用。在很多时候，教师掌握的学科知识并不能成为课堂教学内容，很多教师发现从大学、中学学到的知识脱离了学生的实际生活。因此，教师还需要掌握学科知识的另一个重要的组成部分，即对该学科的事实性的知识，这种知识是生活化的，与学生的生活密切相联系，在教师学科知识中占据非常重要的地位。事实上，过分强调一个学科的概念、原理，必然会导致一种畸形的教师知识结构，也会导致一种畸形的课程。为此，在业务上，广大高校教师要不断加强学习，促进知识的更新和能力的提高。尤其在当今信息时代，科学技术发展突

飞猛进，互联网络遍布世界每一个角落，知识除了这种文本形式之外还可以超文本的形式存在，如以信息流的形式在互联网上流动。在网络化时代，知识是可以共享的，只要上网就可以学到知识，而不一定非要拜师。所以，传统的对教师职业的理解仅停留在奉献上是远远不够的。只有紧跟时代步伐，充分利用最新科技手段，不断地去掌握和探索新的东西，促进知识的创造和更新，使自己的知识犹如"源来活水"，才可能胜任高校教师这个岗位的工作，而不致误人子弟。在培养人才的过程中，学校和教师都要全面掌握社会这个大市场对人才的需求状况，在深入调查研究的基础上，及时调整人才培养的类型和专业结构，使广大青年大学生通过大学阶段的学习，到社会上能够寻找到既是社会急需又适合自己发展的岗位。可以说，只有这样的高等教育才是成功的教育。

4. 高校教师要掌握并灵活运用现代教学手段

在传统的应试教育观念下，以单向的传输知识为主，自然形成简单地灌输式、注入式的教学模式，与之对应的教学方法长期以来一直采取粉笔加黑板式的课堂讲授法。这种方法强调以教师为中心，教师是一切教学活动的组织者与领导者，而学生作为认知的主体，一直处于被动的地位，主动学习的兴趣与积极性不高。随着科学技术的发展，教师在教学中使用多媒体课件、网络等现代多媒体教学手段，利用声、光、色等各种刺激手段充分调动学生的各个感官感受信息，图文并茂，形象生动，信息量也远远大于传统方法，同时具有良好的交互性，优势十分突出，这和实施素质教育的要求非常适应。因此，在一线教学中广泛运用现代化的教学手段已成为高校教学改革的必由之路。在这种形势下，高校教师应该加强学习并掌握各种现代化教学技术与手段，积极参与多媒体课件制作、网络教学等教学实践，探讨如何运用教学媒体灵活培养学生的创新能力。在这里，有两种倾向值得注意：一种是片面拒绝现代教学媒体，抱着老一套不放；另一种是全盘接受现代方法，简单抛弃传统方法。这两种态度都不足取，切实可行的做法是从实际出发，考虑到中国的社会文化传统与思维方式，辩证地分析问题，根据具体课程的具体教学内容和要求选择相适应的教学方法，将传统与现代有机结合。要重视引导学生积极探索新事物，努力发现问题和解决问题，重视培养学生的观察力、分析综合力和创造力。

（二）教师要品德高尚，可为人师

孟子说："得天下英才而教育之，三乐也。"①孟子把培养教育优秀青年视作人生的三大快乐之一。"德，资之帅也。"师德在教师诸多职业素质中是起着统帅作用的。古人云："师者，人之模范也。"蔡元培说："范就是模范，可为人的榜样。"②师德高尚，方可以为人之范，方可以担当培养高素质人才的重任。高等院校是传承人类文明、促进社会进步的重要基地，在当前全国加强公民道德建设中，理应成为首善之区；高校教师是我国学历层次、文化水平最高的群体之一，应以自身实际行动成为公民道德建设的表率。以身作则、为人师表既是教育、教学过程对高校教师的一种客观要求，又是教师道德区别于其他职业道德的显著特征。高校教师必须以身作则、为人师表是由教师工作的特点决定的。高校教师的工作是向学生传授科学文化知识、培养专业素质，塑造大学生的心灵。"教育人是艺术中的艺术。"③

在教育过程中，一方面，高校教师要以自己的专业知识和能力教育大学生如何做事做学问，掌握为国家、为社会服务的本领；另一方面，又要以自己的思想品德和行为习惯、治学态度来教育和影响大学生，让学生在耳濡目染、潜移默化中受到感染，接受教育。著名教育家陶行知先生有一句名言："千教万教教人求真；千学万学学做真人。"学会做人，是教育最重要的任务。教师既要以学问教人，更要以道德教人。教师，要先会"做人"，然后才能"育人"。

1. 高校教师在实现教书育人过程中要有主客体互动

高校教师首先要了解大学生的特点。高校教育的对象是学生，只有了解学生、研究学生，洞察学生复杂的内心世界，才能找到通向学生心灵的"大门"，从学生思想实际出发，有的放矢地解决学生的思想问题，才能选择适应学生特点的最佳教学方法，才能增强教学的吸引力和教学效果。同时，我们要实现课堂教学过程中的主客体互动，坚持教师和学生在教学中的平等地位，充分发挥师生积极性，形成教与学的同质合力，即教学相长。其实，教学是人施于人的过程，教学质量是教师和学生双边作用的结果。一方面，教师对教学要起主导作用。所谓教师主导，是

---

① 朱熹著：《孟子·尽心上》《孟子集注》，上海古籍出版社出版，1987年版，第129页。
② 《蔡元培教育文选》，人民教育出版社，1980年版，第128页。
③ 夸美纽斯：《大教学论》，人民教育出版社，1979年版，第4页。

指在教学中教师对教与学起着主导、引导和领导作用，决定着整个教学过程向着某种特定方向发展，即在解决"知"与"不知"、"信"与"疑"、"知"与"行"的矛盾中，教师都处于主导地位，起着主导作用。这就要求教师要针对教学内容和学生实际精心组织教学，尽职尽责。另一方面，要发挥学生的主体作用。所谓学生主体，是指在教与学的矛盾中，学生的学是矛盾的主要方面，学生是学习的内因，决定着整个教学的最终效果。因为，教学过程既是教师"教"的过程，又是学生"学"的过程，学生作为受教育的对象，绝不是消极被动的"接受器"，他们是活生生的有思想、有个性的人，教师不可能将知识硬塞进学生的头脑中去，更不可能迫使其对不理解、不确信的东西无条件接受。教师要充分尊重学生的独立人格和个性，改变传统教育中教师完全操纵教学过程的方式，树立"以学生为中心"的指导思想，充分调动学生学习的主动性、积极性，活跃学生的思维，启迪学生的心灵，真正以学生为上帝，以学生为主体。只有"教师主导"加"学生主体"的教学，才能充分发挥教师与学生两个方面的积极作用，使之互相促进，才能收到最好的教学效果，真正提高其育人的有效性。

2. 知名教授的学识与人品在学生中享有很高威望

高校教师尤其是知名教授的学识与思想品德、行为习惯特别是治学态度、创新精神，是作用于大学生不可缺少的重要教育手段。因此，高校教师应该"既美其道，又慎其行"。高校教师也只有做到以身作则、为人师表，才能够顺利进行教育工作，取得好的教育效果。孔子曰"其身正，不令而行．其身不正，虽令不从。"[1]教育实践证明：言教不如身教。一个教师具有求真务实、勇于创新、严谨自律的治学态度和学术精神，又具有以身作则、爱岗敬业、言行一致的美德，必然会在学生中享有崇高的威信。而有威信的老师，学生由于敬佩其学问、人品，会乐意听从他的教导，认真学习他教的课，自然教学效果就好。正是由于如此，古今中外，尽管社会制度、教育内容不同，但教师在思想品德行为上应起表率作用的观念代代相传。高校教师要通过自己高尚的师德释放出无限的人格魅力，使学生在熏陶、教化、养成之中成人，在学习、思考、实践之中学会做人，养成追求卓越、朝气蓬勃、胸怀大志、情操高尚、宽宏大量等健全人格，成为具有高素养、高品位、高尚灵魂、高度负责任的人。

---

① 《论语·子路》《论语》刘琦，译评，吉林文史出版社，1999年版，第102页。

大学教育以人为本,大学的校魂的缔造必依赖于"师魂"的弘扬。大学教师不仅要用自己的学识教人,而且要用自己的品格育人;这就是教师的言传身教作用。只有从这个意义讲,教师才堪称为人类灵魂的工程师。由此看来,作为一名教师不仅要有渊博的学识,更要有高尚的品德。

3. 高校教师职责的双重性决定了师德的全面性

"师者,所以传道、授业、解惑也"[①]。古人将传授知识和传授道德作为教师的两个基本职责。而徐特立先生据此指出教师不仅有双重职责,而且也应具有双重人格,即业师和人师,业师就是做传授科学文化知识的老师,人师就是教学生怎样做人的老师,他说:"我们的教学是采取人师和业师二者合一的,教师的这种双重职责用我们现在的话说就是教书育人,这两项职责的完成都要求教师要有高尚的道德,育人是把好的品德传授给学生"。高等教育是一项崇高而伟大的事业。在社会主义社会里,教师肩负着提高全民族素质,培养有理想、有道德、有文化、有纪律的社会主义建设人才的重任。因此,教师必须具备良好的自身素质,特别是应有良好的职业道德素养。教师的职业道德素养不仅是提高其他素质的基础,而且是重要的教育力量。作为高校教师,只有对高等教育事业的社会地位和意义有了深刻的了解,才能真正热爱自己的事业并志愿地为之献出自己的毕生精力。前苏联教育家苏霍姆林斯基曾指出:"教师的人格是进行教育的基石"。教师的人格力量是素质教育的重要保证,这种力量来自于学术水平与道德情操的完美统一。俄国著名教育家乌申斯基也说过:"教师的人格,就是教育工作的一切。"教师对学生的这种影响是"任何教科书、任何道德箴言、任何惩罚和奖励制度都不能代替的一种教育力量。"所以,从某种意义上讲,教师的职业道德已不是个人意义上的品德问题,而赋有深刻的社会意义,即关系到千百万一代新人的健康成长。而从社会发展的根本来看,教师职业道德建设对提高全社会思想道德水平、净化社会风气具有重要影响。

4. 高校教师的工作性质决定了师德的典范性

教师无小节,处处为楷模,古人对教师的率先垂范作用多有论述,如"师者,人之模范也"、"夫师,以身为正仪,而贵自安者也"、"为师之道,端品为先"、"学高为师,身正为范"。这些论述充分说明了教师道德具有强烈的典范性,教师的思想行为,对待事物的态度都直接或间接地

---

① 韩愈:《师说》《韩昌黎全集》,卷十一,中国书局,1991年版,第182页。

影响学生，要求学生办事认真，自己就不能敷衍了事；要求学生言行一致，自己就应该说到做到；要求学生为人正直，自己就不应蝇营狗苟；要求学生有文明习惯，自己就应该待人有礼貌、谈吐文雅、仪表端庄。只有这样，才能有力地说服学生、感染教育学生。如果教师缺乏人格的榜样力量，就很难凭课堂上的知识令学生信服，更达不到教书育人的目的，无法履行教师的职责。"谁要是自己还没有发展、培养和教育好，他就不能发展、培养和教育别人。"①要想育人，必先正己，古今亦然。古人云，"学校之中，唯以成德为事。"成德，既要成学生之德，也要成教师之德。只有把"人类灵魂的工程师"先锻造好，才能在高水平和高层次上育好人。"捧着一颗心来，不带半根草去。"陶行知先生高尚的师德操守令人钦佩，也广为流传。走在大街上，没有人会发现教师与众不同和过人之处。但事实上，就一座城市之魂和城市之根而言，教师们无疑是这座城市中最活跃的思维、最文化的底蕴、最流畅的表达和最阳光的脉动。教师在每个人从儿童到成人的过程中形成的道德观念、行为习惯、世界观中都起了决定性作用。教师的教诲和引导，会导向学生全部的人生轨迹，帮助学生学会甄别和选择生命中一切最需要的力量和支撑。很多接受过高等教育的人甚至觉得，生命中所有的重要转折和所有的逻辑起点，都与老师潜移默化的引导有关。人类为此而感谢老师，社会为此而感谢教育。高校教师要养成良好的师德，不仅在于要继承学而不厌、诲人不倦、以身作则、为人师表、有教无类、因材施教等师德优良传统，更要在新的历史条件下着眼于教育人、引导人、鼓舞人，着眼于尊重人、理解人、关心人、帮助人，以良好的思想政治素质和道德风范影响和教育学生。这样，我们才能把大学生这一十分宝贵的人才资源发掘好、锻造好，使他们真正成为造福社会的有用之才。

《教师法》规定"教师是履行教育教学职责的专业人员，承担教书育人，培养社会主义建设者和接班人，提高民族素质的使命。"要把"教真知、传真理、倾真情、育真人"和"学真知、求真理、长真情、做真人"的教学理念化为广大师生自觉行动。教师是学生进步的导师，学生健康成长的指路人。教师良好的品质和人格是学生健康成长的重要保证，"经师易遇，人师难求"。作为一名人民教师，既要做授业的"业师"，又要做育人的"人师"，以自己良好的道德修养和人格力量去感染学生，用自己的

---

① 第斯多惠：《西方资产阶级教育论著选》，人民教育出版社，1979版，第350页。

"身教"来印证平常的"言教"，这样会使学生产生亲切感，增强教育的说服力和感染力。在教育教学过程中，教师与学生朝夕相处，教师的一言一行、一举一动自然会对大学生的思想感情、意志品质、道德情感等方面产生潜移默化的影响和作用，教师的世界观、人生观和价值观在潜移默化中对学生具有示范和引导作用。师德建设是建设高校的一项基础性工程。一所高校办得怎样，是否有实力的声誉，关键在于有一支政治素质好、业务精湛、结构合理、乐于奉献的教师队伍，因此，师德建设成为高校建设的一项基础性工程。

◆**思考题**

1. 高校教师道德的一般原则与特殊原则之间的关系是什么？为什么要确立一般原则和特殊原则？

2. 在现阶段，你认为高校教师教育平等原则的落实情况如何？存在问题的原因是什么？

3. 高校教师的权利与义务如何统一？

4. 你如何理解确立高校教师教书育人原则的必要性？

5. 在你的教学活动中是怎样体现教育人道主义原则的？

阅读资料一

严慈相济　甘为人梯

随着教育事业的改革、发展，全国涌现出一批批先进模范教师，霍懋征、邹有云、黄静华、盘振玉、林崇德就是其中的杰出代表。2004年11月，教育部党组作出向林崇德等5位模范教师学习的决定，并号召全国教师学习他们热爱祖国、热爱人民，忠诚于人民教育事业的崇高思想；学习他们教书育人、爱生如子、为人师表、无私奉献的高尚师德；学习他们艰苦奋斗、孜孜不倦、勇于探索、开拓创新的敬业精神。

林崇德，北京师范大学教授，全国先进工作者，全国师德标兵。他自1965年参加教育工作，积极投身发展心理学研究，学术造诣高深。他积极探索，执著追求，将教育理论与实践相结合，坚持知与行的统一。他爱岗敬业，治学严谨，潜心教书育人，学而不厌，诲人不倦，注重教育学生树立科学精神和奉献祖国的高尚情操，处处以身作则，为人师表，以高尚的人格和品德影响学生，他的教育理念和教育实践产生了广泛的社会影响。

　　——摘自《教育部关于向霍懋征等五位模范教师学习的决定》

　　最近有记者问我三个问题:"你为什么选择当一名教师?""什么是你最大的幸福?""怎样当一名好老师?"这三个问题的答案,就在我44年的从教生涯之中。我认为,讲师德,首先是要讲忠诚于人民的教育事业,敬业奉献、教书育人。大学教师要以造就高素质创造性人才,培养国家栋梁为己任。目前我已带出了6位博士后,培养出了51位博士,他们突出的特点:一是业务上过硬,有的成为特聘教授,优秀学术带头人、国外名牌大学教授。2004年入选国家"百千人才工程"的821名专家中,有我培养的两名博士。我的学生、北师大副校长董奇教授创建了心理学国家重点实验室。二是具有综合素质,大多数学生既能当学者专家又具有较强的行政管理能力。三是做出了突出业绩,有的具有创造财富的能力,成为拥有亿万资产的企业家。我教书育人的理念是:严在当严处,爱在细微中,这是我践履笃行的"师爱"内涵。"爱"仅仅是我"师爱"内涵的一半,其另一半则是"严"。没有严就谈不上真正的爱。因为爱必须严。我对学生的"严",首先是"做人"上的严格要求,因为一流人才的基础是砥砺一流品行。因此我强调理想信念,强调艰苦奋斗、厚德载物的传统美德。我坚持加强学生的道德品质和思想政治教育,既教书又育人,全面关心学生进步,亲自介绍11名研究生入党;我提倡学术道德和科学精神,要求学生不能随意更改任何数据,更不能抄袭别人的成果;要求学生从具体小事做起,把做人与学业发展结合起来。每年迎新会上,我坚持讲一个话题:弘扬中华传统美德,要求学生讲诚实、讲良心、讲气节。我积极鼓励自己的研究生承担社会工作,培养他们脚踏实地为人民服务的思想品质,成为德才兼备的人才。另一个"严",是做学问上的严格要求。凡考我的研究生,我从逆方向提出"五不招"的标准:考前没有任何成果的不招,面试时发现缺乏创造精神的不招,没有拼搏精神的不招,没有成就动机的不招,有才无德的不招。我所指导的研究生,都要过实践关,把理论应用于实践,积极地投入到全国3000多个教育实验点去,为基础教育改革贡献力量。在此基础上,严格抓好知识、科研和论文三个环节。博士论文预答辩前,我通常要给学生来来回回改上五六次,几次改下来,学生们就知道了什么是规范,什么是严谨。有的学生的博士论文曾在我的要求下改了20多遍。其中有个学生对我说:"我是您最笨的学生。"我说:"不,你是我最认真、最刻苦的学生。"

一流的大学要有一流的教师，才能培养一流的学生。在师范教育界，有句经典名言："学高为师，身正为范"。我曾从心理学的角度提出这样的观点：除了师德，高校教师的威信直接取决于其教学水平和科研成果。在我的工作日程中经常没有节假日、星期天。迄今为止，我发表了160余篇学术论文和研究报告，16部专著，主编了近4000万字的工具书和学术丛书，获得24项省部级政府奖项。我提出的思维结构理论，在国内外产生了较大影响。有什么样的老师就有什么样的学生，严格要求学生首先要严格要求自己。为了当好导师，培养国家需要的优秀人才，我深感严于律己的重要性。律己就是以身作则，为人师表的师风。我是搞智力发展研究的，近年来深感师德的重要，我曾花了一年多的时间于2001年主编出版了《师德通览》。我应当首先成为师德的实践者，做到言行一致，知行合一。我认为，当前淡泊名利，反对学术腐败，严肃学术风气应当是大学教师师德的基本要求。有一年冬天，下着大雪，一所学校的领导和同行带着礼物来看我。我说："你们要给我礼物，就连门也不要进了。"我们在楼下的自行车棚里谈了半个多小时的学科建设，临别前，我嘱咐他们把带来的礼物拿走。这样做似乎不通情理，但我认为，作为教师必须如此，否则上梁不正下梁歪。"学为人师，行为世范"不仅是北师大的校训，也是所有要成为"人师"者的师德规范。我今年63岁了，假若有来生，我还要把所有的志愿都填报为"师范"，再当一次光荣的人民教师。

——摘自《全国优秀教师师德报告团》林崇德教授发言

阅读资料二：

危难时刻，彰显人格

1997年12月5日9时45分，陕西径阳发生4.8级有感地震，西安市在同一瞬间震颤。某大学校园四楼的一间教室，一位白发的老教授正在给学生讲课。大楼摇了一下，所有的学生连同教授的身体摇了一下。教授的心一惊："可能是地震。"他张口时却说："请同学们有序离开教室，到教学楼前的空地集合。"学生似乎明白了一点什么，鱼贯而出。另一间教室里，一位打扮入时的女教师正在给学生讲《人生哲理》。大楼摇了一下，女教师大惊，喊了一声："地震啦！"率先冲向门口。至于她身后的学生如何乱作一团，她不得而知，只感到一股强大的人力推挤着她向下奔……所有的人都集中到楼前的空地上，学校领导清点人数：只有老教授未下来。正在这时，老教授出现在楼口，镇静地好像什么也没发生过，同学们一齐欢呼冲上来围住了他。细心的人发现：他手里还提着一双高跟鞋——那是女教师为便于逃跑踢脱在楼道的。事后清查得知：老教授和他的学生全部安然无事，而女教师的那个班：有三名女生扭了脚，一名女生跑掉了鞋。地震给学生上了一课，让他们学到了大学四年乃至一生都不易学到的东西：危难时刻，彰显人格。

加里宁说："世界上任何人也没有什么东西能比孩子们的眼睛更加精细、更加敏捷，对于人的心理上的各种微妙变化更富于敏感的了。"教师是教人怎样做人的人，首先自己要知道怎样做人。教师工作有强烈的典范性，为人师表是教师的美德。教师以身作则，才能起到人格感召的作用，培养出言行一致的人。所以，俄国著名教育家乌申斯基说过："教师的人格，就是教育工作的一切。"教师对学生的这种影响是"任何教科书、任何道德箴言、任何惩罚和奖励制度都不能代替的一种教育力量。"

——摘自《中外期刊文萃》第 9 期　作者：霍忠义

第四章 改革与开拓——教学活动中的 职业道德规范

高校是培养专门人才的地方，人才培养离不开教学，教学活动是高校教师最主要、最重要的工作内容。教学环节是师生沟通的桥梁，是师生共同探索人生真谛、科学奥秘、社会伦理乃至人情世故的经常场景，教师的言行举止、读写听说无不透露出教师个人的思想状况与道德水平，影响并开启青年学生的道德思考、道德领悟和道德践行。赫尔巴特说，世界上没有无教育的教学。表明教学活动一定会对学生产生思想作用，会对学生的心灵和精神世界打下烙印。本章探讨高等学校教师教学活动中的职业道德规范，以期对教师教学活动中的职业思想和行为进行指导和规约。

第一节　高校教师教学活动中职业道德规范的界定与特点

规范是指规定或约定俗成的标准。在社会生活中，为了调节人与人的各种关系，维护正常的秩序，需要有各种各样的规范，如政治规范、经济规范、法律规范等。道德规范是社会规范的一种形式，是人们的道德关系之普遍规律的反映，是一定社会或阶级对人们道德思想和行为的基本要求。道德规范是调整人们道德关系，维护社会道德秩序，指导和评价人们思想行为是非善恶的标准和尺度，是一定道德原则的具体化和展开，在人类道德生活中具有不可或缺的重要作用。

一、高校教师教学活动中职业道德规范的界定

教师职业道德规范，是教育过程中教师与社会以及个人之间道德关系的普遍规律的反映，是一定社会或阶级对教师职业思想和行为的基本要求。教师职业道德规范是教师职业劳动长期实践经验的总结，它是教师职业活动中教师应当普遍遵循的行为规则，是调节教育过程参与者相

互关系的道德准则，也是社会评价教师教育思想和行为是非善恶的标准和尺度。

教师职业道德原则和职业道德规范是构成教师职业道德规范体系的两个基本要素，二者既有区别又密切联系。其区别在于，教师职业道德原则是一种经过抽象概括的道德准则，它集中反映某种教育的社会本质和阶级属性；教师职业道德规范则是一种具体的可以直接比照的道德准则，它反映教育活动中具有普遍性、共同性的规律和要求。其联系在于，教师职业道德原则是教师职业道德规范的抽象和概括，它规定制约着教师职业道德规范；教师职业道德规范则是教师职业道德原则的体现和具体化，它丰富充实着教师的职业道德原则。教师职业道德规范是教师职业道德原则的必要补充，因为教师职业道德原则总是通过一系列具体的教师职业道德规范对教师的教育思想行为起调节和指导作用的，离开教师职业道德具体规范，教师职业道德就成了空洞的理论和说教，就难以落到实处。

教学中的职业道德规范是教师职业道德的重要组成部分，是指教学过程中教师应当遵守的道德规范和行为准则。它是教师在教学实践中形成的比较稳定的职业道德意识、职业道德行为、职业道德品质和职业道德情操的基本要求。

二、高校教师教学活动中职业道德规范的特点

不同的职业，由于承担着不同的社会职责，有不同的职业活动方式，其职业道德规范有不同的特点。高校教师的教学活动有其特殊的职责和规律，因而具有自己独具的特点。这些特点主要表现为时代性、示范性、潜在性、他律性和自律性。

（一）时代性

教育是一项与人类发展相伴而生的社会活动，不同历史时代，不同经济发展水平，不同社会制度都会在教育的各个环节打下烙印。道德也是历史的产物，道德的标准、目标、内容及其评价方式都会反映时代的特征。作为生活于某一时代、某一历史阶段的教师，作为某一时代教学活动中的人，教师的职业发展与道德规则必然被打上深刻的时代烙印，被赋予鲜明的时代内涵。换句话说，落后于时代、不能反映时代要求的职业道德规范不但不能推动教育的进步与发展，反而会阻碍甚至是破坏教育的发展。近20年来，中国改革的步伐日益坚实，给高等教育带来一

个崭新的、充满机遇又富有挑战的机会。经济体制的改革，政治制度的优化，思想观念的更新都对高等学校的管理与发展提出了许多新要求，这直接反映在对教师的管理和任用，对教师职业道德的规定上。现时代，高等教育改革逐步深化，学校管理体制推陈出新，教育教学要求更加严格，这些都会带动教学方式的变革，师生关系的重构，也必然要求教师职业道德规范的适应性变化。这不但要求管理者在制定教师职业道德规范时关注时代背景，而且要求教师关注教育教学任务的时代性特征，更新观念吐故纳新，使自己的职业道德跟上时代前进的步伐。

(二)示范性

大学生虽然已经进入人生的成年阶段，但毕竟还是早期，这是生命形成的关键时期。确立人生目标，选择人生道路，明确人生内容，承担人生责任是当代大学生生活的重要课题。他们可塑性大、模仿性强，世界观、人生观、道德品质正走向成熟。他们渴求知识、渴望完善自我、关心人生目标，希望在与成年人的交往沟通中获得更多的指导和帮助。在学校生活中，教学活动是校园生活最主要的内容，也是教师职业工作最经常、最大量的任务。学生在校期间，大部分时间是在课堂上渡过的，他们长时间地与教师面对面，通过教学活动观察教师、品评教师。而教师的职业素质、道德品位、个体人格都会通过教学活动呈现在学生面前，成为学生学习内容的一部分，成为学生人生成长的一种资源。因此，无论教师本人是自觉的还是不自觉的，是有意的还是无意的，他的言行举动、人格品质、职业道德都会对学生产生示范作用。教师良好的言行举止是对学生最好的现身教育，教师高尚的道德情操对学生是一种激励、一种召唤，可以激励学生完善品德，积极向上，可以引导学生树立正确的人生目标，选择正确的人生道路。

(三)潜在性

教学工作是学校工作的"显学"，没有教学就不能称其为学校。教学以传授科学知识、探求科学道理为重点，"教书"或者"教与学"是教学工作的核心，也是师生双方倾力而为的重点。两个多世纪之前，伟大的教育家赫尔巴特就强调了"教学的教育性特征"，现代教育的发展，使得教学与教育的关联越来越密切，教学中必然包含着教育，已经成为现代教育的规律。教学中必然包含教育，并不等于将教学等同于教育。教学过程中，讲知识、教文化是显现的、外露的，道德教育、道德影响则是隐性的、内含的，无论教师本人是否意识到，教学过程中必然产生道德影响。这就要求广大教师随时随刻注意自己的言行表现，以自己积极的、正向的道德影响力给学生潜移默化的教育。"随风潜入夜，润物细无声"，教师的道德影响是潜在的、浸润式的，往往发生在不知不觉之中。一个态度、一个微笑、一次对话、一次交道都可能会影响学生的选择、学生的方向乃至学生的一生。教师须时刻谨慎自己的言行，用较高的道德标准要求自己，确保对学生产生正面影响，不能仅仅把自己当成一个教书匠。事实上，随着科学技术突飞猛进，网络媒体急速发展，信息渠道无比丰富，相对于很多传播途径来说，课堂教学并不具有快速、大容量、便捷式等特点。但是教育所蕴含的人对人的启迪、生命对生命的呼唤、心灵对心灵的拥抱，却只有在教师与学生的互动中才能达成，这是其他途径所无法比拟的。

（四）他律性

教学活动是学校工作的主渠道与核心任务，是影响一所学校教学质量好坏、办学声誉高低、社会地位优劣的关键因素。任何一所用心办学、认真办学的学校都会重视教学工作。为了保证教学过程的顺利进行，为了维护师生互动的良性运行，为了体现教书育人的教育宗旨，对教师的课堂行为、课堂用语、课堂作风、师生关系作出明确的、严格的、富有导向性的规定和要求是必然的，也是必需的。对教师教学活动中职业道德的规定与要求构成教学规范的主要内容，它以硬性要求、强制性规定予以保证。从这个角度来看，教师职业道德规范具有突出的他律性特征，要求教师必须遵守，不可违背。强调教师教学职业道德规范的他律性，原因在于大学教育教学虽然有它的创造性、独特性和主体性，但教学活动毕竟不是一种单纯的个人兴趣、个人行为。从党和国家的教育方针、教育目标出发，大学课堂必须坚持正确的政治方向，体现时代发展的主旋律，弘扬中华文化的精华，创造适应社会进步的新知识，反映社会发展的主流思想，传递人类文明进步的心声。每一位大学老师都有义务、有责任服从教师职业道德的他律性，都应该维护和遵守教师职业道德规范，成为自觉遵守高校教师职业道德规范的楷模。

（五）自律性

教学活动是一种规范性活动，同时也是一项开拓性、独创性活动。教学活动是一种充满创造性的劳动，是教师与学生共同探讨、相互启发、激荡智慧、唤醒潜能的过程。教学过程中，有很多即兴感受、现场发挥、临时调整和灵活应变。尽管学校教学规范有充分的、全面的、周密的考虑和规定，也不可能关注到教学活动的方方面面，也不可能滴水不漏。这就要求教师在教学活动过程中，不仅要严格遵照、履行已有明确规定的道德要求，同时又不能满足于遵守和执行外在条例的规定，而是要从高度的社会责任感出发，充分发挥教师自身的人性美、事业心、精神力量和职业风范，展示并弘扬更具精神感染力的自律性道德。从本质上说，教育教学活动是生命与生命的互动，心灵与心灵的对话，灵魂与灵魂的同行。如果说写在规则中的条文是明确的，用于监督检验教师教学工作的细则是具体的，学生打分、同行评价是直观的，但是真正的道德风范和职业品质则是精神力量的一部分，是与人格水乳交融在一起的。作为一种人格力量，作为一种职业精神，教师职业道德的最终动力源于自律，源于对社会的责任感，源于对教育使命的忠诚，源于对事业的爱，源于对学生的关怀。基于此，教师对职业道德的恪守必须发自内心，必须出于自愿，必须体现为自觉。

第二节 教学活动中教师职业道德规范的重要性

相对于社会中的其他机构而言，学校是一个高扬伦理道德的社会场所，学校伦理状态的优劣，道德水平的高低，直接反映并影响着社会的文明程度。学校的工作主体是教师，教师的主要工作是教学，教学工作是教师实施教书育人的重要途径，是人才培养必不可少的职业活动环节。教学活动是高校教师职业活动中最基本、最重要的活动，教学活动中教师的道德水平对学生、学校、教师本人及社会都会产生深远影响。了解教学活动中教师职业道德的重要性，明确教师职业道德在青年学生成长，在教师素质提高，在学校和社会发展中的深远影响，对于高校教师提高对职业道德的认识，增强在教学活动中自觉履行职业道德规范的积极性和主动性，具有现实意义。

一、对青年学生的成长具有深远影响

教学活动是高校教师直接面对学生的、第一线的活动，教学活动中的职业道德规范直接作用于学生，对学生的成长和成才具有重要而深远的影响。这种影响主要表现在以下两个方面：

(一)促进学生科学文化素质的提高

科学技术是第一生产力，人是生产力的主体。劳动力素质的提高，

具有现代科技文化的人力资源的培养，离不开高等教育的发展，离不开广大教师的辛勤劳动和工作。高等学校是培养高素质人才的重要基地，课堂是传授科学文化知识的主要场所，课堂教学是培养学生科学文化素质的基本途径。在课堂教学过程中，教师不但传授本专业、本学科的基础理论知识，而且传达本专业、本学科的学术前沿和科研动态，展示本专业、本学科的未来发展前景和趋势。课堂教学不但可以使学生获得专业理论和知识技能，而且可以开阔学生的眼界，促进学生的科学思考，培养他们的科学精神。高校教师教学活动中的职业道德意识促使他们将全副精力放在教学工作中，将提高学生的科学文化素质、培养学生的科学精神、提升新一代年轻人才的国际竞争能力作为自身的责任和义务。高校教师教学活动中的职业道德意识将促使他们认真研究教材，研究学生的学习情况，改革教学内容，探索教学方法，了解专业和学科发展动态，认真上好每一节课，不断提高教学质量，从而有力地促进学生科学文化素质的提高。

（二）推动学生道德人文素养的提升

青年学生处于成长的重要阶段，尽管他们的身体已经达到或接近于成人，但他们的心理成长、精神提升并没有完成，需要特别的留意和关心。当代大学生几乎没有社会实践、社会生活的经历，绝大多数走了一条从学校门到学校门的成长道路，他们基本的社会化历程是在学校中完成的。教学活动是师生面对面的密切交往和互动过程，在高等学校中学生与教师接触最多的机会就是课堂，因此课堂教学（包括社会实践）是对学生进行人文素质教育的最好场所和重要途径。如何在课堂教学过程中发挥教师职业道德的引导性、启发性、感染性作用，把人文教育、素质教育、育人目标贯彻和渗透到教学活动中，是每一位大学教师都应该深思的职业使命，也是高校教学活动中的职业道德规范的必然要求。

教师教学活动中的职业道德意识可以促使教师树立教书育人的教育思想，把加强对学生的人文素质教育作为自己义不容辞的职业责任，自觉地把教书和育人密切结合起来。教师教学活动中的职业道德意识可以促使教师努力挖掘本专业历史发展、重大发明创造、著名科学家以及教材中的人文思想素材和相关资料，对学生进行辩证唯物主义和历史唯物主义的教育，进行爱国主义、集体主义、为人民服务的教育，进行民族优秀文化传统教育，进行道德品质和道德人格教育。利用教材和专业知识进行人文素质教育，把人文素质教育渗透到科学文化教育的过程中，是对学生进行人文素质教育的极好方法，它在学生汲取知识的同时把科学的世界观、人生观和价值观，把高尚的品德人格和道德精神传递给学生，可以取得比道德说教更有效、更深远的教育效果，从而有力地促进学生人文素质的提高。

教学活动中教师职业道德对学生道德人文素质的影响作用还表现在教师的榜样和示范上。教学活动中教师的政治立场、职业态度、道德水平、个体人格都会呈现在学生面前，教师的言行举动、人格品德都会对学生产生示范性影响。教师爱岗敬业的精神、遵守职业道德的言行、勤于思考勇于实践不断进取的事业心、谦虚谨慎严于律己的道德人格是对学生进行道德人文素质教育的最好资源，是对学生最有说服力的思想和道德教育。"亲其师，信其道"，一个老师能让学生在他的课堂上感受到深刻的道德召唤，体验到真实的感动和尊重，领悟到平凡而伟大的人生哲理，一定可以得到学生的信任和尊敬，激励学生完善自我积极向上，对学生道德素质的全面提升乃至对学生的一生产生重要和深远的影响。

有人曾经做过"最受学生欢迎的教师"的调查，结果显示：自制、体谅、热心、有适应能力、兴趣广泛、诚实、合作、文雅、细心、有活力、健康、仪表端庄、勤奋、整洁、可靠、好学、有创造力、敏捷、虚心坦诚、进取、节俭等人格特质对学生产生深远影响。[1] 教师道德"不是一种朴素直觉的情绪反应，而是一种无私纯洁的合乎理智的情感，是通过理性培养起来的一种普遍的高度的责任感。"[2]教师通过教育教学活动，一方面以自己庄重文雅的人格形象感染学生，调动学生，培养学生的自主意识与自觉能力，推动学生把眼前的个人兴趣与长远的人生理想结合起来，形成自我选择、自我承担、富有责任感的人格特质。另一方面，教师以自己丰富的才学、高雅的情趣、执著的追求、高尚的人品在学生心中打下深深的烙印，使青年一代超越单纯的感官刺激，克服低级趣味的引诱，成长为有理想、有抱负、有志气、有作为的社会栋梁。

二、对学校的发展具有重要意义

高校教师教学活动中的职业道德不仅直接影响学生的成长和成才，而且影响到学校的教学质量、学风和教风，影响到高校师资队伍的建设，

---

① 傅道春：谈教师人格的职业表现，《高等师范教育研究》，1991 年第 3 期。
② 王丹：论"师爱"，《教育科学》，1988 年第 4 期。

影响到学校的社会声誉和竞争实力。因此高校教师教学活动中的职业道德对学校的生存和发展具有重大意义。这一重要意义主要表现在以下两方面：

（一）为学校发展创设良好的社会氛围

学校是一个专业化的、专门化的教育人、影响人的机构，学校工作的核心是为社会发展和人类进步培养人才。教育人、影响人，最直接、最普遍的方式就是教学，没有教学不能称之为学校，没有高水平、高质量的教学不能成为好学校。从这个意义上说，抓住了教学意味着抓住了学校工作的灵魂。教学工作是由教师落实和实施的，每位老师爱岗敬业、严谨治学、道德自律，才能保证整个学校的教学水平高，学校声誉好。当前，高校之间的竞争越来越激烈，一所大学的教学质量高低，教风学风的优劣，都直接影响到高校的社会声誉，影响到高校的竞争实力，直接关系到学校的发展，乃至生死存亡。一所学校教学质量的高低，教风学风的优劣，学生是最好的评价者和传播者，而学生对学校的印象和评价相当程度上来自于他们课堂上与教师的接触，来自教师教学活动中的职业道德状况。教师通过课堂教学对学生的作用和影响是学校最好的广告。课堂互动中，学生不仅向老师学习知识，更向老师讨教人生理想、道德方向和成长经验。另外教师的人生观、世界观，对社会现实的理解与解读，对人生世事的思考与反省，都会对学生的心灵产生触动，成为学生看待社会与确立人生的重要参考。此外，评价一所学校教学质量的高低，管理水平的好坏，发展前景的状况，课堂上教师的教育教学是最有说服力的。由此看来，教师的职业道德状况与学校的社会声望，与学校的发展密切相关。教师道德水平高，职业品行过硬，教学质量好，就得到学生、家长、社会和教育主管行政部门的肯定和赞誉，为学校的发展创设良好的社会环境，成为学校生存与发展的有利条件；反之，教师职业道德素质差，不能爱岗敬业，不专注于教书育人，或者业务不强，水平不高，教学质量低下，则会产生负面效应，影响或阻碍学校的发展。

（二）为学校发展构建优质的人力资源

与中小学校相比，高等学校是产生大师、培养大师、开发大师的摇篮。尽管不是每一位教师都能成为大师，但教师与学校生命相息，荣辱与共的关系是显而易见的。近年来，随着国家科技战略目标的确立，随着中国日益走向世界舞台，高科技、尖端技术、人才领域的竞争异常激烈。任何一所大学，要想办出特色、办出水平，要想在激烈的竞争中不被淘汰，要想成为贡献社会、服务百姓的优秀学校，人才的竞争、好教师的争夺是必然的。

优秀教师是学校的重要资源。什么是优质教师？德才兼备是最精辟的概括。一段时间以来，高校教师管理出现了一些不合理倾向：重业务轻品德，重结果轻过程，重能力轻思想，重科研轻教学。这一倾向造成的结果是：科研成果上去了，教学质量却下降了，教师的才能提高了，教师的德行和威信却降低了。这一倾向带来的最大危害是：违背了教育的基本宗旨，影响了高校师资队伍的建设和优秀师资的成长。当前加强高校教师职业道德教育，保证高校教师队伍的德才兼备、教学科研并举，是时代的要求，是新时期高校发展对优质人力资源的要求，是对社会、对人民负责的表现。教学活动中的职业道德可以培养师资队伍，产生大师和名师，为学校发展构建优质的人力资源。教学活动中的职业道德促使教师不断更新教育思想和理念、主动改造自身的知识结构、积极吸收现代科技新成果、努力提高自己的思想道德水平、刻苦钻研发愤图强，使自己成为德才兼备的优秀教师，成为本专业、本学科的学科带头人，成为大师和名师，在国内外激烈的教育与科技竞争中为学校争得地位与名誉，从而成为学校发展的中流砥柱。

三、对教师职业素质的提升具有关键作用

教学活动中的职业道德规范是对教师教学活动直接的指导和行为规约，是评价教师教学工作好坏优劣的具体尺度和标准。因此教学活动中的职业道德规范对教师本人的职业发展、素质提升所具有的作用，更是直接和显而易见的。

(一)促进教师本人提高职业水平

当代教育研究显示，教师与学生是学习的伙伴、成长的同路人。社会进步日新月异，新知识、新领域层出不穷，很多时候，教师与学生处于同一条起跑线上，一同追赶社会发展的脚步，一同面对科学创新的挑战。甚至在有些领域、有些学科，教师还要借助于学生的启发与推动。教师与学生构成了一种相互支持、彼此扶助的关系。知识更新加快，新学科、新成果不断涌现，即使是十分勤奋的教师也很难成为某一领域的独占者。更何况现代知识分化越来越细，专业日趋精深，人们往往只能成为自己学科的专家。但是，教学是一个综合的过程，一个内容的讲授需要融入多种视角，一门学科的探索需要具备丰富的知识背景。因此，

为了达成教学活动有收获、有意义、有价值，教师必须具有教学相长，交互学习的意识，肯于向学生学习，肯于调动学生的积极性与主动性，使学生成为课堂活动的主人，挖掘学生的潜能，拓广课堂的视野。特别是在一些新学科、新领域、新观念面前，学生也是老师，学生可以成为推动课堂教学的积极力量。

（二）激励教师本人提升人格素质

"教师的教育智慧集中表现在教育、教学实践中，他具有敏锐感受、准确判断生成和变动过程中可能出现的新情势新问题的能力；具有把握教育时机、转化教育矛盾和冲突的机智；具有根据对象实际和面临的情境及时做出决策和选择、调节教育行为的魄力；具有使学生积极投入学校生活，热爱学习和创造，愿意与他人进行心灵对话的魅力。教师的教育智慧是他的工作进入到科学和艺术结合的境界，充分展现出个性的独特风格。教育对于他而言，不仅是一种工作，也是一种享受。"[①]要想使教育过程成为一种享受，关键在于教师在教书的同时提升自己，提升自己的人格、提升自己的综合素养。教学活动是培养学生、塑造学生的活动，要培养学生、塑造学生，教师首先要提升自己、塑造自己，即所谓"学高为师，身正为范"。只有教师本人具有良好的道德素养，并将人格中的道德力量体现在日常的教学工作中，才能感化学生、教育学生，促进学生道德素质的提高，才能保持自己与学生的良性互动，建立积极的、富有生机的师生关系。

教育的目的在于净化心灵，提升人性，去恶扬善，克制私欲，最终成为有道德的、有文化的、自由的人。"自我意识到现实性并想超越它，不断地努力与真实的自我创造的人，才是真正的人，才是教师。"[②]如果说中小学教师所从事的教育劳动是为社会提供劳动的后备力量，高校教师的劳动则是向社会输送符合时代要求和社会需要的，能直接履行各种社会职责义务的中高级建设人才。因此，社会要求高校教师的教学活动要对社会负有崇高的责任感和道德责任，要求高校教师学明德尊。学明德尊是一种人格和谐的体现，是个人素养达到一定境界的体现，是教师在自觉遵从职业道德、主动保持道德净化、不断坚持自我反思的过程中，

---

① 叶澜：新世纪教师专业素养初探，《教育研究与实验》，1988年第1期。

② 王正平，郑百伟：《教育伦理学—理论与实践》，上海教育出版社，1998年版，第54页。

提升自己全面素养的结果。

四、对推动社会进步具有积极意义

高校是培养社会主义建设者和接班人的场所，是建设社会主义精神文明的重要阵地。高校教师教学活动中的职业道德不仅对师生和学校的发展具有重要意义，而且对推动社会进步具有积极意义。高校教师教学活动中的职业道德对社会进步的推动作用主要表现在两个方面，一方面教师良好的职业道德作风可以更好地服务于社会，推动社会物质文明发展；另一方面有利于净化社会道德风气，推动社会精神文明的发展。

(一)推动社会物质文明的发展

1986 年，美国卡内基教育和经济论坛发表了一个引起世界关注的报告《国家为培养 21 世纪的教师作准备》，报告中指出："美国的成功取决于更高的教育质量——取得成功的关键是建立一支与此任务相适应的专业队伍，即一支经过良好教育的师资队伍。要赋予它们新的权力委以新的责任，面向未来，重新设计学校。"①发达国家的经验告诉我们，一个国家的物质文明建设，乃至社会生活的全面进步一定离不开教育的发展与振兴。当代中国正处于完善社会主义市场经济，加速社会主义现代化建设的攻坚阶段。反思历史，借鉴别国，用先进的理论和方法解释并探索中国的社会现实，用适配的理念与观点找寻对策，用符合中国国情的科技手段解决问题，这些都离不开大学教师的积极参与，都离不开大学教师的教学与科研。高校教师是影响社会物质文明发展的重要力量，教师的科研发明和教学成果能够转化为科技成果，直接推动社会生产力的革新与进步；教师的先进理念能够带动社会的思想解放和观念更新，为解放和发展生产力创造精神环境条件。

近些年来，随着改革开放的深入进行，随着产学研三位一体的教育社会体制的确立，高等学校与社会关系的越来越密切。大多数高校在专业设置、学科组合、课程开设等方面日益面向社会，面向经济建设的需要，面向社会现实问题，使知识研究与解决社会问题相结合，使课堂教学反映社会声音，使学生学习尽快服务于社会。与此同时，越来越多的大学教师走出校门，有的直接参与科技改革与创新；有的通过培训、演

---

① 国家教育发展与政策研究中心：《发达国家教育改革的动向和趋势》(第 2 集)，人民教育出版社，1987 年版，第 265 页。

讲、授课，用知识服务于经济建设，用观念影响变革，用理论支持政策，高校教师在推动社会物质文明建设方面已经显示出不容忽视的影响力。这种影响力表现在，良好的教师职业道德可以促使教师以强烈的事业心和高度的社会责任感全身心地投入教学改革中，使自己的教学内容和方法适应市场经济和现代化建设的需要；可以促使教师积极投身于产学研教学科研实践中，锲而不舍、勇于创新、脚踏实地、积极探索、攻克科学难关，创新学术成果，更好地服务于社会主义现代化建设，推动社会生产力的革新与进步，推动社会主义物质文明建设的发展。

（二）推动社会精神文明的进步

高校教师职业道德在推动社会精神文明进步中的作用首先表现为可以推动学习型社会的形成。20世纪科学和技术的新发现、新发明，改变了我们传统的生活方式以及社会和经济的运行模式。自从1996年世界经济合作与发展组织发表的题为《以知识为基础的经济》的年度报告以来，人们普遍认为21世纪人类将进入"知识经济"时代。所谓"知识经济"，按照世界经合组织的定义，就是直接建立在"知识和信息的生产、分配和使用"之上的经济。换句话说，在知识经济时代，知识的生产、传播和应用将成为推动生产力发展和增长的关键环节和核心因素。知识经济的到来极大地提高了教育的地位，要求每个人树立终生学习的理念，实现学习的终身化，从而使全社会进入"学习型社会"。世界经合组织的报告中明确指出："教育将是知识型经济的核心"。高校作为生产新知识，传播知识的重要基地，必将在知识经济和学习型社会中扮演不可替代的角色。良好的职业道德可以促使高校教师更新教育思想，树立现代教育理念，理解知识经济的价值，形成"学习型社会"的教育社会观；可以促使高校教师在自己的职业活动中贯彻终生学习的理念，积极投身于"学习型社会"的创建中，召唤当代人投身学习、积极思考，带动全社会的学习，推动全社会的思考，形成整个社会追求真理、学习科技、掌握知识的学习氛围，从而推动社会精神文明的进步。

其次，高校教师职业道德在推动社会精神文明进步中的作用还可以表现为净化社会风气，改善人际关系。开放的思维，批判的精神，坦诚的态度，真实的为人，对真理的不懈追求，对事业的兢兢业业，对工作的一丝不苟，对学生的一片爱心，这些都是教师职业道德的具体体现，也是教师用自己的知识才学贡献社会、服务人民的现实写照。有了这样的道德精神，可以促使教师在事业上奋发努力、坚持不懈，以高度的事业心和社会责任感，服务社会，奉献社会；有了这样的道德精神，可以促使教师在工作中尽心竭力，脚踏实地，团结协作，尊重他人，保持旺盛的工作热情，拥有和谐的人际关系，共同完成国家和人民交给的教育职责；有了这样的道德精神，可以促使教师严于律己、恪守规范、谦虚谨慎、不计名利、无私奉献、为人师表，成为社会的道德楷模，成为人们学习的道德榜样。高校教师良好的职业道德通过课堂教学对学生产生影响，再由学生间接扩展到社会；高校教师良好的职业道德通过实践教学以及教师服务社会的教学科研实践直接作用于社会，将有利于净化社会道德风气，改善人际关系，推动社会主义精神文明建设。

第三节　教学活动中的教师职业道德规范

高校教师教学活动中的职业道德规范涉及面广、内容丰富，既包括教育思想理念、教学内容方法、教学规则纪律，又包括本人作为教师应具有的基本职业素质。从目前高校教师的实际状况看，在教学工作方面，学生对教师的教学工作态度的肯定度是较高的，但是对教育理念、教学内容、教学方法、教学改革的意见却较大。我们所做的关于《高等院校教师职业道德状况调查》显示，学生认为当前教学中存在的问题主要是"教学理念落后"、"教学内容陈旧"、"知识老化，缺乏时代精神"、"照本宣科，缺乏独立见解"、"教学方法呆板，缺乏师生互动"、"不培养学生的创造性"。调查还显示，学生对教师的专业基础和专业知识比较满意，但对文理知识的互相渗透，对教师的知识结构却意见较大。[①] 因此，规范高校教师的教学活动，加强教学活动中的职业道德教育有重要的现实意义。我们认为在教学过程中，高校教师应遵循的职业道德规范有以下几个部分：

一、树立公正观念　尊重每个学生

公正是处理人际关系时的公平和正义的伦理原则。教师公正是指教师在自己的教育活动中对待不同利益关系所表现出来的公正和正义，亦即教师在处理人与人之间的关系和各种事情时能做到坚持原则、为人正直、公平合理地对待和评价他人，其中公平合理地对待和评价所有学生，

---

① 安云凤：《高等院校教师职业道德调查与思考》，《教育艺术》，2004年第2期，第28页。

是教师公正的基本要求。教师公正对学生的影响体现在两个方面：一方面是对学生个体的影响，如果教师不公正，对优秀学生而言则助长其骄傲、浮躁的情绪，使其不能脚踏实地学习和参加科研；对后进生可能伤害其自尊，打击其本来就不高的学习积极性；另一方面是对学生集体的影响，如果教师不公正，只会人为地分裂学生集体，削弱学生集体的凝聚力、向心力。

(一)树立公正观念，尊重每个学生是教师职业道德规范的必然要求

我们常常看到，由于教师对优秀学生的偏爱和对所谓差生或后进生的忽视或其他不公正的对待，后进生出于一种反抗心理，往往会强化其"捣乱"的倾向，造成教育教学秩序的混乱，最终不利于教育活动的顺利开展。教学活动是教师和学生的一种特殊的双边互动活动，在这种特殊的双边活动中如果只有教师的主导作用，而无学生的主体性发挥，很难达到预期教育效果。所以，要想形成良好的教育环境，获得良好教育效果，很重要的一个因素就是教师要能公平、正直、善良、无私地对待每一个学生。如果一个教师不公正，有偏心，不但会挫伤学生的积极性和创造性，还会给学生造成思想混乱。在我们所做的关于《高等院校教师职业道德状况调查》中，学生们普遍认为最喜欢的教师应是一视同仁、平易近人、待人真诚、关心爱护、尊重学生的教师。在问及高校教师对学生最缺乏的是什么的问题时，35％选择了一视同仁、公正公平，8％的学生选择了尊重人格，由于学生对教师公正品质的期望很高，教师公正与否，会影响他在学生心目中的形象。教师公正有利于学生尊敬和信赖教师，提高教师的威信及在学生心目中的形象。

在学生心目中，教师往往是公平、正义、善良、无私的代表，他们对教师有非常美好的期待。当学生在与教师的交往中体验到公正的合理性，就能激励他们追求真、善、美，培养良好的品质，调动他们的学习积极性和创造性。反之，当他们原本有着美好期待的教师不能公正无私时，不仅会伤害他们对教师的美好情感，还会使他们对公正本身的合理性产生怀疑，进而造成他们学习时的挫折感，阻碍他们成才积极性的调动。

(二)树立公正观念、尊重每个学生的具体体现

教师应该在教学活动的全过程中树立公正观念，要在课上、课下、辅导、答疑、作业、考试以及实践教学中一视同仁公平、公正地对待每一个学生，决不能以学习成绩分优劣，以智力高低定亲疏，以个人情感为好恶，更不能以家庭背景分高下，尤其不能把不正之风带进师生关系中，采取功利主义态度，把纯洁的师生关系庸俗化。高校教学工作中会有一系列的教学规范、管理规则、纪律要求。教师要教育学生遵守教学活动中的一切规章制度，在遵纪守法、遵守校规校纪面前坚持人人平等的原则，在处理相关人和事时要坚持原则、赏罚分明，不可有松有紧、有宽有严，更忌根据自己的情感好恶和个人偏私对待处理学生，造成明显的不公正。学生毕竟是成长发展中的青年，有这样那样的问题在所难免，要求教师坚持原则、赏罚分明。切忌根据教师以一己的好恶对待和处理学生，这样做的结果必然造成教育的"反道德"。

只有奖赏合理，处罚公道，才能激励先进，鞭策后进。教师成功运用这两种手段的关键是在赏罚时要使用同一尺度和标准，不能前后不一，因人而异，造成形式上和事实上的不公正。否则就会使学生无所适从，思想混乱，行为失范，从而降低教师的威信。

"为什么总旷课的人学校反倒不追究？""我们班有的人一学期能上三分之一的课就不错，期末不照样和大家一起考试。""老师对我们这些一向遵守学校纪律，偶尔请假缺课的学生反而穷追不舍，不依不饶，我们不平衡。""学校的规章制度好像只适用于听话的学生，越听话越倒霉。"这是笔者在一所高校的学生论坛中看到的学生评论留言。

2003年，北京市一所高校在处理一位长期缺课的学生时引发了不小的风波。这位学生经常缺课、无故旷课，同学反应很大。很多学生反映学校、老师在遵守和执行学校规定时不能一视同仁。为此，院系相关领导商议决定对这名缺课最多的学生给予处分。然而真正操作时却出现了难题。一是所有学生都认为此人缺课最多，但查找考勤记录时却发现很多教师根本没有记录，造成的结果是，这位学生旷课很多，却没有记录证实，成为被处理人不予承认的依据。二是教师之间、班级之间执行考勤不一致，虽有学校的考勤标准，有的教师严格遵守，每次课都点名。有的教师怕麻烦，嫌耽误讲课时间，不愿意每节课都点名。于是，经常不来的也没显示出来，偶尔缺课的反倒记录了不少。使得学生对课堂考勤根本不重视，认为教师不公正、不能一视同仁，引发了不少抱怨和意见。

教师公正应是具有实质性的公正，对待学生一视同仁不能理解为一种刻板机械的公正形式，而应根据不同学生的个性倾向、知识水平和智力程度等方面的差异，对学生因材施教。因为每个学生都有自己的特殊背景，特殊情况，教师在坚持原则、恪守规则的同时，也要注意关心学生的特殊需要，关怀学生的特殊感受。否则那种貌似的公正实际上却是不公正的。

二、坚持三个面向　更新人才观念

"教育要面向现代化，面向世界，面向未来"是邓小平教育思想的精髓，这是老一辈无产阶级革命家对教育寄予的厚望，它揭示了现代教育发展的客观规律，突出了我国教育改革的紧迫性和重要性，为教育改革指明了方向，也成为高校教育改革的纲领性指导思想。

(一)"三个面向"规定了教师职业道德的基本取向

教育要面向现代化，就是教育要从我国实际出发，面向社会主义现代化建设。要实现现代化，首先需要有现代化的人，需要掌握了现代化科学技术知识的人才。而人才的培养要靠教育。就高等教育而言，我们要适应社会主义现代化建设的需要，不仅要求有足够的人才数量和合理的人才结构，而且还要求有较高的人才质量。高等教育培养出的学生不应该是"书生型"和"单一型"的，而应是"创造型"和"复合型"的。这样的学生应具有扎实的基础知识、较强的自学能力和创造能力，具有实事求是、独立思考、勇于创新的科学精神。这既是对当代人才素质的基本要求，也是教育面向我国现代化的主旨所在。同时，教育要面向现代化的另一层含义就是教育本身也要现代化，即现代化的教育必须有现代化的内容。一方面，学校教材必须根据学生的接受能力，最大限度地反映现代科学、文化的最新成就，使他们掌握现代化的知识，以适应社会化大生产和社会主义市场经济发展的需要；另一方面，与现代化教育相配套，还必须对现行的教育体制、教育结构、教育方法、教育手段、课程设置等进行全面改革。

教育要面向世界，是说中国教育与外国教育的关系。教育要面向世界，既是我国社会主义现代化建设的客观需要，也是我国对外开放的基本要求。中国社会主义的历史经验告诉我们，"关起门来搞建设是不能成功的，中国的发展离不开世界"。① 从目前来看，我国科学技术比西方发达国家落后了几十年，要使我国现代化建设取得突飞猛进的发展，要使我国迅速摆脱贫穷和落后的状况，就必须把教育放在十分重要的战略地

---

① 邓小平文选(第三卷)[M]，人民出版社，1993版，第78页。

位。为此，我们要迎接世界新技术革命的挑战，调整我国的教育结构、学校的专业结构和学生的知识结构，以适应世界科学技术飞速发展的需要。同时，我们要在平等互利的基础上，广泛地开展国际间的文化和科学技术交流，积极引进外国先进的科学技术，努力加以吸收、消化和发展。当然，向世界先进国家学习，不是照搬照抄别国的模式，"中国有自己的特点，所以我们只能按中国的实际办事，别人的经验可以借鉴，但不能照搬"。[①] 在这方面我们有过不少的经验教训。

教育要面向未来，是由教育的超前性所决定的，讲的是当前教育与未来教育的关系。当今，随着科学技术的飞速发展，知识更新的周期越来越短，人们所获取的知识不断陈旧或过时，而新的知识在不断涌现，传统的学校教育已经不能适应当前形势发展的需要。因此，教育不仅要满足当前社会对人才的需要，而且还要着眼于未来社会的需要。这就要求人们要有未来意识和超前意识；要求教育要面向未来，教育要为未来社会培养人才。

总之，邓小平"三个面向"的教育思想是相互关联又相互区别的统一体。高校教师只有从整体角度，长远高度把握这一思想，才能对自己所从事的教育劳动产生坚定的职业信念。对每个教师而言，当他具备了坚定而科学的教师职业信念之后，这种信念就会在他的教育生涯中产生深刻而稳定的影响，在一定程度上决定着他投身于教育事业的方向性、原则性和坚定性。反之，若这种职业信念不坚定，教师就难以具备热爱教育事业之心，也难以在教书育人的活动中产生主动性、积极性和创造性。

(二)"三个面向"确立了教师职业道德的标准

由于 21 世纪是以知识经济为特征的时代，因而对人才素质的标准提出了更高的要求，但人才素质的提高和大批高素质人才的成长，离不开学校教育这一人才培养的主要渠道。基于"三个面向"的教育目标，现代教育要培养适应社会发展的现代人才。纵观对新世纪人才素质的各种讨论，比较一致的现代人才标准包括以下基本内容：

1. 出众的智力水平。不仅具有管理事物的能力，还要能快速而有效地学习、适应环境的变化。

2. 强烈的进取心。他应有很强的成长意识，愿意进一步地发展。

3. 清醒的自我意识。他能客观地评价自己的优点和缺点，善于发挥

---

① 邓小平文选(第三卷)[M]，人民出版社，1993 版，第 229 页。

长处，弥补不足。

4. 创新能力和鉴别他人创新成果的能力。

5. 与他人沟通与合作的能力。

6. 多方面的才能。他不仅是专才，而且是通才。

7. 良好的思想品德。

同时，现代人才观还包括：责任感、开放思维、国际视野以及较高的综合能力。高校教师的任务就是站在教育的前沿，努力把青年学生塑造成社会所需要的人才。而这一要求本身也是对高校教师的严格考验，它首先要求教师自身也是符合现代人才标准的。因此结合现代人才标准，高校教师除了要把握"三个面向"的教育思想，还应着力提高自身素质。

首先，高校教师要有高尚的品德素质。教师的品德素质包括道德素质、政治素质和思想素质。教师要树立正确的教育观、质量观和人才观，增强实施素质教育的自觉性；不断提高思想政治素质，教书育人、为人师表、敬业爱生；具有现代价值取向和现代人的思想修养，勇于开拓和创新。

其次，高校教师要有精湛的业务素质。业务素质主要包括教师的知识素质和能力素质。教师应具有较系统的辩证唯物主义和历史唯物主义理论素养；适应信息时代的需要，应具有宽广厚实的知识背景；具有精深的专业知识，从总体上把握所教学科的知识结构和发展趋势；同时具有终身学习的自觉性，掌握必要的现代教育技术手段；具有扎实的教育知识，遵循教育规律，积极参与教育科研，因材施教。

再次，高校教师要有良好的心理素质。良好的心理素质主要包括教师的教育机智，教育能力以及教师的人格特点。教育机智是教师在教育过程中处理突发事件的能力，它是一个教师是否成熟的标志；教师应具有较强的组织能力，较好的语言表达能力，实际操作能力和创新能力，顺利开展各种教育活动；教师应尊重学生人格，保护学生的合法权益，还应具有高尚的工作动机，积极的情感，坚强的意志及良好的性格特点。

此外，高校教师还要有健康的身体素质。教师应该具有健康的体魄、充沛旺盛的精力，从自身实际与客观条件出发，在身体形态、身体机能、身体运动技巧和身体生理知识，卫生保障四个方面努力提高自身的素质，掌握生理知识，讲究卫生，注意保健，养成锻炼、健身习惯，积极预防疾病。教师还应具有文明、优雅的仪表举止，这在一定程度上体现一个人的风度、修养和人格，对学生的行为，学校的精神文明产生潜移默化的影响。

(三)教师职业道德必须符合现代人才理念

当代的大学教育，绝不仅仅是单纯的职业教育，大学教育的目标，不能仅限于"授业"，更要注重"传道"、"解惑"，关注学生的精神需要，关怀学生的心灵成长是坚持以人为本的重要体现。培养具有文化素质的、文化品格的全面发展的人，这是新形势下高校教师的职业道德的基本内容。

与学生为友，是诤友；与学生为朋，是良朋；与学生为邻，是孟母之益邻；然后才能为师，传道授业解惑。做学生的诤友、良朋、益邻，意味着做学生的引路人、贴心人、知心人，对学生的错误要本着惩前毖后治病救人的原则。要充满激情，充满爱心，引导学生品德为魂，教育学生贵在精神。当代大学生朝气蓬勃，富于理想，勤于思考，对未来充满幻想和激情，这是他们的本质和主流。但也有一部分学生不思进取，心猿意马，生活空虚，整天泡网，游戏人生，攀比消费等等。教师要利用课堂教学、课下辅导等多种时机和机会深入了解学生，坦诚谈心、交流思想、讨论问题，了解他们经常关心的话题和对社会热门问题的态度，有意识地对学生进行思想引导。关心学生的实际困难，解决一些现实难题，对发现的问题认真研究，制定切实可行的方案。即使一时无力解决的问题，也要与学生沟通，获得谅解，达成理解。

大学应是推动社会前进的动力和先锋，是人们质疑、批判、否定、更新知识的殿堂。大学要以超越于世俗生活之上的文化目标为导向，产生引领时代的精神食粮，而不是跟风、随大流、为时尚所左右。用人文精神照亮学生的成才之路，人文精神是一种普遍的人类自我关怀，表现为对人的尊严、价值、命运的维护和关切，教师工作要体现对人类遗留下来的各种精神文化现象的高度珍视，对一种全面发展的理想人格的肯定和塑造。教师的责任在于给学生创造有利的人文环境，对每一个受教育者真正负责，引导他们去思考人生的目的、意义和价值，树立理想的人格目标，不断提高自身的文化素质和品格，塑造和谐的精神家园。

提升学生道德的关键是教师，要塑造学生，首先要塑造自己。所谓"学高为师，身正为范"，教育工作者要准确把握时代脉搏，与时俱进，身体力行，做道德楷模。积极融入学习社会，勇于投身社会生活，关注社会发展，关心社会问题，承担社会责任，以自己勇于实践，勤勉探求、不断进取的精神力量，感化学生，赢得学生，与学生共同成长。

三、拓宽教育视野　创新教学方法

高校教师在教学过程中要注意不断地拓宽教育视野，勇于求新求变，不能墨守成规、不能固步自封。有的教师几年、十几年不进修，不学习，拿着发黄的教案，讲着陈旧的观念，教学没内容，讲课没思想，令学生如坐针毡。这类教师显然不能适应知识经济的社会大背景，不能适应学生成长环境的信息多元，到头来极有可能是这类教师在自己的工作岗位上如坐针毡。这提醒高校教师要随时关注教育研究的新理论、新观念、新技术、新方法，要保证教学的各个方面富有生机，充满活力。拓宽教育视野，创新教学方法不仅是时代的要求，更是教师自身发展的要求。

教学方法是指实现教学目标的途径和手段，是教学过程中教师教的方法和学生学的方法的结合，是完成教学任务的方法的总称。在教学理论和教学实践发展的历史中，人们创造了丰富多彩的教学方法，诸如讲授法、演示法、参观法、实验法、练习法、讨论法、欣赏法、发现法等等。各种教学方法都是教师多年教学经验的结晶，是体现教育智慧的成果。但作为高级脑力劳动者的高校教师，对教学方法的关注和应用不应满足于传统的、现有的方法，而是应该在教育实践的过程中不断地探索求新。

(一)创新教学方法的标准

作为高级脑力劳动者的高校教师，对传统教学方法中的精华应该继承，更应该适应时代的发展和变化，不断探索求新，创造出新的教学方法来。具体说来，创新教法要遵循以下标准：其一，要根据教学目标创新教学方法。每一课时的教学目标一般都包括：知识信息方面、认知技能方面、情感态度方面。教学方法的创新可以从教学目标的这几个方面突破。其二，要根据学生的特点创新教学方法。学生的年龄不同，学习的心理特点也不同，因而适合他们的教学方法也不同。根据学生的知识背景不同，教学方法也可以有所创新。其三，要根据学科特点创新教学方法。学科不同，教学方法应该风格各异。而且每门学科的具体内容不同，也可以采取不同的教学方法。

(二)创新教学方法的基本要求

重视传统教学方法的改革。对传统教学方法中的精华要继承，但在实际运用中要有所发展和创新。比如古老的串讲法，对于学生理解文笔艰深的文言文是有作用的，但也有明显的缺陷，学生往往只听老师串讲，自己思维活动少。现行的串讲法经过改进，实行读、讲、串结合，可以由学生自读、试讲、然后教师串，也可以由教师讲，学生串，或者在教师引导启发下由学生自行读、讲、串、这样就补救了串讲法原来的缺陷。

要使教法与学法相契合。创新的教学方法既要考虑教师的"教"，又要考虑学生的"学"；既要体现教师的主导作用，又要体现学生的主体地位，因为教学是师生双向的互动过程，教与学必须协调一致。教师的教学必须适应学生的认知规律、思维规律，必须与学生的学法相契合。例如钱梦龙老师提出的"自读六步法"，即是教师的施教方法，又是学生的学习方法。"自读六步法"有相应的六种自读方式：疏通式自读，提要式自读，提示式自读，质疑式自读，评点式自读，评论式自读；由此形成六个训练步骤：认读、审题、辨体、问答、质疑、评析。这样把教与学的重点移到了"学"上，以学生自读实践为教学的主体，使教师的"教"为学生的"学"服务，教法来自学生的学法，教法与学法达到了有机的统一。这样，学生才会学得积极、主动，智力得到开发，进而掌握学习规律，增长自学能力，促进教师由"教"逐步达到"不需要教"的境界。

善于发挥自己的教学特长。"教无定法，贵在得法"。教学方法的创新必是在博采众长，融于实践的基础上产生的。创新的教学方法可以转化为高校教师的业务优势，使教师逐渐形成自己的教学风格或特长，这是教学业务臻于成熟的重要标志。如我国著名文学家沈从文先生在大学讲写作课时，惯于以自己的创作为学生作示范。讲小说写法，他就写小说；讲散文写法，他就写散文。他的作品不仅足以作为学生临摹的范例，而且在现代文学史上堪称独具风格的佳作。沈先生之所以以创作代讲授，就是因为他发挥了自己的特长，使教学效果达到最佳。

（三）当代教师有责任创新教学方法

长期以来，不少人形成了这样的错误观念：中小学教育有必要重视和讲求教学方法，大学教师以学术水平见长，关键在于传递教师的学术思想、研究收获，没必要在教学方法上耗费精力、浪费时间。甚至有的高校教师认为，没有学问的教师才把精力花在教学方法上，有水平、有学问的教师即使教学方法不好，不先进，也能打动学生。基于这样的认识观念，相当一些大学教师羞于钻研教学方法，不屑于探索教学方法。导致的结果是，中小学教育教学推出了很多适应学生需要、反映教育新理念、体现现代技术、饱含教育创新的新方法、新技术。然而，大学的课堂却表现出"教师自我陶醉，学生却在瞌睡"、"开学挤破头、期末数人头"、"带着耳机进课堂，正人君子两相安"等怪现象。不论是大学教育还是中小学教育，目的是一样的，呼唤人、培养人、促进人，只要我们的教师坚持教书育人，就必须从学生出发，为学生着想，关注学生的需要，实施课堂教学，这是每一个教育工作者最底线的道德。所以说，探究教学方法，创造性地运用教学方法，是维护教育伦理的必然选择。因为"教育学就是迷恋他人成长的学问。"①

2001 年 10 月，国际数学大师陈省身给天津的本科生上课的消息，借助媒体的力量，如同长了翅膀般在中国的高等学校内迅速传开。《中国教育报》为此专门撰写了题为《倾听大师的声音——陈省身在南开为本科生讲课》。文章的开头描述了学生听课的场景："日前，南开大学数学系阶梯教室座无虚席，国际数学大师陈省身先生为天津本科生开设的'应用数学'的第一堂课开讲。这堂课陈省身先生主讲微积分。90 岁的陈先生坐在轮椅上，一个小时的时间里，他不断更换幻灯资料，书写方程式、不时地辅以手势，没有喝一口水。容纳 200 多人的教室里鸦雀无声，学生们都在认真地做着记录。天津大学本科生周毅听完陈先生的课激动地说'这是个非常珍贵的机会，很难的。陈先生的课给了我们认识问题的方法和指导性的启示。让我感觉到数学太神奇了，有很多东西需要学习。'"②

四、遵守学校规章　维护教学秩序

学校规章制度是为了实现学校教育管理目标，而要求师生员工共同遵守的行为准则，也是学校按一定程序办事的规程。建立健全学校规章制度，对于建立和维护学校的正常秩序，提高学校管理效率，完成学校的各项教育教学任务，具有重要的意义。因此，高校教师要自觉遵守学校的规章制度，维护学校的教学秩序。

(一)教师要自觉维护学校教学秩序

高校教师的职业特点是以个体劳动为基础的集体协作劳动。这种劳动表现出很强的个体性，即从知识的学习和积累到备课、讲课、论文指导、实验、科研都需要教师个体单独进行。因此，工作效果的好坏在很大程度上取决于教师个人的自觉性和责任感。同时，高校教师职业使命

---

① 马克斯·范梅南：《教学机智——教育智慧的意蕴》[M]，李树英译，教育科学出版社，2002 年版，第 18 页。

② 熊丙奇：《大学有问题》[M]，四川出版集团天地出版社，2004 年版，第 47 页。

的完成最终又需要依赖于教师整体的协作和配合。没有规矩，不成方圆。无论是以教学培养学生，还是以科研奉献社会，教师都有责任自觉遵守学校制定的各项规章，以维护正常的教学秩序。教师以身作则，自觉遵守学校规章，还可以达到以潜移默化的方式影响和教育学生的目的。近年来，受个人主义、拜金主义等思想的影响，有些高校教师不能自觉遵守学校规章，甚至公然违反学校中的教育教学秩序，造成十分恶劣的影响。如有的教师在校外兼课，热衷于捞外快、挣大钱，对学校的教育教学得过且过，敷衍了事，备课不认真，讲课没精神，对学生疏于管理，教学效果令人汗颜。有的教师身兼数职，上课还在接手机，不惜扰乱教学，不顾学生利益，损坏教师师德。有的教师凭借手中的权力，以分数讨好学生，用文凭做交易，用证书换利益，泄题、卖考卷、送人情分、篡改成绩册等现象时有发生。严重毁坏教师形象，干扰正规的教学秩序，最为严重的是违背教育宗旨，伤害学生心灵，与教育目标背道而驰。

重庆某大学教师孔某，利用职务之便，在英语四级考试前将试卷偷出考场复印。复印好的试卷由等候在家中几名同伙分头做题，做完后他们竟在校园内公开倒卖试题答案。侦查人员在其家中搜出了大量的假身份证、信用卡和通讯工具。据公安机关初步统计，在2002年6月12月和2003年12月的3次全国四级英语考试中，孔某等人采取这种方法将考试答案贩卖给了重庆、浙江、北京等11个省市的几百名考生，获利近20万元，有的考生将答案再次倒卖。有的考生在第一次受益后，也开始做起了孔某等人的下线，帮助她们联系买主。今年3月，孔某等直接参与策划实施倒卖答案者因涉嫌泄漏国家机密罪被批准逮捕，帮其做题的几名学生受到了所在学校的严肃处理，那些买答案的学生也将面临被开除的命运。2004年5月，教育部向全国通报了这起倒卖四级考试答案事件和其他几起考试违法舞弊案件，并在全国加大了考风考纪的监督和管理力度。

类似上述事件的发生是令人痛心的，无论是教师还是学生都因此断送了大好前程。高校教师要引以为戒，防微杜渐。

(二)严格遵守教学规范

教师要严格遵守教学活动中每一个具体环节的教学规范。教学活动中的每一个具体环节都是整体教学秩序的组成部分，都对教学秩序起着不可或缺的重要作用，教师不能忽视其中的任何一个环节、任何一项规章制度。教师一定要按时上课、下课，不迟到、不早退，不在课堂上做与教学无关的任何事情；要在考勤、听课、作业、考试、教学实践等各方面严格管理学生，维护正常的教学秩序，不可疏于管理放任自流；在备课、讲课、辅导答疑、考试阅卷、实践教学、论文指导、科研实验等教学活动的各个环节，按照学校的规章制度严格要求自己，不可有任何违规违法行为；要有整体意识和协作精神，要服从学校和院系的工作安排，团结其他教职员工，互相学习，互相配合，共同遵守学校的规章制度，营造良好的教学环境和秩序。

五、全面关心学生 坚持教书育人

当代大学生大多是在应试教育模式的培养下进入大学的。以应试为主的学习模式把学生中学阶段没有解决完的心理成长、人格整合、全面发展等主体性要求带到了大学。处于成长中的大学生自我认同感还未完全形成，面对多种多样的选择和挑战，他们更需要成人社会的关心与指导。高校教师应该利用教育教学的环节与他们共同探讨许多重要的人生主题，如爱情与发展、现实与理想、生命与意义等，这也是大学生们走向社会必然面对的选择。因此大学教师有责任帮助大学生全面发展。对教师而言，教书是手段，育人是目的，教育的最终目标在于栽培人、培育人。因此，高校教师不能只重视智育，轻视体育，忽视德育；不能只顾传授业务知识，不管思想品德的培养，而应根据当代大学生的特点，全面关心学生的健康发展，加强教书育人意识。

(一)全面关心学生的健康发展

全面关心学生体现在纵向、横向以及内外的全面关心等三个方面。首先，纵向的全面是指不仅关注学生的当下，还要看到他的昨天，关心他的明天，要联系学生的成长开展教育教学。其次，横向的全面是指学生作为社会的成员，他的思想态度、言行举止、生活方式必然受到家庭的影响、社区的影响、社会的影响，应该从多方面、多角度看待一个学生，将学校的教育教学融于社会。再次，内外的全面是指不仅看到学生的外表、穿着、言行，更要关心学生的内心、情感、感受。教育教学要做到知、情、行的统一。"学生接近教师有很多原因。除了道德，教师的学识、权力、外表等都会成为促使学生接近的因素。但学识只能满足学生一时的求知愿望，权力只能维系短暂的顺从与亲近，外表只能吸引肤浅的注意。真正打动学生内心的，是人格和道德的力量。这力量才是长久的，它将影响学生的一生，是学生未来的立身之本。"①

(二)坚持教书育人的基本要求

教育过程是生命与生命的互动。站在讲台上，我们面对的是一个个活生生的生命，是一个个有血有肉、有生机的生命，教师的责任在于开启和激活生命体中蕴藏的无限的智慧与潜能。我们的知识不一定比学生多，我们的思考不一定比学生鲜活，我们的见解也不一定强于学生，重要的在于我们要与学生一同学习，在智慧的互动中共同提升，在思想和精神的交流中实现人格再造。教师的工作是生命的展示，用心唤起，以情感人，真心流露，生命对话，才可能使我们的教育教学体现出生命的意义与价值，才可能使我们的工作给予学生的是思考，而不仅仅是知识。因此，教书育人是教师教学道德规范的最基本要求，坚持这一要求应该做到以下几点：

1. 帮助学生提高思想政治素质

2. 向学生传授当代最先进的科学文化知识

3. 教学生学会做人、学会求知、学会审美、学会生活、学会劳动

4. 向学生传授法律知识，培养学生的法制意识

5. 培养学生的适应能力、实践能力、创新精神

6. 给予学生心理支持、情感交流、成才指导、人生观价值观引导、人际关系以及恋爱婚姻等方面的指导。

王伟廉在《大学教师师德师风十题》中指出："为人师，不仅要对学生负责，也要对社会负责、对科学负责。眼下大学教师有一种浮躁的心态，尤其是人文社会科学学科的教师。浮躁实际上是一种对科学、对社会、对学生不负责的态度。这种心态表现在科学研究上，必然不'真'，表现在教学上，必然不'实'，学生得不到真才实学，就会贻害社会，因而也谈不上'善'。所以说，'躁'也是缺乏师德的表现。在教师职业中，这种心态主要有十种具体表现：

1. 头重脚轻，满足一知半解

2. 华而不实，耽于夸夸其谈

3. 唯书唯上，缺乏独立思考

4. 哗众取宠，追求轰动效应

5. 好大喜功，不愿踏实积累

---

① 王伟廉：《大学教师师德师风十题》，载《现代大学教育》[J]，2001年第2期。

6. 脱离实际，乐于坐而论道

7. 沽名钓誉，个人主义膨胀

8. 吹拍拉扯，市侩作风横行

9. 敷衍应付，整日得过且过

10. 弄虚作假，热衷歪门邪道

如果你是大学教师，不妨对照一下，看看是否也存在这种心态？"①

六、跟踪学科前沿　参与知识创新

高等教育区别于普通教育的显著特点之一在于承担知识生产、知识创新的使命。高校教师区别于中小学教师的显著特点之一在于高校教师除了传授知识、让学生自主建构知识外，还必须生产出符合社会与时代发展的新知识，对新知识有效的传播和转移。一名高校教师，如果不具有知识创新能力，就难以成为名副其实的教师。因此，高校教师必须不断地跟踪学科前沿，积极参与知识创新。

(一)跟踪学科前沿是高校教师的必然选择

学科前沿是指在相关学科领域具有超前性、先进性的学术理论研究及其成果。教师要跟踪学术前沿，不断了解相关学科和专业领域中具有前沿性、先进性的学术理论及其研究成果；在学科的建设和发展上，教师要立足社会转型和市场经济发展的现实，积极参与知识创新和学科专业建设。在学科专业建设的操作上，教师既要着眼于提高学科的整体水平，又要注意定准自己研究的方向和目标，在科学世界观和方法论的指导下，确立创新理念，集中精力不断探索积极创新，力争在某一点上取得突破，提出有价值、有意义的新知识、新理论、新思想，并站稳脚跟、形成优势，使自己的教学内容能够适应高等教育现代化、国际化、信息化发展的需要，使自己的教学质量能够上一个新台阶，达到更高的新水平。跟踪学术前沿是一个艰辛的过程，它不仅要求高校教师具备相对完整的学术知识体系，还要求教师对相关学科的知识体系、理论基础及研究方法有相当的理解。跟踪学科前沿不是简单地重复前人所作的学术研究，得出与前人同样的学术成果，更重要的是从跟踪学术前沿的过程中掌握学科发展的动态，提出具有推动真理继续向前发展的真知灼见甚至是自成体系的一家之言。教师不但要有"一桶水"，而且还要不断地加入

---

① 王伟廉：《大学教师师德师风十题》，《现代大学教育》[J]，2001年第2期。

"新鲜水"，才能在教学中及时反映所任学科的前沿成就，不断开阔知识视野。

(二)高校教师要积极参与知识创新

知识创新是指通过科学研究获得新的基础科学和技术科学知识的过程。知识创新为人类认识世界、改造世界提供新理论和新方法，为人类文明进步和社会发展提供不竭动力。那么知识创新具有什么样的特征呢？第一，协商性。知识创新是通过所有参与者的利益、需要和专业的不断协商而产生的。第二，跨学科性。知识创新是在更广阔的、跨学科的社会和经济背景中产生的。第三，异质性和组织多样性。一些非大学的场所如大公司、研究所等都被看做是知识的来源，大学只是知识生产的重要基地，而不是知识创新的中心。第四，社会责任性和反思性。许多参与者在整个知识生产的过程中相互影响和协商，使知识生产更具有社会责任性；研究者对他们的研究影响更加敏感，他们的研究动机不再局限于科学与技术的范围，在这种意义上，知识创新又具有高度的反思性。高校是知识创新的主要基地，高校教师是知识创新的主力军。如何才能成为具有知识创新能力的高校教师？

首先，教师应在科学的世界观和方法论的指导下，确立创新理念，不断认识、发现和发展真理，在教育工作中树立独立、民主、实效、群体和创造等意识，全面认识当今带有全面性和结构性的教育革新和教育发展的全部价值所在。

其次，要训练创新思维。创新思维的主要特点有积极的求异性、敏锐的观察力、创造性的想象、独特的知识结构以及活跃的灵感。这些特点是在创新活动中表现出来的，而灵感和积极的求异性是创新思维最本质的特点。创新过程多数情况下需要求同思维和求异思维的结合，而求异思维更多地与创新结合在一起。长期积累偶然得之的灵感思维所产生的新颖想法，是求异思维的结晶。所以，重视教师求异思维和灵感的培养是训练教师创新思维的关键。

再次，要养成创新人格。个性在创新力的形成和创新活动中具有重要意义，它在一定程度上决定一个人创新成就的大小。创新个性一般包括勇敢、富有幽默感、独立性强、有恒心及认真等。

最后，要有团队合作的精神。知识创新不能靠单个人的闭门造车完成，而必须依靠团队的力量。高校教师不仅要善于与自己有共同利益的人进行沟通、交流与合作，也要善于与自己利益不一致的人进行沟通、交流与合作。这种合作不应只局限于高校的内部，还应扩大到社会范围，以增加新生产知识的实用性。只有具有强烈的合作交流意识、高度的团队精神，才可能进行协作攻关，取得更多关键性的科研成果。

"在 2000 年 10 月于北京举行的大型学术报告会上，杨振宁认为，培养富有创新精神的科学人才，需要良师，还需要一段密切的师生共同研究的过程。他还在多种场合讲述了他与他的硕士生导师、博士生导师一起研究课题的情景。诺贝尔奖获得者李政道教授则在北京大学推出一项对低年级本科学生的研究计划。北京大学校领导认为，这些诺贝尔奖大师的课，结合了他们自己进行科学研究的经验教训，给学生的启迪也许比一些平庸的教师上几年课还管用。因此，一定要倡导名师上讲台这一风尚。名师们即使再忙，也至少要上讲台讲一两课，也要给学生们做做讲座。科学知识也许很快就会过时，但科学的方法、做学问的方法、做学问的态度、老师的品格却会影响人的一生。名师给学生讲的，正是他们最有体会的方法。名师是大学最宝贵的资源，要充分利用这一资源去教育、引导学生。"①

◆思考题

1. 高校教师教学活动中的职业道德规范具有哪些特点？

2. 高校教师教学活动中的职业道德对学生、对教师本人、对学校、对社会有何意义？

3. 高校教师在教育教学活动中需要树立哪些新的教育教学理念？

4. 学校教学活动中，教师如何对待学生才能体现职业道德素养？

阅读资料一：

设立"基础课教学奖"，推动教学改革

秦裕琨，中国工程院院士，哈尔滨工业大学教授。从教 50 多年来，强烈的事业心和高度的责任感，驱使着他以一种革命的热情，一种拼搏的精神，在各个岗位上兢兢业业，开拓进取，展示了他既是一个学者，又是一个教育管理专家的能力和素质。

"作为人民教师和科研工作者，教书育人、攻克科研难关是永远正确

---

① 熊丙奇：《大学有问题》[M]，四川出版集团天地出版社，2004 年版，第 50~51 页。

的，而教好学生就是对祖国和人民最大的贡献"，这是秦裕琨教授几十年来坚定不移的信念。就是在1957年"反右"扩大化、1959年拔"白旗"，白天挨批判那样的环境里，他晚上仍然坚持备课、写讲义、收集资料，主动给学生们开新的专题讲座，仍然用全部精力编写了《蒸汽锅炉燃料、燃烧理论及设备》讲义，后正式出版，成为我国锅炉专业第一本教材。

在"十年浩劫"初期，秦裕琨教授被错误定为"漏网右派、反动学术权威"进了牛棚，进行劳动改造。学校里正规的教学秩序被打乱了，科研工作几乎陷于停顿，就是在这样的艰苦条件下，秦裕琨教授仍然取得了突出的成绩。当时国内普遍采用强制循环热水锅炉，但电力紧张，经常停电，而一旦停电，很容易造成水击，会严重影响锅炉的安全运行。经过慎重的思考和反复研究，秦裕琨教授在国内首次提出热水锅炉可采用自然循环方式的学术思想。但自然循环热水锅炉没有任何前例可供借鉴，而且改造必须在非供暖期进行，时间短、任务重，一旦改造失败，在那样的历史条件下后果不堪设想。强烈责任心驱使秦裕琨教授把个人利益放在了脑后，经过大量的资料调研、方案分析和反复计算，秦裕琨教授提出了一套自然循环热水锅炉的水动力计算方法，并据此设计制造了我国第一台自然循环热水锅炉，在我国工业锅炉制造史上填写了新的一页。

粉碎"四人帮"后，秦裕琨教授迎来了他生命历程中的又一个春天，多年的执着追求终于如愿以偿。1981年，秦裕琨教授被光荣吸收为中国共产党党员。从此，秦裕琨教授更加信心百倍地投入科研工作之中。他的自然循环热水锅炉和燃褐煤流化床锅炉研究由于先进的技术路线和应用价值均被列为国家"六五"攻关项目。又经过了五年的艰苦攻关，他负责研究的"自然循环热水锅炉水动力试验研究"和"新型10t/h褐煤流化床锅炉研究"等课题先后获得航天部科技进步二等奖两项、省市级科技进步奖多项。后者还获得了1986年的全国发明展览会铜牌奖。

1981年，秦裕琨教授主持国家"六五"科技攻关课题"改造130t/h燃煤矸石流化床锅炉"的任务。这种锅炉已经被同行判了死刑，很多人都认为已经没有改造的可能。秦裕琨教授受国家物资局的委托，深入鸡西滴道电厂进行了详细考察和调研，协调组织了锅炉制造厂家和电厂等各方的大规模实验，找出了问题的原因。经过反复思考和研究，秦裕琨教授提出了"播煤风"的思想，解决了该炉型存在的关键问题，对130t/h流化床锅炉进行了成功的改造，仅改电厂就为国家避免了近一亿的财产损失。当时，在这样大的流化床锅炉上稳定燃烧煤矸石在世界上也是没有先例的。因此，该项目获得了航天工业部科技进步一等奖、国家科技进步三等奖。秦裕琨教授在担任教研室主任期间，一面抓科研，一面抓教学，双管齐下，使教研室工作迅速打开了一个崭新的局面。任系主任期间，他采取了一系列行之有效的措施，整顿了动力工程系的教学秩序，使该系的教学工作从中游一跃来到了上游，其变化速度令全校瞩目。

改革开放以来，针对很多老师把注意力转到了科研上去，使教学工作受到了很大影响情况，他提议设立了"基础课教学奖"，由动力工程系为给本系授课的所有基础课任课教师（主要是外系的）评奖，这一举措，当时在校内传为佳话，极大地调动了广大基础课教师的教学积极性。秦裕琨教授在任副校长，主管教学工作期间，在建立教学监控及奖励机制系统，推进教学改革，提高教学质量，加强学生工作，扩大办学规模等方面做出了积极贡献。秦裕琨教授在认真调研的基础上，迅速建立并完善了"教学管理、考核和激励机制制度"，建立学校教学检查组，为教师课堂教学质量评分，并将每位教师的教学评价纳入到职称评定体系中去。同时，积极创造条件改善教师待遇，发放教学津贴，使教师安心教学。从奖和惩两方面出击，迅速稳定改善了全校的教学秩序，为学校顺利通过"211工程"预审打下了坚实基础。秦裕琨教授在广泛收集信息资料和调研的基础上，积极推进学校的教改工作，他提出在学校建立实验学院，在实验学院试行教学改革、率先实行学分制，致力于把实验学院建成因材施教、注重基础、培养高素质，全面发展型人才的实验基地。实验学院多年来的发展建设已经证明，这一措施对于全面推进教学改革工作和培养高素质创造型拔尖人才具有重要的实践意义，为哈工大的教学改革提供了有益的借鉴和经验。

阅读资料二：

教师教学质量亮"红灯"就"下课"

《光明日报》2007年7月1日以"上海师大下决心正教风"为题，报道了上海师大抓教学质量的决心和举措，以及美术学院一位教师因擅离教学实习岗位、指导和批改学生论文不认真等教学事故，受到学校通报批评处分的事实。

上海师范大学美术学院一位教师由于擅离教学实习岗位、指导和批改学生论文不认真以至造成多位学生不及格等教学事故，受到了学校通报批评处分，所在学院暂时停止了他的授课资格。上海师大校长李进接受本报记者采访时表示，培养人才、质量为先，教师教学质量亮"红灯"就"下课"。上海师大今年全面启动了教学质量工程，加强投入、加强管理，并且强调加强执行力度。因为，良好的学风要靠高尚的教风来引领，对教风严格要求的宗旨就是对学生负责。据了解，上海师大对教学质量优劣奖惩分明：为了鼓励教师把更多的精力投入到本科教学中来，今年上海师大仅用于教学奖励的费用预算就达 200 万元。对于教学质量亮"红灯"的老师，学校将其视为"教学事故"，将按 4 级进行不同处罚，轻者扣除当月奖金，重则调离教师岗位。美术学院的这位教师由于在教学工作中的多项违规行为构成"二级教学事故"，受到学校通报批评的严厉处分。

第五章　独立与探索——科研活动中的职业道德规范

　　人类社会的发展表明：科技是人类社会进步重要的动力。但是，科技本身就是一把双刃剑，它在给人类带来福祉的同时，也曾给人类带来了无数触目惊心的灾难。这使得人们不得不重新审视科技本身，追问科学技术发明者的社会责任感与社会良心。在我国，高校教师在科研领域占据着十分重要的地位，这些科研成果已经成为推动我国科学技术进步的重要力量。与此同时，我们也应该看到，在这些发表的学术著作和论文中，隐藏着大量的学术垃圾和学术腐败，其中最令人触目惊心的是学术剽窃。我国高等学校教师的学术腐败行为除了与我国高等学校现行的科研制度、人事制度的不尽完善有关外，还与学术道德的缺失和沦丧有着密切的关系。因此，加强科研活动的道德修养，成为我国高校教师职业道德的又一个重要内容。我国高等学校的教师作为我国科学研究的重要力量，肩负着民族发展、祖国昌盛的重要职责，要使他们真正完成历史赋予的使命，就必须首先树立起应有的学术道德和科研伦理，以保证他们在推动我国科学技术发展的道路上获得强大的道德支持，保持其向正确的方向发展。

第一节　科研活动中教师职业道德规范的重要性

一、高等学校是科技创新与知识创新的基地

　　科学研究是追求真理、揭示规律、创造社会物质财富和精神财富的实践活动，科学研究在推动科技发展和社会进步中具有的重要作用。这种作用的重要性是建立在科学技术本身对于人类社会重要作用的基础之上。我国改革开放的总设计师邓小平同志提出了"科技是第一生产力"的著名论断，江泽民同志提出了"科教兴国"的主张。这些主张是与马克思

关于生产力的论述一脉相承的。马克思指出，"生产力当然包括科学在内"，科学是生产过程的"独立因素"和"可变因素"，承担着生产职能。他说："自然科学只不过是人的生产力的发展即财富的发展所表现的一个方面，一种形式。"马克思不仅认为科学技术是社会生产力的重要因素，还认为科学是一种在历史上起推动作用的、革命的力量，是推动人类社会进步的动力。科学技术对于社会进步的推动作用主要表现为四个方面：一是科技进步成为经济增长的源泉，成为推动经济结构变革的动力；二是科学技术提高人们的社会生活水平；三是科技推动社会形态的变革；四是科技推动人类精神文明的发展。

高等学校作为人才培养和科学研究的重要基地，高校教师在科学技术的发展中，始终起着十分重要的主力军作用。在西方，人类许多伟大的科技发明都是从高校走向世界的，如罗吉尔·培根因奠定了近代实验科学的基础而让世人知道了牛津大学，牛顿的科学发明使得剑桥大学蜚声世界，贝塔郎菲使维也纳大学成为系统论的发祥地等等。在今天，有些大学还直接把自己的土地出租给从事高科技生产的企业，这样，一批在科学技术上各有侧重的高新企业围绕大学群发展起来。例如，20 世纪 50 年代初，斯坦福大学率先划出 7.5％的校园土地（约 655 英亩）出租给从事高科技生产的企业。自此以后，逐步形成了以斯坦福大学、加州大学伯克利分校为中心的"硅谷"和以哈佛大学、麻省理工学院为中心的"128 公路"等科技园和科技带。这些区域吸引了众多新兴企业，一批批大学毕业生进入园区创业，近水楼台的地理条件又使大学的研究成果源源不断地在园区得到转化。

在我国，高等学校在科技创新与知识创新方面的作用有一个发展的过程。建国初期，我国的高等学校基本上不承担科学技术研究的任务，远离科技研究，其主要原因是因为当时科学技术在经济发展中长期处于从属地位，科学研究与经济发展严重脱节。改革开放以来，邓小平同志提出"科学技术是第一生产力"的论断，并发出了"向科技现代化进军"的口号，这使得科学技术与生产力的关系被充分认识，科学技术与经济发展的关系日益密切。1978 年召开的第二次全国科学大会把科学技术列为国家经济发展的战略重点。这一战略调整，使我国科技生产力的发展受到极大重视。但是，在科技与经济的结合上，仍停留在一种较低的水平和层次上，科技成果的推广应用率较低，科研与生产基本上还处于一种脱节状态。而这时的高校仍然停留在原有的体制框架内，把按计划培养各类专门人才作为主要任务和目标，缺乏面向国家战略进行科学研究和服务社会的动力，仍然徘徊在国民经济主战场之外。1995年全国第三次科技大会上提出了"科教兴国"战略，随即被中央确认为国家发展战略。随着国家科教领导小组的成立，科技和教育被摆到了优先发展的重要位置，我国高等教育的发展成为全党、全国关注的问题，高校在"科教兴国"战略中负有重要的使命，高校应该成为知识创新和科技创新的基地，成为全党、全国人民的共识。经过十几年的努力实践，在"科教兴国"战略的指引下，在国家"211工程"和"985工程"等重点项目的支持下，我国许多高校在知识创新和科技创新方面迈出了一大步，它们发挥了人才和知识高地的优势，积极开展科学研究，大力推进科技成果产业化，为国家经济建设和社会发展作出了重大贡献。

二、科技创新与知识创新是高校教师的职业使命

改革开放以来，经过近三十年的发展，我国高等学校在科技创新与知识创新方面逐渐成为了国家的主力军。在"九五"期间，我国高等学校承担国家自然科学基金项目70%以上、重点项目50%左右；承担国家"863计划"项目30%以上；承担国家重点基础研究发展规划项目1/3以上；组织或参与组织的科技攻关项目占全国的1/4左右。除此之外，我国高等学校还积极参与企业的技术进步和地方的经济建设，促进一大批科技成果转化为现实生产力，发挥了国家科技创新重要方面军的作用。特别是高水平大学作为国家核心竞争力的有机构成部分，被纳入国家创新体系中，在科技创新中承担着重要责任，发挥着重要作用。国家中长期科技规划，也把高校中长期科技发展规划纳入其总体部署之中，这在新中国成立50多年来是没有过的。这表明经济社会的发展对高校有着非常现实和迫切的需求，全面建设小康社会比以往任何时候都更加需要强有力的人力和智力支撑。这对于高校来说，无疑也是一次重大的机遇，为其开展科学研究，提高科研水平，面向国家目标和经济、社会发展的主战场搭建了一个宏大的表演舞台。

众所周知，高校所承担的科研任务及其在科研方面的重要作用，是通过每一个高校教师的自觉行为来完成的，没有每一个高校教师的拼搏与奋斗，就不会有我国高校科研使命的完成。我国高等院校作为科学研究和科技创新的园区和基地，是新技术、新思想、新理论的集散地和发源地。因此，科学研究成为我国高校教师一项重要的职业活动内容，要

求高校教师在科学研究和教学活动中积极探索、开拓创新，以只争朝夕的精神为祖国的科技进步作出贡献。我们知道，创新是科学技术和教育得以发展的根本动力，没有知识和科学技术的创新，就没有我国科学技术的进步和教育事业的发展。从目前的世界局势来看，西方发达国家在科学技术方面占据着绝对的优势，利用这些优势维持着他们在经济、政治和文化上的优势地位。他们一方面把从经济优势中所获得的利益大量投入到科学研究中，用科技优势推动其他优势，另一方面又用其他优势进一步维持科技优势。在这样的情况下，中华民族要崛起，只有依靠广大科研人员艰苦奋斗、潜心钻研、开拓进取、勇于拼搏，走自主研发改革创新之路，才能为我们祖国的发展争得机会，才能在世界范围的科技发展和竞争中占有一席之地，进而赶超世界先进水平。

高校教师是我国科技创新和知识创新的主力军。在我国受过高等教育的高级人才中，高校教师占大多数，他们每天都在发表大量的学术论文，出版大量的学术著作，并举办着各种各样的学术会议。正因为如此，高校教师的学术活动已经成为我国目前学术活动的重要领域。据 2006 年的一项统计数据表明，我国高等学校的教师在全国科学研究获奖项目中所占比例达到 51% 以上。同时，我国的高等学校还担负着培养国家科学研究与建设人才的任务，这使得高校教师的科研道德在培养我国科技人才的研究能力、科学精神以及科研道德等方面都起到了极其重要的作用。因此，发挥我国高校教师在科技创新和知识创新中的主力军作用，是我国科技进步与社会发展的要求，是我们每一个高校教师神圣的职责所在。

三、科研活动中教师职业道德规范的地位与作用

科学研究活动是一项极其复杂和极其艰苦的脑力劳动过程，它有严肃的科学规律，有严格的行为规范，有复杂的、多样化的内部和外部关系。要使科学技术工作者卓有成效地进行科学研究活动，就必须对其学术研究活动有所规范、有所制约，这就产生了一个科研道德的问题。科研道德作为一种价值导向、思想指南和行为规约，在科学研究活动中具有举足轻重的作用。科研道德的作用具体表现为，人们的科学研究活动是否具有正确的价值导向，是否具有严格的道德规范和行为准则，科研工作者是否具有社会责任感，是否具有探索规律、追求真理的科学精神，都会直接影响到科学研究活动的性质、目的、方法、手段和成果状态，影响到科学研究的成功与否，影响到科学技术的发展和社会的进步。加

强对高校教师科研道德的研究，对高校教师的职业道德建设，对推动科技发展和社会进步都具有重要的意义。

（一）高校教师科研道德在职业道德中的地位与作用

什么是科研道德呢？科研道德与其他道德一样，也是一种行为规范，它是人们在学术活动中为了保障其学术活动的有效、有序与健康发展为目的的行为规范。科研道德在高校教师职业道德中占有十分重要的地位，具有十分重要的作用，它表现在三个方面：

1. 提高教学科研质量，推动专业和学科发展

高校教师科研道德在其职业道德中的作用，首先表现在它可以帮助教师提高教学科研质量，推动专业和学科发展。对于高校教师而言，教学与科研是其本职工作中的两个基本方面。高校教学是传播文明、培育人才的具体实践活动，是高校教师最大量、最繁重的工作，也是高校教师最基本的职业职责。高校教师职业道德要求每一个教师都应该讲好课，教好书，要不断提高教学水平和教学质量。而要提高教学质量，根本的出路在于教师要有较强的科研能力，要有对本专业理论和实践的科学研究精神，要不断积累科研成果，要能在更深、更广、更前沿的层面上把握教材、讲授知识。而教学能力的提高，科研成果的积累，专业前沿的把握，无一不与教师的科研道德密切相关。良好的科研道德是提高教学质量的前提和基础，它可以促进教师丰富教学内容，深化专业知识和理论，把更多、更前沿性的知识信息传递给学生，从而使学生更好地理解和掌握知识，打下较扎实的专业理论基础，并激发了他们关注专业发展动态，探索专业前沿问题的学习热情。从我国高校的教学工作实际情况看，教学效果好，教学质量高的教师，基本上都是科研能力强，科研成果多，科研道德好的教师，近几年学生和各级教育行政部门评选出来的"优秀教师"、"最受欢迎的教师"、"名师"特别印证了这一规律；而科研能力低、科研道德差的教师，教学效果普遍较差，不受学生欢迎。

我国的高等教育事业不仅承担着为国家培养高素质的社会主义现代化建设人才的重要作用，而且还是我国重要的科学研究基地，因此，承担科学研究工作，促进学科建设和发展，也是高校教师不可推卸的一项主要职责。故而，科研道德在高校教师科研活动中的作用就更为重要。高校教师有没有科研道德，对于高校教师能不能立志攀登科学技术高峰、能不能承受在科学研究中所必然会遇到的艰难困苦，能不能为国家和人民作出贡献有着十分重要的意义。我们知道，科学研究是个不断超越前

人的过程，要想在科学研究上有所发现，有所创造，就必须具有超越前人，开创新路的决心和勇气。这样的决心和勇气来自于良好的科研道德，只有具有为祖国和人类的利益不惜牺牲个人利益的坚定信念，只有具有不畏艰辛刻苦钻研勇攀高峰的精神，才能在科学研究中承受常人所不能承受的痛苦，从而取得常人所不能取得的成就。纵观古今中外，凡是在科学研究中有所成就的人，概莫能外。李时珍为了探索药物的作用而尝遍百草，为此经常中毒也不退缩；诺贝尔为发明炸药而经常把自己炸得焦头烂额，但却从不言停。在这里，支撑他们的就是造福人类的坚定决心和良好愿望，就是追求真理的高尚科研道德。对广大高校教师来说，科研道德能够促进其提高科研水平和科研质量，更好地完成自己的本职工作，为社会主义物质文明和精神文明建设作出更大的贡献。

2. 促进教师道德人格的发展

具有良好的科研道德，不仅对教师本人的教学科研有帮助，还有助于高校教师道德人格的发展。人格，是一个心理学概念，是指人的性格、气质、能力等心理特征的总和。科研道德对于科研工作者来说在培养健全人格上具有特殊重要的作用，它可以促进高校教师科学品质和精神的形成，可以培养教师的社会责任感，有助于高校教师道德人格的发展和完善。

科研道德对于高校教师健康人格的塑造作用表现在以下几个方面：

第一，良好的科研道德有助于培养高校教师的理性态度和科学精神，而这种态度和精神是高校教师在科研道路上勇于拼搏、敢于创新的前提，更是高校教师做好本职工作的基础。马克思指出："一项科学研究，往往需要几代人，十几代人的共同努力，一个科学问题，也可能要耗费人的一生精力，科学的入口就如地狱的入口，它需要追求科学的意志和坚强，献身事业的热忱和执着。"[①]科学精神是由科学本身所要求的对真理的无私追求并为之奋斗的精神以及为人类服务和造福的崇高精神所形成的，它是人类一代又一代科学家和科学工作者在探索宇宙自然奥秘、追求世界之真的过程中形成的，是科学知识和科学方法被科学工作者用于科学实践时不断升华出来的一种具有普遍社会意义、人类意义的精神财富。在这个升华的历史过程中，人们要经历无数艰难险阻的磨难，接受血与火的洗礼。在科学研究的过程中，人们不仅要克服客观规律所设下的种种

---

① 《马克思恩格斯全集》46卷[下]，第113页。

障碍，而且要克服由于主客观原因所带来的种种困难。因此，如果没有科学精神和科研道德，人们就不可能发现真理，推动人类认识的发展。著名科学史专家乔治·萨顿认为，科学精神比科学给人带来的物质利益更加宝贵，它是"科学的生命"，是科学活动的灵魂。正是有了这种精神，科学才成为一项神圣而迷人的事业，促使科学工作者全身心地投入，用他们的智慧和生命去扩大和丰富人类的精神财富。因此，良好的科研道德能促进高校教师信仰科学追求真理，并在此基础上形成理性态度和科学精神。

第二，良好的科研道德能促进高校教师社会责任感的形成，这种社会责任感是做好科研工作并保证科研成果能真正造福于人类的必要条件。我们知道，科学的本质是使人从自然界的奴役状态中解放出来，使人从愚昧走向文明，从必然王国走向自由王国。科学在创造物质文明的同时也在创造精神文明。正因为如此，科学是一种与人类的前途命运息息相关的社会活动。科学的这一神圣使命必须通过一代又一代科学家和科学工作者强烈的社会责任感才能得以实现。科学对人们社会责任感的要求还来源于科学的运用及其后果。科学内容本身虽然没有阶级性，但科学成果被不同的集团或不同的人所利用，却有可能产生不同的社会后果，既能够遵循科学的本性将其用于高尚的目的而带来社会的进步和人类的幸福，也能够背离科学的社会意义和人类意义将其用于卑鄙的目的而造成社会的退步和人类的灾难。为此，世界著名科学家、世界和平活动家贝尔纳在《科学的社会功能》一书中庄严地向科学家，也向全人类提出了科学的社会功能和责任的问题："科学意识到自己的目标，就能在长远中变成改造社会的主要力量，由于它所蕴藏的巨大力量，它能够最终地支配其他力量。但是，科学如果不明白自己的社会意义，就会沦为要它背离社会进步的方向的力量手中的工具而无法自拔……"①因此，科研道德对科研活动和高校教师的社会责任意识做出了规定和要求。高校教师只有树立了正确的科研道德，才能培养出强烈的社会责任感，并使自己的科研活动始终运行在社会利益的轨道上。

第三，良好的科研道德能促进高校教师形成健康的人格，这种健康人格是高校教师做好工作、正确对待和处理生活与工作中所碰到的各种复杂问题的心理基础。我们知道，高校教师担负着教书育人的神圣职责，

---

① 贝尔纳：《科学的社会功能》，商务印书馆，1982年版，第544页。

它要求高校教师不仅给予学生最先进的知识，更要求高校教师培养大学生健康的人格，而要做到这一点，高校教师自己必须得有健康的心智和健全的人格，这种健康的心智和健全的人格是在科研活动中形成的。我们知道，人是在所追求的对象上意识到自己的，科学对象的浩渺深远，科学理论的博大精深，科学目标的宏伟美妙，科学成就的威力无比，科学精神的高尚超越，无时无刻不在激荡着追求者的心灵，拓宽着追求者的视野，扩展着追求者的情怀。一个具有良好科研道德修养的人，能够把关注的目光投入到一个远大的事业中去，就会有开阔的视野和广阔的胸怀。有这种心态的人，就会生活充实、目标明确、信念坚定、自信豁达、乐观上进，就会有健康的人格和健全的心理。科学有自己独立的价值取向和追求目标，有自己独立的知识体系和方法手段，科学知识的真理性和科学成果的真正价值要由实践来检验。在科学面前，没有绝对的权威，没有永恒的真理，科学这种强烈的独立性和客观性，所需要和培育的是追求真理、信仰科学、不迷信权威、不唯书、不唯上，具有健全自我意识的自信、自尊、自强的独立人格。这些人格特征，是建立在科研道德基础上的，没有良好的科研道德，是不可能培养出健康的人格的。此外，科研道德还有助于培养教师艰苦奋斗、锲而不舍、求真务实、脚踏实地、诚实守信、精益求精、团结协作、尊重他人的品德和人格。正是由于科研道德在教师人格发展中的积极作用，因此，树立良好的科研道德不但成为高校教师职业道德的重要内容，而且成为高校教师自我发展和完善的一个重要途径。

3. 培养学生的理性态度与科学精神

21世纪培养的人才应该是具有探索精神和创新精神的创新型人才，是能够胸怀祖国，放眼世界，参与国际竞争的人才。没有大批这样的人才，中国的崛起就是一纸空谈。在这方面，高校教师有着不可推卸的责任。毫无疑问，高校教师良好的科研道德有助于新型人才的培养和成长。具有良好科研道德修养的教师，他们那种信仰科学、追求真理、不畏艰辛、探索规律、勇于开拓、敢于超越的精神品质，就是培养大学生探索精神和创新精神的最佳教材；他们那种自信、自尊、自强的独立人格，他们那种求真务实、诚实守信、团结协作、尊重他人的品德和人格，就是促使大学生健全人格形成的最有说服力的典范和榜样。高校教师只有加强科研道德修养，不断提高自己的科研道德品质，才能为学生做出榜样，培养出符合时代需要的，具有科学精神、健全人格、能够参与国际竞争的创新型人才。

高校教师良好的科研道德有助于培养大学生的批判精神。我们知道，科学研究的本质是批判的、革命的，从一定意义上可以说，科学研究是对司空见惯的各种现象采取一种批判的态度，是对大家都以为不成为问题的问题投以怀疑和探索的眼光，它是越过狭隘的普通常识从一个更广大、更深邃的角度去考察问题、处理事物的探索活动。科学之所以具有伟力，正是因为它具有这种理性批判的风骨。理性批判精神具有激活人们思维、拓展人们精神视野的功能。如果我们的教师能在自己的教学和科研中展现批判的态度，并能够从中不断获得新的灵感和新启迪，就会自然地带动大学生去进行批判性的思考，从而树立起批判的理性。

高校教师的良好科研道德还有利于帮助大学生掌握现代的科学方法。现代教育与传统教育最大的区别在于思维方式的不同。在传统教育中，教育者总是要求学生被动地接受过去人的感性的经验与智慧，很少让学生自己去探索出新的知识与新的方法。现代社会的科学教育为了实现创新性人才的培养目标，除了向学生传授专业知识外，更注重培养学生的科学精神和科学方法。科学方法是人们在认识世界的实践中总结出来的正确的思维方法，是人们认识世界的思想工具。一般说来，科学方法体系中有三个层次：哲学层次的方法、科学的一般研究方法、各门学科特殊的研究方法，但是不论哪个层次的科学方法如果在本质上不具有哲学思维的属性，那它就不配称为科学方法。科学方法在本质上所具有的哲学思维的属性，正是科学方法的活的灵魂。在培养大学生的科学方法中，高校教师自己对这些科学方法的掌握和运用在很大程度上影响着大学生，高校教师只有在自己的教学和科研活动中自觉地运用科学方法并且不断地取得新的成果，才能真正对大学生产生思想启迪，为大学生科学方法论的掌握奠定基础。

(二)高校教师科研道德的社会地位和作用

高校教师科研道德不但在高校教师职业道德发展中具有重要作用，而且在促进科技发展、繁荣学术活动、推动社会文明中具有重要的社会地位和作用。高校教师应该深刻理解科研道德广泛的社会作用，将自己的科研道德与国家的发展、民族的振兴联系起来，进一步提高树立科研道德的自觉性。

1.科研道德在推动社会进步、为国争光、促进科技发展上有着重要作用科研道德作为科研活动的行为规范，它规定着科研人员的行动标准，有力地保障着科研活动的正确方向，使得一个国家能在此基础上形成良好的科研氛围，推动科学技术的健康发展。更重要的是，良好的科研道德是激励科学家敢于创新、勇攀高峰的强大精神动力，因为只有把国家和民族的利益作为自己最高使命的科学家，才能产生伟大的社会责任感，才能承担常人所不能承受的困难与痛苦，去完成艰巨的科研任务。在人类历史上，由于有着科研道德的激励，科学家们在追求真理和坚持真理上做出了无数可歌可泣的光辉事迹。例如，欧氏几何的奠基者、古希腊伟大的科学家欧几里得，面对罗马军队士兵架在他脖子上的刀毫无畏惧，所想的仍然是他的科学研究；意大利伟大的天文学家布鲁诺面对邪恶的宗教裁判所的死亡威胁，至死也不放弃科学真理。科研道德不仅能够激励科学家个人的创造活动，推动科学技术的发展，更能够激励一个国家和一个民族的创造热情，创造国家与民族的辉煌，推动社会和历史的进步。高等学校是高素质、高科技人才聚集的地方，是现代科技创新的基地，高校教师担负着培养创新型人才，提高全民族素质，参与国际竞争的重要社会职责。高校教师良好的科研道德能够使教师不畏艰难，刻苦钻研，锲而不舍，百折不挠地探索真理，发现规律，从而促进我国科技文化事业的发展，推动两个文明建设的发展；高校教师良好的科研道德能够使教师尽心竭力地投身于科学教育，培养大批创新型人才，激励全民族、全社会的创造热情，为参与国际竞争，为祖国的繁荣昌盛和民族的兴旺发达作出积极贡献。

2. 良好的科研道德能保障学术繁荣

任何一个国家，其学术繁荣的前提是有良好的科研道德的保障，离开了这种保障，科学研究的活动就会失范，就没有公正的评判标准，就会在科研活动中衍生各种不良的邪恶习气，就会降低一个国家科学研究的能力。高校教师的科研活动是我国科学研究事业的重要组成部分，高校教师的科学研究在我国的科技发展和学术繁荣中占有举足轻重的地位。科技发展和学术繁荣需要一定的环境和条件。这些环境和条件从外部来看主要是：全社会对繁荣学术、发展科技的高度重视，为学术繁荣、科技发展创造民主、宽松、健康、有序的环境和条件；从内部来看，主要是科研工作者要能自觉遵守学术规则和规范，要能认真履行科研道德，诸如实事求是、诚实守信、团结协作、尊重同行、百家争鸣、求同存异、正确看待自己、正确评价他人等。为此，提高高校教师的科研道德水平，创造高校教师民主、宽松、健康、有序的科研环境和条件，不但是高校科学研究健康发展的前提和条件，同时也是我国科技发展和学术繁荣的基础和保障。由此看来，高校教师的科研道德对学科发展和学术繁荣具有极为重要的作用，它是抵制各种不良思想和行为的道德武器，是学术繁荣科技进步的道德保障。因此，我们在进行高校教师科研道德教育时，应该从保障我国学术繁荣的角度加强教育。

3. 良好的科研道德能促进社会文明的发展

人类社会文明的进步，需要不断输入新思想、新理论和新科技。这些新思想、新理论和新科技的产生，是智慧创造的产物，更是科研工作者伟大品格的结晶。正因为这样，广大高校教师树立良好科研道德的作用，还体现在对社会文明的积极促进上。高校教师科研道德对社会物质文明发展所起的促进作用是显而易见的。高校教师本身就承担着科学发明、科技创新的职业职责，承担着产、学、研相结合，将科学发明、科技成果转化为生产力的社会职责。良好的科研道德是教师能够攀登科学高峰，有所发明、有所创造的前提和条件，是教师能够更好地实现产、学、研相结合，更快地将科技成果转化为生产力的基础和保证，从而对社会主义物质文明建设起到积极推动作用。高校教师科研道德对社会精神文明发展的积极作用更是不言而喻的。科研道德本身就是精神文明的内容和表现，良好的科研道德是精神文明的表征，直接推动精神文明建设的发展。此外，高校教师还通过自己培养的大批优秀人才，来不断完成社会主义物质文明、精神文明、政治文明建设的各种任务，从而在更宽、更广、更深远的层面上推动我国社会文明的发展。

第二节　科研活动中的职业道德规范

新中国成立以后，特别是改革开放以来，高校教师在为我国的科学研究事业作出巨大贡献的同时，也确立了较完整的高校教师科研道德体系。应该说，绝大多数教师在各自的学术活动中是能够遵守科研道德规范的。但是，毋庸讳言，在我国高校教师中也确实有个别人道德素质低，不能认真履行科研道德规范，特别是随着市场经济体制的确立，随着高校人事、管理、分配制度的改革以及竞争机制的建立，少数教师在个人利益的驱动下，在名誉地位的诱惑下，出现了种种违背科研道德的不良行为，比如有的人剽窃他人的科研成果，在一些试验数据上弄虚作假，利用自己掌握的权利和资源侵占别人的科研成果；还有的人在学术上文人相轻、门户之见、排斥异己、拉帮结派，不尊重他人的科研成果，不尊重他人应有的学术地位，甚至争权夺利，贬低他人，抬高自己；还有一些研究生导师把研究生当做任意使用的劳动力，剥削学生的劳动，侵占学生的劳动成果，而自己则享受着科研经费给他所带来的好处。这些不道德的行为破坏了正常的科研秩序，玷污了学术活动的神圣性，影响了学术繁荣和科技进步，造成了不良的社会影响。因此，加强科研道德建设，认真履行科研道德规范，就成为我国高等学校学术繁荣和科技进步的重要保证，就成为高校教师职业道德教育和修养的重要内容。

一、刻苦钻研 报效祖国

高校教师科研道德中的首要规范是为了祖国的利益而刻苦钻研、勇攀高峰。我国要赶超世界发达国家，彻底摆脱落后挨打的被动局面，就必须有一代又一代的科学家能够为了祖国科研繁荣而忘我劳动、刻苦钻研。对于高校教师而言，爱国主义是其科研道德规范的基础。众所周知，科学研究是一项充满艰难困苦的高级复杂的脑力劳动，它不但需要扎实的学术功底，个人的聪明才智，更需要克服困难的勇气，百折不挠的毅力，需要崇高理想的精神激励，需要内心信念的有力支撑。这种勇气毅力的源头，这种崇高理想激励和内心信念的支撑，就是热爱祖国、报效祖国的拳拳之心。从科学研究的最终目的看，高校教师从事科研工作不是为科研而科研，而是为了推动我国科技文化事业的发展，使我们的祖国能够跻身于世界先进水平，成为经济发达、政治民主、精神充裕的社会主义强国。热爱祖国、报效祖国应该是高校教师积极投身于科研工作的最终价值目标追求。高校教师要充分理解科学研究的最高价值所在，充分认识"落后就要挨打"、"国兴我荣，国衰我耻"的道理，以科技文化发展和国家民族的昌盛为己任，树立起爱国主义的道德价值观。只有树立了爱国主义的崇高理想和远大目标，才能激发人的聪明才智和勇气毅力，才能产生排除万难、勇攀高峰的持久的精神动力；只有树立了爱国主义的崇高理想和远大目标，才能把国家利益和人民利益的追求和实现作为最终目的而不计个人得失，全身心投入于科研，才能在自己的研究领域有所发明、有所建树。我国的学者历来都有爱国的传统，在20世纪50年代，大批海外科学家通过各种曲折途径，返回祖国，为新中国的科学发展作出了卓越的贡献。1955年在美国从事核研究的钱学森和其他37

名科学家带了八百公斤资料离美返华，使我国在 1964 年就爆炸了第一颗原子弹。以后又有 100 名火箭专家、物理学家回国参加建设。从美国回来的哈佛大学博士、研究员欧阳本伟说得好："不管祖国怎样贫穷、落后，她总是我的祖国。就像我的母亲，不管她怎样穷，总是我的母亲。"他们在各自的科学领域中都为新中国作出了巨大的贡献，同时祖国和人民也永远将他们的业绩刻在了历史的丰碑上。高校教师要向老一辈科学家学习，以爱国主义作为自己科研道德的最高宗旨，为祖国的繁荣昌盛，为民族的兴旺发达奋斗终生。

二、求真唯实　勇于探索

　　求真唯实、勇于探索是高校教师在科学研究中应该遵守的另一基本职业道德规范。由于客观事物的复杂性，使得科学家在科研活动中任何一次小的失误都会给科学研究带来灾难性的打击，甚至某些本来是成功的科研成果，由于缺乏对其长远作用的考虑，也会对社会发展带来影响。例如，科学家开尔文认为 X 光的发明是对公众的欺骗，从而使得这一发明延迟了在社会的应用；当贝尔发明了电话后，英国邮政管理局的总工程师普利斯断言其不能在英国流行，理由是英国有足够的邮差，因而影响了电话的立即使用。正是因为科学研究的复杂性，使得科学研究成为一件非常艰巨而又复杂的事情，来不得半点虚假，如果人们不尊重客观规律，一味地按照自己的意愿行事，就会在自然规律面前碰得头破血流。因此，任何科学研究的前提都是实事求是，在错综复杂的事物中去发现事物的本质和规律，这就要求科研工作者具有求真唯实、勇于探索、追求真理的精神与品德。

　　这种精神与品德是作为科研工作者的高校教师必备的。高校教师科研道德要求高校教师要信仰科学，追求真理，敢于创新，要有为追求真理而献身的精神。德国启蒙运动思想家、诗人莱辛曾有一句名言："对真理的追求比对真理的占有更为可贵"。科学家是真正实践这一名言的优秀群体，无数科学家不惜为追求真理而献身。科学家的献身精神，是一种自觉面对困难和艰险无所畏惧的道德品质。这种献身精神不但表现在科学家已经预见到可能取得的成果，因而不顾风险，孜孜以求，而且表现在他们因为认识到自己探索的意义，不怕失败和挫折的精神，甚至当他们清楚地知道，尽管毕生为之奋斗，也可能得不到应有的结果时，仍然坚持探索，为后人开路，甘做一颗铺路石的牺牲奉献精神。为了追求真理而献身是科学家最高的道德完成。在人类历史上，科学家为了探索真理而献身的人不计其数。例如，滑翔机的发明者里利塔尔在实验滑翔机时顺着狂风滑翔，结果机毁人亡。富兰克林为了证明闪电的性质，冒着生命危险进行"风筝试验"。俄国的里曼为了把闪电引入室内而被雷电击毙。英国探险家斯科特考察南极洲的地理环境，在临死前的最后一页日记中写道："我们都已衰弱无力，每写一个字都得付出巨大的精力。但对于我来说，毫不后悔这次旅程。"他们辉煌的科学业绩，是与他们求真唯实、勇于探索、直至牺牲的高尚道德品质分不开的。这种求真唯实、勇于探索乃至牺牲生命的精神是令人景仰的，也是高校教师在科研过程中应该认真学习和效仿的。

高校教师科研道德中的求真唯实、勇于探索的规范要求高校教师从一点一滴做起，由小到大，由易到难，循序渐进，在科学研究的实践过程中提高自己的科研能力，磨砺自己的科研道德，使自己能够克服困难，攻克科技难关，攀登科技高峰，为祖国的科技文化教育事业的发展作出积极的贡献。

三、淡泊名利　反对腐败

科学研究主要是探索未知领域的工作，它不是社会生产的第一线，它常常远离社会财富。因此，对于科学研究者而言，要想在自己的科研领域做出成就，就必须具有淡泊名利、不慕虚荣的崇高道德境界。如果一个科学家把科学研究当做自己发家致富的手段，他就不能克服在科学研究活动中所遇见的各种艰难险阻，就可能在科学研究活动中投机取巧、弄虚作假，败坏科研道德。在实际社会生活中，真正的科学家都热爱自己的事业，愿意在专业领域中显示自己的才干，愿意为了人类的共同利益而牺牲个人的利益，很少有热心于功名权力的人。许多科学家一生清廉，无财无富，但品德高尚，人格伟岸，给社会、给后人留下了无尽的精神财富。

现实生活中，由于科学研究对社会发展产生的巨大推动作用，科学家理所当然地受到社会的推崇，同时又因为发明与专利权联系在一起，所以科学活动本身可以给科学家本人带来一定的物质利益。因此，如果没有很好的道德修养，没有淡泊名利、不慕虚荣的科研品德，在学术活动中就很容易滋生名利思想和争名夺利的行为。争名夺利和虚荣心可以使一个朝气蓬勃的科研集体完全崩溃，会使人走上投机、谎言和欺世盗名的邪路。在市场经济的大环境下，高校教师从事科学研究更需要淡泊名利、不慕虚荣、反对学术腐败的道德和精神。只有具备了这种科研道德，才能沉下心来，不为名利所动，一心一意搞科研；只有具备了这种科研道德，才能正确处理个人与他人、个人与集体、个人与社会的关系，形成良好的科研环境和氛围，保证科研工作的顺利开展。当然，我们并不否认科研活动需要一定的物质条件，也需要一定的物质和精神鼓励。近些年来，随着国家经济发展，国力不断增强，国家和高校为教师科研工作提供了越来越好的设施和经费条件，各种科研奖励也已确立并不断兑现。高校教师要珍惜这些条件，要正确对待各种奖励，把着眼点放在做好科研项目上，不能为名利和虚荣而争取科研项目，项目争取到了又为了名利和虚荣而敷衍了事不重视质量，以致出现造假、作弊等学术腐败现象，浪费国家和学校科研经费，败坏学术研究风气。为此，高校教师在科研活动中要时刻把集体的利益放在第一为，把科学研究当做自己的事业追求和人生快乐，淡泊名利、反对学术腐败，在科研活动中使自己人格得到锤炼，道德得到升华。

四、加强交流　客观评价

学术交流是文化多样性的体现。文化的多样性带来了多种文化思想的交流、碰撞和冲突，这是推动人类科技文化发展的重要力量，是人类社会得以进步和发展的动力所在。西方史学家雅各布·布克哈特在《意大利文艺复兴时期的文化》一书中认为：文化的多样性，是推动人类进步不可缺少的作料。正因为古希腊是一个有着复杂民族成分的混合种族，才有古希腊的高度文明。我国春秋战国时期的文化繁荣，也离不开诸子百家的文化纷争。文化的多样性之所以成为推动人类进步的一种动力，原因就在于不同文化打开了人们的视野，丰富了人们的思想，从而激发了人类思想的巨大创造力。学术交流就是多种文化、多种思想、多种流派的交流和碰撞，就是文化多样性的具体体现。学术交流有助于扩大人们的视野，增进人们的理性态度，培养人们理性选择的能力，摆脱狭隘封闭的意识状态。高校教师要积极参与学术交流，虚心向他人学习，克服文人相轻，门户之见，更不可贬低他人，抬高自己，做有损自己和他人人格的事。

在学术交流中，一个重要的原则就是要坚持学术标准，做到理性选择，客观评价他人成就，这是重要的学术职业道德要求。我们知道，我国的高校教师中有许多是学术界有名的专家和学者，他们手中往往掌握着许多学术资源，并且常常成为各种学术标准的制订者、鉴定者和评审者，因此，他们的科研道德修养如何，绝不仅仅是个人修养的问题，而是关系到国家学术水平高低、科学技术发展前途的大事。如果这些专家学者能够在学术活动中心系国家科学文化事业的发展，坚持学术标准，反对学术腐败，那么在各种论文答辩、科技成果鉴定、学位点评审、课题立项、科研评奖等活动中，就会保持公平公正、清正廉洁的作风，就会得出正确的评价和判断，堵住大批不合格的、甚至是假冒的科学技术成果，并为真正的科技成果、学科建设与优秀人才开辟道路。在这一点上，应该说我国绝大多数高校教师是能够坚持学术标准，抵制学术腐败的，但我们不能回避的是，确实也有少数人没有科研道德，不讲学术良心，甚至走向了学术腐败的道路。他们利用自己手中所掌握的资源和权利，在招生的时候搞权钱交易；在文章和著作的发表上，把学术成果的发表变成了商品买卖；在论文答辩、科技成果鉴定、学位点评审、课题立项、科研评奖等审查过程中，递条子、走关系、搞"公关"。这些学术腐败现象严重败坏我国的学术风气，影响和阻碍我国科学技术的发展，是高校教师科研道德规范坚决反对的。

五、立足社会　促进转化

在科学技术突飞猛进、新技术不断涌现的今天，人类开始向信息时代迈进。信息技术的发展为企业界带来了无限商机，也为产业界与大学的合作创造了条件。为了适应这一国际趋势，我国高校教师在进行科学研究的同时，必须注意把自己的科学研究与我国社会的生产实践联系起来，自觉地把自己的科学研究建立在为生产实践服务、为产业服务、为解决我国社会生活和发展的重大问题服务。高校教师不能坐在家里等科研课题送上门，更不能在家里杜撰课题，而是应该到工厂、企业、社会中去调查，把科学研究与我国的生产实践、社会实践结合起来，这就能使自己的科学研究有一个坚实的发展基础，同时也为我国社会发展和企业的发展提供了有力的科研支持。例如，上海交通大学推出了"雄鹰计划"，把一批研究生放到宝钢等一批国有大中型企业，由企业出钱、出师资来同学校一起培养人才，通过教育创新引导社会资源的整合和优化配置，以任务带学科，以合作育英才，结果不仅为企业培养出了有用的科研人才，而且为企业带来许多很好的科技成果。

我国高校教师应打破传统的科学研究模式，探索现代科学研究新途径。为此，一个成功的经验就是要积极构建科技创新平台，克服过去我国高校在科学研究上长期存在的"小型、分散、自发、重复"的现象，着重在创新教学科研体制上进行突破，把人才、基地和项目捆绑起来，有组织地进行科研，并努力争取创建一批能代表国家水平的研究基地、国家实验室和国家重点实验室。我国高校教师作为科教兴国的重要方面军，要抓住机遇、组织力量、整合资源，凝练目标，争取实现高校、学科、专业以及教师自身超常规、跨越式发展。

高校在科技成果转化和技术转移过程中具有举足轻重的地位。高校服务社会，既要扬己之长，又要避己之短。以推进建设以企业为核心、产学研结合的技术创新体系为目标，加快技术转移和研究成果的转化，是高校有效服务国家战略的切入点和突破口。服务社会不仅是现代社会对高校教师提出的必然要求，也是我国高等教育发展以及高校教师实现自身发展的重要途径。高校教师唯有自觉地将科学研究与社会需要紧密联系，坚定不移地强化科研为社会和生产服务的社会功能，才能很好地为经济社会的发展服务，才能在服务社会中拓宽自身的生存和发展空间，实现自己的人生价值。

第三节　研究生导师的职业道德规范

在我国高校教师中，研究生导师是一个特殊的群体，他们既是我国社会科学研究的主力，又担负着培养国家高级人才的重任。因此，他们的道德价值取向与行为方式对我国科学研究的发展与人才的培养有着举足轻重的地位。新中国成立以来，我国高校形成了一支素质精良的研究生导师队伍，他们忠诚党的教育事业，辛勤培养后人，为国家的发展、民族的进步甚至是世界的和平与进步都作出了巨大的贡献。改革开放以来，随着高等教育的迅速发展，新的研究生导师队伍也在不断壮大。多数研究生导师继承了老一辈导师的优良道德传统，为学科建设的发展，为各类人才的培养作出了积极贡献。然而，勿庸讳言，近年来随着我国研究生的扩招、研究生导师科研任务的加重以及市场经济大潮的影响，研究生导师中也出现了种种违背高校教师职业道德规范的现象，其中有极个别的人，为了一己私利置国家与民族的利益于不顾，不仅不能承担自己应该承担的社会责任与教育任务，甚至干出与国家、民族利益相违背的事情。为此，对于我国研究生导师这一群体的道德要求就有了特殊的涵义。一般说，研究生导师首先也是高校教师，因而应该遵守高校教师的职业道德规范。同时，研究生导师除自己担负着科学研究的重任外，还特别担负着培养研究型人才的重任，因而对研究生导师又提出了特殊的职业道德要求。从我国研究生教育发展的历史来看，研究生导师的职业道德规范主要体现在以下几个方面。

一、明确社会职责　加强道德修养

我国高校的研究生导师承担着为社会主义现代化事业培养德才兼备的学术后备军的社会职责。尽管研究生的成长受到各种因素的影响，但研究生导师的师德状况对于研究生的成长始终是最直接和最重要的因素。因此，明确研究生导师的社会职责，规范管理研究生的行为，高标准、严要求地培养研究生，并在职业道德方面加强修养、率先垂范，是研究生导师职业道德的基本要求。这一规范首先要求研究生导师在培养研究生的过程中要有足够的时间保证，经常与研究生一起活动，不能让研究生在一个学期甚至一年都见不上导师一面；其次，在学术培养上保持严肃性，不能随意讲一些不成熟甚至不科学的东西；最后，研究生导师既要培养研究生的科研能力，更要培养研究生报效祖国的爱国主义品质与职业道德精神。

要培养出德才兼备的科研后备军，必须了解研究生的特点和思想业务状况。从总的情况来看，今天我国的研究生获得信息的能力较强，擅长社会活动与交往，也有一定的学习自主性，大多数研究生具有正确的世界观、人生观和价值观。不过，由于扩招、应试教育以及改革开放等原因，一些研究生应试能力强，但基础知识不扎实，自主科研的能力较弱或很弱，最重要的是，一些研究生在世界观、人生观、价值观上存在缺憾，缺乏艰苦奋斗、为国争光的思想和意志。因此，研究生导师除了要关心研究生的生活和学习，更要关心研究生的思想品德，要从业务水平、科研能力、政治思想、道德品质等各方面高标准、严要求，促使研究生德智体全面发展。

在培养研究生上，应该说绝大多数导师是兢兢业业的，他们以高尚的道德情操感染自己的学生，以扎实的学术功底教导学生，为社会主义现代化建设培养了一大批德才兼备的建设者和优秀的教学科研人才。但是，有的研究生导师的职业道德也存在一些问题：一是看重自己的成名成家，把主要精力放在自己的科研和发展上，对培养研究生工作不积极，不热情，态度消极，应付差事，不愿为研究生的培养付出太多心血。二是把研究生作为自己完成教学科研任务，获取名利地位的工具和手段。引导研究生参与一定的教学工作及科研课题，是研究生导师的职责，目的是在实践中锻炼研究生的科研和教学能力。但有的导师却把自己应该完成的教学科研任务交给研究生来做，任务完成后，自己名利双收，学生的劳动却被淹没。三是不注意研究生的全面发展。有的研究生导师十分注重研究生的专业能力特别是科研能力的培养，但忽视甚至完全不关心研究生的政治、思想和道德状况。这种做法影响了研究生的全面发展，致使一些研究生在政治方向上、思想作风上、道德品质上出现偏差，影响了其在专业和科研事业上的发展。四是把招收研究生作为搞社会关系的筹码。有的研究生导师不按招生纪律和规则办事，把资质平庸但却有"社会关系"的人招了进来，把有才华但没有"社会关系"的青年人拒之门外，这不仅阻碍了一些有志青年人的求学之路，严重浪费了国家宝贵的教育资源，有悖于教育公平，更为严重的是，有可能导致行贿受贿行为发生，带来教育腐败。针对上述情况，加强研究生导师的职业道德教育十分重要。研究生导师应该明确自己的社会职责，规范自己的职业行为，加强自己的道德修养，对研究生高标准、严要求，促进研究生德智体全面发展，真正承担起为国家培养创新性人才的重任。

二、拥有渊博知识　勇于探索创新

研究生导师职业道德的另一要求是拥有渊博知识和勇于探索创新的精神。研究生导师本身就是我国科技文化的精英，承担着科技创新、文化创新、勇攀科技高峰的社会职责，同时又肩负着培养具有国际竞争力的创新性人才的历史重任。因此，研究生导师的精神状态、创新能力如何，对于我国科技文化的发展，对高素质、创新型人才的培养，具有十分重要的影响和作用。当前，我国的科学技术整体上还比较落后，我们面临的是世界各国科学技术的迅猛发展，西方发达国家的高科技产品日新月异，一些发展中国家也在奋起直追，国际竞争异常激烈的局势。比如，美国纽约中心商业区曼哈顿平均每三天就会有一款新的高科技产品投入市场，而相应产品在我国北京的高科技商业中心则要半年甚至一年才能有新产品投入市场。同样是人口大国的印度非常重视科学技术的发展，现在已经成为软件开发与销售的大国。为此，如何在激烈的国际竞争中占有一席之地，如何在科学技术上有所突破、有所创新，就不仅是我国科技发展和社会发展的紧迫任务，也是每一个科学研究人员，包括高校研究生导师的奋斗目标与职业道德要求。研究生导师职业道德要求研究生导师必须拥有渊博知识，勇于探索创新。倘若没有渊博的知识和对学术前沿的把握，倘若没有勇攀科学高峰的远大志向和勇于探索、不断创新的意识和能力，就不可能进入到科学技术和思想文化发展的最前沿，就不可能掌握科技文化发展的最新动态，在科技创新、文化创新、推动我国科技文化发展中作出贡献，当然也很难培养出具有国际竞争力的创新型科技人才。目前，在我国高校的研究生导师队伍中，一些人知识陈旧老化，新知识储备不足，满足于以前的成就，胸无大志，不思进取，缺乏朝气，安于现状；有的研究生导师缺乏刻苦钻研、开拓进取的精神，工作上得过且过，科研上没有创新，常常"炒冷饭"，始终在低层次水平上重复，难以接触到学术前沿，更谈不上出高质量、高水平的科研精品。为了从根本上改变这种情况，研究生导师必须从国家民族利益的角度出发，树立起勇攀科学高峰的志向，提高自己的创新意识和科研能力，关注学术前沿动态，努力学习新知识、新科技、新理论，改善知识结构，扩大知识视野，使自己具有科技创新和培养研究生的资质和水平，为我国科技文化的发展作出贡献。

三、严格要求学生 培养优秀人才

研究生导师在培养研究生的过程中，必须既教书又育人，要严格要求学生，培养优秀人才。没有一批又一批富于创新精神、具有较强研究能力的研究生不断充实到我国科技文化和教育队伍中，就不会有我国科学技术与教育事业的不断发展，就不能完成振兴中华、赶超世界科技先进水平的神圣使命。为此，研究生导师应该做到以下几点：

首先，研究生导师必须把育人放在研究生培养最重要的地位。没有正确的人生目标，没有远大的人生志向，没有报效祖国的人生追求，就不可能为祖国的科技文化教育事业作出贡献。我国社会主义科技文化教育事业的蓬勃发展，就与一代又一代老一辈科学技术研究者和教育者的无私奉献分不开，正是他们献身祖国科学技术和教育事业的奉献精神，才使我国改变了一穷二白的落后面貌，在很多方面赶上并超过了西方发达国家的科技发展水平。研究生导师应该教育研究生树立远大的理想和人生目标，要有报效祖国的人生追求，教育他们把自己的人生价值与民族振兴的伟大历史使命联系到一起，促使他们在崇高人生目标的引导下，刻苦学习，开拓进取，成为祖国需要的优秀人才。

其次，研究生导师应该培养研究生的理性态度和科学精神。我们知道，任何科学技术成果的获得，都与人类对世界的客观考察分不开。而要做到客观地考察事物，首先就得对客观世界有个理性的态度，这是一切科学技术与发明的前提。学术活动由于要求人们从复杂的客观事物中寻找到事物的内在联系和本质特性，这就要求人们必须尊重客观事物自身的特点与规律，来不得半点虚伪和懒惰。在人类的进化史上，对于客观世界的理性态度和科学精神是经历了长期的发展、承受了无数的痛苦与牺牲才获得的。比如，人类对火的理性认识和科学态度就是如此。人类的理性和科学精神使人类能用客观的眼光来看待世界，用抽象的思维来把握世界，用科学的态度来支配自己的行为，使人类可以有所发明、有所创造、有所前进。因此，培养研究生的理性态度和科学精神，就成为我国研究生导师职业道德的一个重要任务。

再次，研究生导师还应该注意培养研究生科学研究的正确方法。研究生导师在培养研究生的过程中，除传授必要的知识外，最重要的还在于培养研究生掌握科学研究的方法，其中最重要的是科学的思维方式。在现代科学研究中，除了要学会用传统的归纳、演绎、类比、分析、综合等方法外，还应该掌握现代思维方式，即用理论思维、求异思维、多维思维、系统思维和创造性思维去取代传统的经验思维、求同思维、单一思维、局部思维和被动思维。在科学研究中，必须要重视理论思维，尽管经验在科学研究中也有重要的作用，但是只有理论思维才能最终将经验材料整理成为科学理论并且进行科技创新。为了要做到这一点，就必须要用求异思维来进行思考，首先要对现有的理论保持怀疑的态度，只有怀疑才能找出问题，才能抓住发展的机遇。一旦发现问题，要学会从多方面思考解决问题的途径和方法，而多方面的根本就是要用系统的观点来看待问题。当发现机遇时，还要敢于突破原有理论的限制，进行理论的创新。研究生导师要加强对研究生科学研究方法的培养与训练，应该突破传统的"填鸭式"教育模式，强调研究生动手实践的能力，教会他们基本的科研技能和方法，注重培养他们的理论思维、求异思维、多维思维、系统思维和创造性思维，使他们在求知的过程中学会科学的方法，提高自己的科学素质。

四、适应教育改革　转变教育观念

在培养研究生的工作中，研究生导师还应适应教育改革、转变教育观念，增强服务意识，树立现代教师发展观。中共中央国务院《关于深化教育改革全面推进素质教育的决定》明确指出，面对新的形势，由于主客观原因，我们的教育观念、教育体制、教育结构、人才培养模式、教育内容和方法相对滞后，影响了青少年的全面发展，不能适应提高国民素质的需要。这里涉及的教育的"不适应"，首先是教育思想观念的不适应。因此，更新教育观念，适应教育改革就成为研究生导师职业道德的又一规范，这一规范要求研究生导师确立服务社会、服务市场的意识，明确教师发展观。

以往的教育，突出知识本位。教师在社会传统和制度的安排下无形中拥有一种权威地位，这种地位使教师本身也更关注知识本身，关注知识的传授。但是当前高等教育改革使高等教育越来越融入市场经济的体系，无论是在专业设置、课程计划、教学安排还是评价机制、学生就业等方面，都越来越体现市场经济的价值要求。高校改革日益深化，学校管理方面的收费制、学分制、教学一票否决制等，使高校的运作模式日益趋向规范化。这种改革更加突出教育是一种以人为本的服务，研究生导师的工作就是通过自己的劳动为学生、为社会提供货真价实、名副其实的教育服务。所以，研究生导师要增强服务意识，一方面创造知识，生产知识；另一方面要注重使这些知识直接服务社会，服务市场，为经济社会的发展与社会进步作出贡献；同时，研究生导师在自己的教学中还应贯彻以人为本的原则，关注学生的需要，学习先进的教学方法，努力形成富有特色的教学风格。

从发展观看，研究生导师的发展观是指以发展作为教育的内核，积极创造一切有利的条件，设法促使人的整体的、内在的、持续的发展。树立发展观是促进研究生导师与学校共同营造培养创新型人才环境的前提。只有当研究生导师树立了新发展观，才会保护学生中涌现出来的可贵的创造精神和实践活动及其成果，才会在教学中加强创新教育，扫除妨碍创新型人才培养的各种阻力，为营造培养创新型人才的环境提供智力支持。

从教育目标上看，研究生导师的发展观应突出两个方面的内容：其一，教育的基本目标与功能是为未来培养人才。新世纪研究生导师应进一步体会邓小平倡导的教育"要面向未来"的思想，确立教育不仅是为现实社会培养人才，更重要的是为未来社会培养人才的观念；其二，可持续的发展。研究生导师的教育是使研究生不断发展，发展的主体是研究生，但研究生导师本人也必须在教育中不断发展，师生互动，共同发展。研究生导师应把理论创新和社会实践有机地结合起来，不断扩展和深化专业知识，不断提高和发展理论水平，使研究生导师边工作、边发展，从而获得学术上可持续发展的后劲。

五、合理安排工作　教学科研并重

对于高校研究生导师而言，除了要具有良好的科研道德素养外，还必须处理好科研与教学的关系。研究生导师不仅仅是一个科学研究者，同时还担负着教书育人的神圣社会使命。这一神圣社会使命是否能够得到履行，直接影响着一个国家国民的素质，直接关系着一个国家是否能够不断培养出有社会责任感、有服务社会的知识和技能的优秀人才，同时也直接影响国家和社会的可持续发展。因此，合理安排工作、教学科研并重就成为研究生导师职业道德的又一规范。目前，在我国高校的研究生导师中，存在着一种只重科研忽视教学的倾向，这一倾向对研究生的教学造成了一定程度的冲击，一些研究生导师任意压缩上课时间，有的经常随意停课或用教学时间让学生去读书，还有的研究生导师在课堂上讲一些尚不成熟的科研问题。当然，这一问题的造成与当前重科研轻教学，以科研成果为唯一评价标准的评价机制和利益机制有关，但是毋庸置疑，重科研轻教学现象的产生，也与一些研究生导师过分追求物质利益而轻视社会责任的道德状况有关。把科研作为追求个人物质利益手段的做法不仅损害了研究生导师的教学，也损害了研究生导师的科研。以物质利益为导向的科研只会产生急功近利的短期行为，结果是粗制滥造的论文充斥、剽窃抄袭的行为泛滥、学术资源被浪费。因此，要解决这一问题，必须正确认识并处理好教学与科研的关系，合理安排工作，教学科研并重。

首先，要看到教学与科研之间并不是必然矛盾的。无论是教学还是科研，都是为了更好地培养研究生，说到底都是为了国家的发展和民族的昌盛，二者之间的目标是一致的，利益也是共同的。既然目标和利益是一致的，就存在着二者之间共同发展的空间和可能。事实上对于研究生导师而言，教学和科研本身也是相辅相成互相促进的，教学为科研奠定基础，科研为教学提供保障。在我国高校研究生导师队伍中，既在科学研究的领域中作出重要贡献，又能搞好教学的大有人在。

其次，要合理安排工作，教学科研并重。教学与科研是研究生导师必须承担的两项任务，是任何一个研究生导师都不可推卸的职业职责。研究生导师要明确自己的职责，重视教学工作，认真备课，保证课时，改革教学内容，介绍学术前沿，捕捉学术动态，开阔研究生的视野，培养他们良好的学风；同时研究生导师要重视科研工作，要关注社会实践的需要，要凝练自己的科研方向，要争取高层次的科研课题，要不畏艰辛刻苦钻研，争取出高质量、高水平的科研精品，并注重对研究生科学思维、科学方法的培养和训练，提高他们的科研能力和水平。

总之，高校研究生导师必须清楚地认识到，我国研究生教育的育人目标，是培养具有扎实的专业理论基础，又有创新精神和能力的社会主义现代化建设的优秀人才。这一育人目标是通过研究生导师的教学工作和科研工作共同来完成的。因此，研究生导师要合理安排工作，教学科研并重，不能牺牲教学来保科研，而应在保证教学质量的基础上搞科研，使自己的教学科研齐发展共提高。

◆**思考题**

1. 为什么我国高校教师应具备科研道德的修养？
2. 我国高校教师科研道德修养有哪些主要规范？
3. 我国高校中研究生导师的职业道德要求有哪些？

阅读资料一：

中国植物活字典——吴征镒院士

吴征镒，今年92岁，中国科学院资深院士，中国科学院昆明植物研究所名誉所长，著名植物学家。"出生于九江、长于扬州、成人于北京、立业于昆明……"这是吴征镒先生对自己生平的简要介绍。"为学无他，争千秋勿争一日"，这是他送给学生的一句教诲，也是他一生淡泊名利、严谨治学的真实写照。

吴征镒院士从事植物学教学与研究70年，是我国植物分类学、植物系统学、植物区系地理学、植物多样性保护以及植物资源研究的权威学者。吴征镒组织、领导、编纂《中国植物志》是表征我国高等植物特征与

149

分布最完整的著作，为中国 960 万平方公里土地上的一草一木、一花一叶建立了户口本。他完成了全套著作三分之二以上的编研任务，在这部历时 45 年完成的植物学巨著中发挥了最为关键的作用，作出了特殊的贡献。

吴征镒院士天生平足，野外考察时常常足部疼痛，站立不稳，跌跤摔倒，故同志们戏称"摔跤冠军"。吴征镒院士却以他的一双平足，走遍了祖国的山山水水，参加并领导了中国植物资源的考察，开展了中国植物系统分类研究。在 70 多年的植物分类研究中，由他定名和参与定名的植物分类群有 1766 个，涵盖 94 科 334 属，是中国植物学家发现和命名植物最多的一位，改变了中国植物主要由外国学者命名的历史。他系统全面地回答了中国现有植物的种类和分布问题，摸清了中国植物资源的基本家底，提出了"被子植物八纲系统"的新理论、新观点。

吴征镒院士参加并领导了中国植物资源的有效保护与合理利用的理论研究与实践活动。建国之初，他负责橡胶宜林地的考察，经过刻苦钻研和艰苦奋斗，与其他科学家共同解决了我国橡胶种植的一些关键技术难题，使国家急需的战略物资紧缺得到缓解。他积极推动了我国植物资源的寻找、开发利用以及引种驯化等工作。他提出的建立"自然保护区"和"野生种质资源库"的建议得到党和政府的高度重视并得以施行，为我国生物多样性的保护和资源可持续利用做出了前瞻性的部署。

吴征镒院士编著了《中国植物志》(包括英文版)、《云南植物志》、《中国植被》等优秀专著 20 余部，发表论文 140 余篇，其中 SCI 收录 75 篇(部)；先后获得国家科技奖 6 项、国家奖 1 项及全国科学大会先进工作者等荣誉称号。2007 年又与闵恩泽院士同获国家最高科技奖。

目前，吴征镒院士仍然工作在科研第一线，2007 年 1 月还出任《中华大典——生物典》主编，近年来仍在发表重要学术论著。吴征镒院士知识渊博，是国际知名的植物学家，为现代植物学在中国的发展以及植物资源的保护和利用做出了基础性、开拓性、前瞻性的重要贡献。吴征镒院士是中国知识分子的杰出代表，是广大科研工作者学习的光辉典范。

阅读资料二：

交大"汉芯"造假 拷问学术良心

上海交通大学 2006 年 5 月 12 日向新华社记者通报了"汉芯"系列芯片

涉嫌造假的调查结论与处理意见。调查显示，陈进在负责研制"汉芯"系列芯片过程中存在严重的造假和欺骗行为，以虚假科研成果欺骗了鉴定专家、上海交大、研究团队、地方政府和中央有关部委，欺骗了媒体和公众。陈进等人的行为完全背离了科技工作者、教育工作者基本的诚信操守和行为准则，严重违反了上海交大的校纪校规，违反了国家的有关规章制度，造成了极其恶劣的影响。为严肃学术规范、维护学术声誉，上海交大按照学校有关规定和程序，经研究决定：撤销陈进上海交大微电子学院院长职务；撤销陈进的教授职务任职资格，解除其教授聘用合同。科技部根据专家调查组的调查结论和国家科技计划管理有关规定，已决定终止陈进负责的科研项目的执行，追缴相关经费，取消陈进以后承担国家科技计划课题的资格；教育部决定撤销陈进"长江学者"称号，取消其享受政府特殊津贴的资格，追缴相应拨款；国家发展改革委员会决定终止陈进负责的高技术产业化项目的执行，追缴相关经费。上海交大表示，学校历来倡导求真务实的科学精神，反对任何形式的学术造假行为。今后，将进一步加强科研管理和对科技经费使用的监管，组织全体教职员工、科研人员深入学习"八荣八耻"社会主义荣辱观，树立诚信意识，加强学风和道德建设，大力弘扬创新进取、淡泊名利、脚踏实地、潜心科研的良好风尚，努力为国家的科技事业发展作出更大的贡献。

第六章 引导与关爱——社会实践活动中的职业道德规范

引导大学生参加社会实践是高等学校教育活动的一个重要环节，它与课堂教学相辅相成，共同完成高校的人才培养任务，实现学生全面发展的目的。高校教师职业道德规范不仅包括教学活动、科研活动中的职业道德规范，还包括社会实践中的职业道德规范。规范社会实践活动中的教师职业道德不但对大学生的成长成才具有重要作用，而且对于教师职业道德素质的全面提高也具有重要意义。前者是规范教师职业道德建设的本质要求，后者是规范教师职业道德建设的内在动力。本章旨在说明高校教师在大学生军训、专业实习、辅导员工作中的职业道德规范。

第一节 社会实践活动中教师职业道德的重要作用

参加社会实践、承担社会实践任务是高校教师职业职责的重要组成部分。了解大学生社会实践活动的意义是教师在社会实践中发挥重要作用的前提条件，规范教师社会实践中的职业道德是更好发挥教师职业职责的重要保障。社会实践活动中的教师职业道德在规范教师社会实践中的职业职责方面具有重要作用，一方面，教师社会实践中的职业道德对于大学生的健康成长具有重要意义，在社会实践活动中，指导教师或带队教师的道德品质、工作态度将直接影响大学生对于实践活动的认识程度、参与热情，对他们具有重要的指引和示范作用；另一方面，教师社会实践中的职业道德也有利于大学教师个体道德的完善、知识结构的改善、教书育人原则的贯彻以及组织协调能力、管理能力等各方面的综合提高与发展。

一、大学生社会实践活动的意义

大学生社会实践是大学生按照学校培养目标的要求，有目的、有计划、有组织地深入实际、深入社会、深入生活,参与社会政治、经济和文化活动,从而提高其全面素质的一种教育活动的总称。大学生社会实践有广义和狭义之分。广义的大学生社会实践活动包括教学计划安排的教学实习、公益劳动、军事训练等社会实践活动。狭义的大学生社会实践活动仅指在校大学生利用假期,有目标、有计划、有组织地走向社会,深入实际,了解国情,锻炼自己,奉献社会的各种实践活动。从高校教师职业道德的角度,我们这里只研究军训和专业实习两项社会实践。

随着社会经济的飞速发展和高等教育的大众化发展,积极参加社会实践活动已成为新时期大学生成长的重要途径。江泽民同志在《庆祝北京大学建校一百周年大会上的讲话》中对全国的大学生提出希望:"希望你们坚持学习书本知识与投身社会实践的统一。要健康成长,不仅要学习书本知识,而且要向社会实践学习,自觉地投身于火热的改革开放和现代化建设实践。人民群众的社会实践,是知识常新和发展的源泉,是检验真理的试金石,也是青年锻炼成长的有效途径。"这一席话语高度凝练了社会实践的重要意义,为大学生成才指明了前进方向。2005 年中宣部、教育部、中央文明办、共青团中央联合出台的《关于进一步加强和改进大学生社会实践的意见》也指出,理论联系实际是党的优良传统和作风,教育与生产劳动与社会实践相结合是大学生思想政治教育的根本原则,更充分强调了社会实践对于培养新时期德、智、体全面发展的社会主义新人的重要作用。这一重要作用主要表现在以下几方面:

(一)锻炼意志品质、培养健康人格

积极参加社会实践是大学生锻炼意志品质、培养健康人格的必由之路。随着高等教育从精英型向大众化的转型,当代大学生的一些问题也日益凸现出来。如绝大多数大学生一直在父母、老师的关爱下成长,没有经历过太多挫折和困难,一旦独立生活就会面临人际交往、理想与现实、心理承受能力等一系列问题。如何培养具有良好的意志品质和健康的人格心理是大学教育无法回避并具有挑战性的重大课题。

社会实践是一种深层次的教育,具有双重功能,即人们在积极能动地改造自然与社会的过程中,同时也改变、优化着自己。社会实践活动是大学生从校园走向社会的实践过程,他们要独立面对陌生的环境,独立面对规定的工作和任务,独立面对各种困难和挫折,在这样一个相对独立的全新的社会环境和境遇中,大学生的主体性会得到发挥,大学生的意志品质和心理能力会得到锻炼。通过社会实践,大学生将会发现自己的不足，也会不断改造自我，缩短"理想中的自我"与"现实中的自我"的差距；通过社会实践，大学生可以学到课堂书本上学不到的许多东西，诸如：如何求知求学，如何做事做人，如何承受压力，如何面对挫折，从而使自己的意志品质、能力素养、人格心理都得到锻炼与提升。

（二）培养创新精神、提高综合能力

参加社会实践活动是培养大学生创新精神和实践能力的重要途径。中共中央国务院在《关于深化教育改革，全面推进素质教育的决定》（以下称《决定》）中强调指出："高等教育要重视培养大学生的创新能力、实践能力和创业精神，普遍提高大学生的人文素质和科学素质。"而大学生创新精神和实践能力的培养与主体自身的实践活动密切相关。

社会实践中遇到的一系列问题迫使学生深入思考，综合分析，激发他们求知求真的主动性，激发他们发现问题、解决问题的创造灵感，一定程度上改变了大学生被动接受知识、实践机会少、动手能力差、创造能力低的状况。社会实践对大学生综合能力的提高，突出表现在三个方面。一是提高他们的认识能力、选择能力。智力的核心是认识能力。人的认识要经过感性认识上升到理性认识，必须在实践的基础上具有丰富而真实的感性材料。大学生通过社会实践，主观认识见之于客观，在发现问题、分析问题和解决问题中，将主观认识系统与行为系统有效地连接起来，达到知与行的统一，从而推动了认识能力的提高。二是培养他们的社会活动能力、独立工作能力、社会适应能力。社会实践具有开放性、社会性。大学生在社会实践中，通过独立设计实践方案，完成各项实践任务，与各方面人士广泛交往，解决实际问题，总结实践成果等实践活动，使自己的社会活动能力、独立工作能力、社会适应能力得到锻炼和提高。三是培养他们的创造能力、创业能力。创造能力是指创造者利用积累的丰富知识，在头脑中独立创造新形象，提出创见和做出发明的能力；创业能力是指创业者利用自己的知识、利用一定的资金、利用相关的社会环境条件，自主开辟就业渠道，自己开创职业事业的能力。大学生创新创业是时代发展的要求，大学生的创新创业意识只有在社会实践中，才能得到启发和唤起，大学生的创造能力和创业能力也只有在社会实践中，才能得到锻炼和提高。

（三）建构职业生涯、实现自我价值

社会实践是大学生职业生涯规划、实现自我价值的前奏。大学生是社会主义现代化事业的建设者和接班人，肩负着国家的责任和人民的嘱托。他们渴望实现自我价值，奉献社会服务人民，他们对自己的未来满怀憧憬，对理想的工作充满渴望。但是在现实的就业过程中大学生还常常会遭遇挫折和失败，他们失败的原因有多方面，比如经验不足；缺乏职业生涯发展意识和职业生涯决策能力；自我价值认知不完善、对自己没有准确的职业定位等，从而导致了不少"毕业即失业"以及频繁跳槽的尴尬局面。以社会实践为抓手，推进大学生职业规划进程，可以帮助大学生克服自身的不足，设计职业理想，构建职业生涯，实现自我价值。具体来讲，首先，社会实践中大学生个体可以完善自我价值认知（包括职业自我），并将其转化为实际的行为选择与生活方式，实现个体的职业生涯发展目标。其次，通过社会实践，大学生将在活生生的社会环境和职业情境中，进行正确决策，科学规划人生，明晰个人的职业价值取向，有利于未来将个人追求与社会发展相结合，进行合理的职业定位。再次，大学生可以在尝试不同类型的社会实践工作中，发现个体潜能，从而确定最适合自己发展的职业方向，为将来充分发挥潜能、实现自我价值奠定良好的基础。社会实践在此意义下，已经成为大学生职业生涯规划的前修课和导入课。

（四）培养社会责任感、奉献广大人民

强烈的社会责任感、甘于奉献人民是大学生全面成才的必备素质，是大学生成才、就业、服务于社会的重要保障。如何使大学生尽快适应形势，服务社会，担负起新时期社会赋予的历史重任，培养他们强烈的社会责任感，是新时期高等教育面临的重要工作。而培养社会责任感的重要途径之一就是社会实践。

大学生长期生活在校园里，缺乏对社会、国情、民情的深入了解，他们对复杂的社会现象深层次剖析不够，因而容易产生不切实际的想法，一旦走上社会后，就难免陷入理想和现实的矛盾之中。受理论和实践脱节而困扰的大学生渴望接触社会，了解社会。社会实践作为一种教育的载体，为大学生打开了一扇了解社会的窗口。大学生参加社会实践，可以使他们全面了解社会、认识国情，在与人民群众的接触、了解、交流中得到真切的体验，从活生生的社会生活中受到深刻的教育和启发，从而认清自己肩负的社会责任，明确了自身的时代使命，激发他们的学习热情，不断调整和完善自身的知识结构，以适应社会的需要，更好地服务于广大人民。

二、社会实践中教师职业道德的重要性

社会实践中的教师职业道德是指教师在从事社会实践中所必须遵循的行为规范和行为准则以及在这些规范或准则中内得而成的观念意识和行为品质。教师在社会实践中具有的良好职业道德不仅有利于大学生社会实践任务的顺利完成，有利于大学生的全面发展和成长成才，对于教师自身而言，社会实践中高校教师的职业道德也有利于教师自身业务能力的提高、知识结构的改善和道德人格的完善。具体来讲，社会实践中教师职业道德的重要性表现在以下几个方面：

(一)对提高学生素质的作用

教师是学生思想道德的塑造者，是学生人生价值观形成的引导者。在社会实践中，教师良好的职业道德对学生思想品德的形成起着榜样作用，对学生行为习惯的形成起着养成和修正作用，对学生心理品质的形成起着完善作用。

1. 对学生思想品德形成的榜样作用

大学生思想品德是主、客观因素在教育教学管理及社会实践过程中交互作用的产物，大学生思想品德形成发展的过程是以教师为主体的外部教育和以学生为主体的内在转化的辩证统一过程。教师对于大学生思想品德的形成具有重要的主导作用和榜样作用。特别是在社会实践中，由于教师与学生朝夕相处，指导学生实践的过程中，教师的言行、举止、品格、仪态、情感、智慧，无时无刻不在影响着学生，对学生具有很强的示范性和榜样性。如果教师知识渊博、品德高尚、爱岗敬业，那么他的学生就会自觉不自觉地以教师为榜样，通过对教师思想品德作风的认同而促进自己的学习模仿和内化。所以，教师在社会实践中要特别重视自己在学生中的形象，严格遵守社会实践中的职业道德规范，从政治素质、业务水平、道德作风上严格要求自己，为学生作出表率。

2. 对学生行为习惯形成的养成和修正作用

良好的行为习惯是从事一切活动的重要前提，而良好行为习惯的形成则是优良品德形成的标志。因此，在高校德育过程中要特别注意大学生良好行为习惯的养成教育。社会实践是这种养成教育的极好课堂，而教师则是养成教育的重要示范者和督导者。在社会实践中，教师一方面要用日常生活和实践活动中的行为规范严格要求学生，教育学生养成良好的行为习惯，在日常学习和生活中，在社会实践活动中行为有规、学

会做人；另一方面，由于社会实践中教师是距离学生最近的人，在与学生的密切接触中，教师最容易发现学生身上的不良行为习惯或良好行为习惯。对于学生的不良习惯，教师必须通过恰当的方法给予指出，要求学生修正，对于学生良好的行为习惯教师也要及时给予肯定和表扬，促使学生巩固自己的行为，并内化为自己稳定的品质。社会实践中教师职业道德对学生行为习惯的养成和修正作用比在校内、在课堂上大得多，这是每个承担指导学生社会实践任务的教师应该明确的。

3. 对学生心理品质形成的完善作用

心理品质在学生的成长和将来事业发展的过程中起着极其重要的作用。教师作为教育的直接组织者和实施者，不仅要关心学生的专业发展，更要洞察学生的内心世界，注重培养学生良好的心理品质，成为培养学生良好心理品质的塑造者和雕塑家。社会实践中由于学生面对新的社会环境，新的实践任务、新的人际关系，学生会产生各种心理上的不适，特别是面对复杂的人际关系、面对挫折和困难，大学生往往产生悲观、沮丧、失望等心理情绪。在这时指导教师的职业道德对学生心理品质的形成和完善就具有非常重要的作用。教师具备良好的职业道德，就能及时发现学生的问题，做学生的知心朋友，以真诚友善之心对待学生，帮助学生正确认识社会，正确认识自我，调整不良心绪，使学生从不良情绪中解脱出来，从而使学生的心理品质逐渐完善。

(二)对教师自身素质提高和完善的作用

社会实践中高校教师职业道德不但对大学生的思想品德的提高以及人格心理的完善有积极促进作用，而且对教师自身的政治思想素质和业务素质的提高和完善具有积极推动作用。社会实践对教师的积极意义主要表现在以下几方面：

1. 能使教师明确其社会职责和使命，确立坚定的职业信念

高校教师承担着为社会主义现代化建设培养优秀建设者和接班人的社会职责，高教事业是关系到国家昌盛和民族振兴的伟大事业。教师素质的高低、能力的强弱、示范的优劣，直接关系到大学生的成长和成才，关系到高等教育的发展，关系到国家的前途和民族的未来。因此高校教师职业道德要求教师要对自己所承担的社会职责和历史使命有明确的认识，要不断决定自己的职业信念。社会实践是教师接触社会，深入社会的极好机会，也是教师明确其社会职责和使命，确立坚定的职业信念的实践课堂。教师在指导学生社会实践的过程中，通过社会对人才的渴求，

通过社会和单位对学生的认可以及对教师的尊重，可以了解社会对人才的需要，对高等教育的期待，对高校教师的厚望。社会实践以其真实、深刻、丰富、生动的现实品格，可以促使高校教师进一步明确高教事业的崇高和伟大，进一步理解自己职业的社会职责和使命，从而坚定自己的职业理想和信念，激励自己为我国的高等教育事业奋斗终生。

2. 能使教师努力钻研业务，提高业务素质

作为教师，要想更好地完成社会赋予的责任，必须使自己在思想上、业务上、教学方法上、科研能力上都得到提高和增强。但是由于教师长期在校园里教书，理论与实践分离，个人与社会脱节，使得许多教师社会阅历有限，实践知识缺乏，实践经验很少。而现实社会对于知识的应用，对于大学生素质能力的呼唤，是与时俱进不断更新的。所以在课堂之外，教师应该深入社会实践，应该亲身感受社会环境，感受社会对人才和教育的需求，感受实践对理论的呼唤。而要完成这一过程，教师必须参加社会实践，必须具备良好的职业道德。只有这样教师才可以了解社会的发展和需要，才能够发现自己的缺陷和不足，从而促使他们努力钻研业务，改善知识结构，自觉坚持理论与实际结合，使自己的专业水平和业务能力不断提高，以适应不断发展的社会实践对高校教师的需要。

3. 能促进教师完善道德品质，更好地服务社会

教育者必先受教育，这是教育的基本规律。社会是最好的课堂，通过社会实践，广大教师可以更好地了解社会、了解国情，增强社会责任感，促使广大教师完善道德品质，努力为社会服务，更好地实现自身的价值。而教师在社会实践中是否具备良好的职业道德是教师了解社会、服务社会、完善自身道德品质的保障。在社会实践中，教师面临与学校不同的环境，在社会环境不断变化的现实情况下，教师能否以身作则，既严格要求学生，主动承担责任，又严于律己，遵守职业道德规范，不但关系到学生社会实践任务完成的好坏，也关系到教师个人道德品质的发展完善，更关系到社会对学校的评价和认可。社会实践中良好的教师职业道德是大学生顺利完成社会实践任务的保障，也是教师提高和完善自身道德品质，更好地服务社会的关键，高校教师应该对此有足够的认识。

第二节　军训中的教师职业道德规范

作为对大学生进行国防教育的主要形式，军训是高等教育的重要组成部分。大学生军训包括军事理论课程和军事训练课程两大内容，根据内容承载的不同，人员安排也有所不同。军训主要是由承训部队的官兵来承担，军事理论一般由军事理论专业教师承担，军事课程与军训的组织管理、具体落实由高校教师来完成。由于军事课程与军训是不同于课堂教学的一种特殊教育教学形式，它对指导教师的职业道德也有一些特殊规范要求。深入系统的规范军训中教师职业道德，有利于学生在军训实践中成长成才，有利于军训确实有效地开展，也有利于教师综合素质的提高。

一、提高认识　积极参与

军训是高等教育的重要组成部分。军训中的教师职业道德规范要求教师必须：

首先，明确大学生军训的重要意义。军训是大学生的一门必修课，是对大学生的成长和成才具有重要意义和作用的一门课。通过军训可以提高大学生的身体素质，培养他们的意志品质，加强组织性纪律性，增强国防意识，激发其爱国主义、集体主义精神，形成良好的行为习惯，促进大学生的全面发展。参加军训的指导教师要高度重视军训工作，提高对军事课程和军训重要意义的认识，明确军训与作风品德，军训与成才，军训与教育改革，军训与国防建设等诸因素的关系，特别是要明确军训是对大学生进行国防意识教育、国家安全教育以及思想政治教育的必修课，在大学生的全面发展中具有重要的不可替代的作用。同时，要教育学生提高认识，统一思想，明确目的，自觉接受锻炼，积极投身于军训中。

其次，要求教师克服困难，排除各种对军训不正确的思想认识，克服轻视军训和畏难情绪，主动承担军训任务。应该说大多数教师对军训的重要性是有足够认识的，许多教师克服了种种困难积极承担了艰苦的军训工作。但是也有一些教师对参加军训的意义认识不够，有的怕军训占去自己教学和科研时间，有的怕影响自己正常的生活，有的怕苦怕累，怕影响自己的身体健康。因此，以种种借口，推脱军训任务。军训中的职业道德规范要求每个高校教师要排除各种不正确的思想，克服困难，合理安排教学科研工作，妥善处理个人及家庭生活，主动承担起学生的军训任务。

再次，积极参与，主动承担军训具体工作。军训一般主要由部队官兵承担，指导教师容易产生依赖情绪。指导教师要克服惰性思想，在深刻理解军训课程重要性的基础上，积极参与军训，主动承担指导军训的任务，要以高度负责的精神对待学生，为军训工作的顺利开展和军训目标的实现保驾护航。具体在军训过程中，教师要明确自己角色的转变，从教师向军事教官的转变，从普通人到军人的转变，这种转变是一种工作思路、观念意识的转变。其次，把军事课程和军训纳入教学计划，认真组织实施军训各项计划。

二、严格要求　细心关爱

在军训期间指导教师要认识自己的职责，对待学生既要严格要求，又要充满关爱，帮助学生圆满完成军训任务。参加军训的大学生在入学前很少受到过严格的管理和训练，大学生走进军营参加军训，就成了一个准军人，军营各项条例和规章制度，军训中各项军事技术和体能训练，军训过程中各种集体活动和竞赛，都是大学生必须学习和实践的重要内容。这些训练和实践活动需要大学生克服困难，付出极大努力才能完成。因此，军训教师必须根据军训条例严格管理和要求学生，给学生讲清军训条例、纪律的重要性和必要性，并严格认真地执行这些条例和纪律，以此培养他们良好的组织观念、纪律观念、集体主义观念。同时鼓励学生咬紧牙关、克服困难，认真完成军事训练的所有课程，严格执行军规军纪，自觉磨炼意志，锻炼品德。

严格要求学生，不等于忽略关心爱护学生。军训是大学生踏入高等学校的第一课，是对学生思想、毅力、品德、作风、体能的严峻挑战。大学新生刚刚离开家庭，进入一个陌生崭新的环境，就要接受军训这样非常艰苦和严峻的考验，对他们来说确实存在很多困难，这就要求军训教师不但要严格要求他们，更要细心关爱他们。教育学、心理学知识告诉我们，爱是所有教育形式实现教育目标、达到良好教育效果的最佳前提条件，在大学生军训中也不例外。军训指导教师要理解当代大学生的特殊成长环境，要理解大学新生的心理状态，要真正发自内心地关爱学生。军训指导教师要深入连队、深入学生，与学生交朋友，了解他们的思想活动，捕捉他们的心理动向，及时帮助他们解决各种问题，克服心理障碍；还要善于根据他们不同的个性特点，积极引导，激发他们的进取心，调动他们的积极性，使他们更好地融入连队集体中；对学生由于身体、疾病、伤痛而出现的各种问题和情况，要关心爱护，帮助他们及时看病就医，不可疏忽大意。

军训指导教师对大学生既要严格要求，又要细心关爱，使他们不但在军事训练中克服困难，出色完成任务，而且在思想、品德、作风、心理等各方面都得到锻炼和提高。

三、尊重教官　协助工作

军事课程的主要内容是按照《普通高等学校军事课教学大纲》的规定，在校方和承训部队官兵协商后确定下来，并且主要由承训部队官兵来承担和完成的军事理论教育和军事训练内容。为了顺利完成军事课程的内容，要求教师尊重承训部队官兵，积极协助工作，调整好教师、学生与承训部队官兵的关系。

首先，军训指导教师要尊重部队官兵。尊重是信任的前提，是合作的基础。军训教师要充分理解和尊重承训官兵的教学内容、训练计划、处事方法和风格，要尊重他们的人格与尊严。其次，军训指导教师要积极协助教官的工作，帮助落实教学内容和训练计划，并协调学生与教官的关系。教师对学生比较熟悉，在军事课程教学和军训过程中，高校教师要主动与军训官兵沟通，虚心听取他们的意见和建议，积极协助他们做好工作。第三，军训指导教师要与承训官兵加强沟通与交流。由于部队官兵与高校学生的工作、学习、生活环境以及成长背景不同，在军训中所处的地位不同，看问题、想问题的立场、角度不同，因此他们之间难免产生一些意见分歧甚至矛盾和纠纷。面对这种情况，军训指导教师应该主动了解双方的意见，加强对学生的教育和疏导，加强与承训官兵的沟通与交流，促使他们增进理解，互相信任，消除误会，化解矛盾，使学生与教官之间形成良好的合作氛围，保证军训任务的圆满完成和教育目标的最终实现。

四、以身作则　严于律己

榜样的力量是无穷的，陶行知说："以教人者教己。"只有言行一致、表里如一、以身作则、严以律己的教师才能在学生心目中树立起自己的威信，才能真正起到率先垂范的作用。所以军训教师要注重言传身教，以身作则，以自己的模范行动为学生做表率。以身作则，为人师表是教师职业的一个显著特点。军训过程中的教师要扮演多重角色，他不仅是承训部队官兵的合作者，是学生的指导者和教育者，而且本身也是接受军事教育和训练的受教育者，因此教师不但是学生的导师和朋友，而且应该是学生学习的榜样和楷模。

具体来讲，军训指导教师应该从两方面为学生做出榜样。其一，教师对军事教育应该负有深深的职业使命感和社会责任感，对军事课程和军事训练的意义有深刻的理解和认识，对军训工作认识深刻，态度热情，行动积极，从而感染学生的思想，影响学生的行为，成为学生学习的榜样。其二，每一位教师要以严于律己的人格力量，去引导学生，去培养和教育学生。他们应该自始至终地参与军事训练，了解并参与整个训练过程中的每个环节，决不敷衍了事、得过且过；他们应该模范地遵守纪律和各项规章制度，应该在艰苦的训练环境中，不怕苦、不怕累，身先士卒，吃苦耐劳，以坚韧的意志和行动为学生作出表率。

五、注重合作　开展工作

在学生军训过程中，军训指导教师不再是一个简单的个体，学生也不再简单地将每个指导教师视为一个单独的教师，在军训学员眼中指导教师成为一个群体，也就是军人眼中的领导群体、教官群体。在这一过程中，指导教师不仅要做好本职工作，更要注重内部合作，加强服务。军训过程中往往有三个时期的变化，这三种变化分别是军训初期的心血来潮，学生热情教师积极；军训中期往往是最为困难的疲劳期，在这一阶段军训学员开始出现行动松懈，指导教师也会产生疲惫焦躁情绪；第三阶段一般是学生留恋期，此时训练顺利进行，学员与部队教官已经建立了良好的感情，军训处于情感与训练结合阶段。每个阶段都需要军训带队教师积极地、有针对性地开展工作。工作的指导原则是，加强内部团结，注重教师、学生、承训官兵三者之间的相互沟通和相互配合，团结一致，顺利渡过军训的三阶段。

同时，在军事训练期间，为了丰富学生的文化生活，增强学生的集体荣誉感，指导教师还应该与部队官兵一起组织各种丰富多彩、形式多样的集体活动和各种比赛，如开展内务、会操、文艺、体育、宣传比赛等集体活动。这不但可以丰富军营文化生活，陶冶学生的情操，规范学生的言谈举止，促使其文明习惯的形成，还可以激发学生的集体荣誉感，培养他们的竞争意识和合作精神。军训指导教师还应该组织学生参加由部队首长、承训教官和驻训工作人员参加的座谈会，这样不仅可以丰富学生的军事知识，增进学生对军人的了解，加深对军人的热爱，还可以让学生在与部队官兵面对面的交流中更真切地看到军人的风采，学到他们为祖国、为人民无私奉献的精神。此外还可以开展优秀教官、优秀教师和优秀学员的评比活动。通过评优选优，学习解放军不怕吃苦、不怕牺牲、连续作战的优良作风和顽强拼搏的精神；学习教师吃苦耐劳，关爱学生，忠诚人民的教育事业的职业道德；学习同学不畏艰难、奋发向上、自觉磨炼、努力成才的优秀品德和坚强毅力。通过评优选优，激发师生官兵的上进心，调动大家的积极性，使师生官兵一条心，一股劲，团结协作，共同努力，出色完成军训任务。

总之，军事课程教育和军训是高等教育过程诸多环节中的一个重要环节，它对学生的成长和发展具有其他环节替代不了的重要作用。高校教师应该认真履行军训中的职业道德规范，对军训工作高度重视、认真负责、严格要求、以身作则，积极配合部队官兵做好工作，实现军事课程和军事训练的教学目的和育人目标。

第三节 专业实习中的教师职业道德规范

专业实习是指在校大学生在完成课堂学习的基础上，结合所学专业，到生产和生活的过程中去接受基本技能训练，接受实践检验，提高专业能力的社会实践活动。专业实习对大学生的专业素质提升具有重要意义。通过专业实习可以将专业理论与专业实务相印证，使学生了解本专业的社会价值，了解社会对本专业的要求，从而增强专业认同感，巩固专业思想，并激发学生努力学好本专业理论知识，完善知识结构，提升学习效果的自觉性。专业实习除了对学生的培养具有重要意义外，对于教师业务能力和道德素质的提高也具有促进作用。通过专业实习可以检验教师的教学质量和水平，可以促进教师理论与实践相结合，引发教师对课程结构、教材内容的更新，促使教师教学质量的提高和专业水平的发展。指导专业实习是教师的一项职业活动，因而对教师有一系列职业道德规范要求。专业实习中的高校教师职业道德规范是指教师在指导学生专业实习中所必须遵循的行为规范和行为准则，以及在这些规范或准则中内得而成的观念意识和行为品质。专业实习中的教师职业道德规范主要包括以下几个方面：

一、明确意义　主动承担

高校教师在专业实习中的职业道德规范要求教师首先明确大学生专业实习的重要意义。教师要充分认识到大学生专业实习是高等教育不可缺少的重要组成部分，是深化教育改革，全面推进素质教育的必然要求，是培养具有创新精神和实践能力人才的一门必修课。各个不同的教学阶段对专业实习的要求不同，不同专业的专业实习形式也有很大不同。一些理工农科需要到工厂、企业或野外进行专业实习，文科艺术类需要深入实际生活参与现实工作，一些专业实习还需要专门的场所，如医科院校的临床实习和师范院校的教育实习。但在促使学生所学理论与实际的结合，培训学生动手操作能力和专业所需的基本技术技能及操作规范方面的作用却是共同的。专业实习不仅关系着学生专业认同感的形成和巩固，关系着学生专业方向的定位和发展，而且能够促进教师更好地了解本专业发展的现实状况，反思自己的教学和科研，此外，还能够促进社会对高校专业教育的了解和认同，以实现专业在社会实践领域中的应用和拓展。这就要求指导专业实习的教师要有专业发展的社会使命感以及培养专业人才和接班人的社会责任感，具有运用专业知识和理论为社会服务的专业精神，为培养社会需要的优秀专业人才，为推动专业发展，作出自己应有的贡献。

其次，要克服困难，排除错误思想，主动承担任务。当前有些教师在大学生专业实习中还存在一些认识误区。有的教师只重视理论知识学习，忽视学生实践能力的培养，对专业实习重视不够；有的教师对专业实习的重要性缺乏认识，仅仅以完成任务为目标，缺乏指导专业实习的主动性、自觉性；有的教师认为专业学习只是学生的实践活动，与自己的教学科研没有关系，缺乏主动参与专业实习的积极性，以致不能尽职尽责，对学生采取不负责任的态度。这些错误思想违反了教师专业实习中的职业道德规范，必须应予以克服和矫正。具体来讲，专业实习的指导老师要在提高认识、明确意义的基础上，以高度负责的态度对待专业实习，要克服困难，排除错误思想，主动承担责任，积极投身于专业实习中；在专业实习过程中，指导教师必须以学生的专业经验、专业能力的获得以及未来专业的发展为根本出发点，努力谋求实习单位的支持，促进实习单位的观念更新和专业发展，为以后的专业实习工作实现良性循环创造条件。

二、耐心指导　严格要求

专业实习是教学过程中的重要组成部分，是学生对课堂所学的基础理论、基本知识和基本技能进行消化、体验、运用，转化为专业实践能力的复杂过程，也是学生接受检验，受到磨炼，正确认识自己的成长过程。因此广大教师要明确专业实习的各个环节和具体要求，认真指导，严格要求，帮助学生克服困难解决问题，实现专业实习的目标要求。

首先，专业实习指导教师应该从培养学生的目标出发，明确实习目的，主动与学生联系，对于专业实习全过程中出现的问题进行耐心指导。在参加专业实习前，大多数学生是在校园里生活，没有真正走入社会实践，而专业实习所带来的环境的突然改变，所带来的理想与现实的差距，社会要求与自我认知的差距必然给学生带来种种问题和矛盾。这就要求指导教师耐心指导，全面细致地了解他们各自的需要、兴趣和专业基础差异，热心帮助他们解决问题，积极引导和启发他们进行专业思考，将理论与实际相结合，促进他们专业技能和专业实践能力的提高。同时，专业实习指导教师还应该加强对学生的思想政治教育，引导他们思考诸种社会现象产生和存在的原因，正视社会消极甚至丑恶的现象，端正思想，树立正确的世界观、人生观、价值观，增强社会责任感。

其次，专业指导教师要以对社会、对学生负责的精神，严格要求学生，包括对学生基本行为要求，对学生规范化要求，对学生在实践中操作流程要求，对学生道德行为要求等。学生第一次走出课堂参加专业实习，没有社会实践的经验，可能会暴露出一定的缺点和不足，比如不谦虚、不谨慎、不尊重他人；缺乏劳动观念、不遵守劳动纪律；缺乏集体观念和团结协作精神等。对学生的缺点和错误，教师必须高度重视，帮助他们提高认识，克服缺点，改正错误，不可轻描淡写、一带而过，更不可熟视无睹、纵容姑息。总之，教师要以高度的责任心，严格要求学生，耐心教导学生，从而规范他们的实习行为，提高他们的专业素质，帮助他们顺利完成实习任务。

三、尊重单位　维护权益

实习单位为学生走向社会提供了良好的实践平台，是高等学校不可或缺的合作伙伴。同时，学生一旦走进实习单位，就会与之产生一定的劳动关系，教师作为学校的代表是维护学生权益的重要主体之一。因此，专业实习指导教师不仅自身要尊重实习单位，还要协调好实习单位、教师和学生之间的关系，自觉维护学生应有的权益，营造和谐的工作氛围，从而提高实习质量。

专业实习指导教师首先要充分认识专业实习对学生的重要性，尊重实习单位的各项规章制度和要求，尊重实习单位的领导和工作人员，谨慎从事，协调好实习单位、学校和学生之间的关系。其次，要教育学生尊重实习单位，即尊重实习单位的组织文化、人文氛围和专业风格；遵守其各项规章制度、纪律和要求；认真对待实习单位布置的每一项工作，协调好各种人际关系，努力营造团结合作的工作氛围，让学生能通过实习真正学到课本上没有的知识。第三，教师要正确处理专业实习中存在的问题和矛盾。在专业实习过程中，实习单位和学生之间可能会产生一些问题和矛盾，如，实习单位不了解学生的具体情况，分配任务不合理或者对学生有过高或过低的要求；学生对于实习单位的规章制度不适应，对实习条件不满意或者不能胜任工作等等。对这种情况，实习教师要本着对学生负责的精神，善于发现问题，及时与学生和实习单位进行沟通，协调双方关系，尽快解决问题化解矛盾。第四，教师要运用自己的知识为实习单位服务，促进实习单位专业水平的不断提高。同时，教师还要考虑实习单位的利益，注意保守实习单位的商业秘密和技术秘密，不能损害他们的整体利益，妨害他们的专业发展。

专业实习教师不仅要维护实习单位的整体利益，还要维护学校和学生的正当权益。首先，教师要保证实习单位和机构能够提供实习所要求的工作内容和条件，能够实现实习所要达到的目标。其次，要保证实习单位所提供的实习机会要真正有利于学生的专业训练，有利于学生的健康成长。如果发现实习单位或机构根本不考虑学生的利益，仅仅是利用免费人力资源或延长劳动时间，或者不具备专业实习目标达成所具备的条件，教师必须维护学生的权益，为学生争取有利于其发展的条件、环境和工作内容，甚至为学生调换实习单位或机构。最后，专业实习教师在专业实习过程中还要具有市场经济意识，在可能的条件和情况下，为学生贡献的知识、付出的劳动谋求一定的回报。这样也可以使学生享有初步的专业成就感，对他们的专业认同感的形成大有裨益。

166

四、以身作则　不谋私利

高校教师专业实习中的职业道德规范，还要求指导教师以身作则，为人师表，严于律己不谋私利。

在专业实习过程中，指导教师要严格要求自己，以身作则，自觉遵守实习单位的各项规章制度，认真听取实习单位领导和员工的意见，积极参加实习劳动和工作，吃苦耐劳艰苦奋斗，同时要和学生平等的生活和学习，要求学生做到的，自己首先要做到。一定要避免讲一套，做一套，马列主义对学生，自由主义对自己。实习指导教师只有在自己的言行举止中严于律己，以身作则，才能成为学生学习的模范和表率，才能对学生起到真正的教育和引导作用。

在以身作则的同时，专业实习指导教师还要做到以专业发展和学生的利益为最大目标，不可在学生的专业实习中利用社会资源谋取个人私利。在市场经济快速发展的今天，在金钱物质利益的引诱下，有个别教师不是把专业实习作为培养学生专业实践能力，提高自己专业理论水平的职业工作，而是作为谋取个人利益的一种手段。他们对专业实习不认真，对学生不负责，热衷于拉关系、走后门，利用实习单位的一些便利条件，为自己开拓市场谋取私利，有的甚至出卖实习单位的经济情报或商业机密，以满足自己的金钱物欲。这些行为不仅严重影响了高校和教师的集体荣誉，影响实习单位对高校、高校教师的评价，使学校的利益、学生的利益乃至实习单位的利益都受到损害，还会影响教师个人道德的清正廉洁，容易产生以权谋私的腐败行为，甚至产生违法犯罪行为。所以，教师在面对实习过程中可能产生的各种便利条件和社会资源时，一定要公私分明，加强警戒，用教师的职业道德严格要求自己，杜绝任何以权谋私行为的发生。

五、总结分析　公正评价

实习过程固然重要，然而作为再认识过程，实习后的总结分析也十分重要。学生在经历了真实情景的专业实践之后，不仅获得了专业知识、专业技巧、专业理论的整合，拥有了初步的专业经验，而且通过认真总结，能够明确现有专业知识与现实专业要求之间是否存在差距、存在怎样的差距，并明确自己专业知识和基础方面的不足，进而明确自己在专业学习上的努力目标与方向。教师通过对实习工作的总结，不仅可以发

167

现自己在专业理论和专业教学中的长处和短处，而且可以发现自己在指导学生实习工作中的经验和不足。这种总结对教师今后的教学科研工作和专业实习工作具有重要的指导作用，因此指导教师要重视实习总结工作。从教师职业道德的角度看，总结阶段的工作应该从认真总结和公正评价两方面要求指导教师。

认真总结包括对学生实习情况的总结和对实习过程本身的总结两部分。在对学生实习情况做总结时教师职业道德要求指导教师做到以下几点：其一，真实。教师对学生整体及学生个体实习情况的总结必须符合实事求是的原则，这就要求教师在实习过程中要深入学生，深入实际了解每个学生的情况，并做好记录，做到真实客观。其二，全面。教师在实习总结时既要做到内容全面也要做到评价全面。在内容上既要总结学生的实习态度、工作作风又要总结其实际技能和实际效果，在对学生进行评价时既要肯定成绩又要指出缺点，要全面辨证，切忌片面性。其三，具体。教师对学生实习的总结要做到具体详实，不可笼而统之，要对每个学生的情况进行针对性的总结，避免套话空话。在对实习过程本身总结时，教师要本着认真、负责、客观的精神进行总结，既要充分肯定成绩，又要善于发现不足，从而发扬成绩，改进不足，为今后的专业实习提供经验和教训，促进专业实习水平的不断提高。

在总结之后，教师还要对学生的实习情况进行书面鉴定和评分。实习鉴定和评分是针对每个学生的、落在书面上的文字和分数评价，对此，教师首先应该以学生的实际表现为依据，公正、客观、实事求是地对学生在实习过程中的表现进行鉴定和评分，杜绝以主观好恶和主观认定为出发点的工作方法。这就要求教师积极参与实习全过程，只有这样才能全面了解学生的实际情况，才能为客观公正评价学生奠定基础。其次，教师要认真对待每一个学生的意见和建议，力争鉴定和评分结果真实反映学生的实际情况，最大限度地体现公平公正。

总之，高校教师要重视专业实习，积极参与专业实习，遵守专业实习中的教师职业道德规范，要真正以实习为纽带，将理论与实践相结合，在实践中促使学生的专业知识与技能得到提升，使学生的专业素养和道德素质得到发展，同时促使自身专业理论和专业教育的发展，为国家培养出高水平、高素质的专业人才来。

第四节　辅导员工作实践中的教师职业道德规范

伴随社会经济和高等教育的发展，高校学校德育工作的环境、对象、内容、任务都发生了深刻的变化，辅导员队伍也随之逐渐专业化职业化。目前，许多高校辅导员队伍已经硕士化，部分高校开始招收博士生做专职或兼职辅导员，而且岗位竞争十分激烈。大批博硕士毕业生加入辅导员队伍，一方面为辅导员队伍带来了新鲜血液，提高了辅导员的整体素质，他们拥有的知识、学习和生活经历会给本科生提供更多的指导和帮助，有利于本科生的健康成长；另一方面博硕士做辅导员，也给学生工作带来一些问题；比如有人把辅导员工作作为过渡和跳板，工作不安心、不负责；有人专业素质较高，但政治思想素质偏低；有人缺乏做学生工作的知识和能力等，这些情况也对学生工作带来一定影响。辅导员工作是高校教师职业工作的重要组成部分，教育部在《关于加强高等学校辅导员班主任队伍建设的意见》中指出，辅导员、班主任是高等学校教师队伍的重要组成部分，是高等学校从事德育工作，开展大学生思想政治教育的骨干力量，是大学生健康成长的指导者和引路人。加强辅导员、班主任队伍建设，是加强和改进大学生思想政治教育和维护高校稳定的重要组织保证和长效机制，对于全面贯彻党的教育方针，把大学生思想政治教育的各项任务落到实处，具有十分重要的意义。为此，高校教师职业道德规范对辅导员工作有特殊的要求。

一、政治坚定　业务过硬

作为与大学生接触最多的教育者，辅导员必须具有坚定的政治方向和良好的思想素质，这是辅导员职业道德的首要前提，它决定着辅导员职业活动的方向和态度，制约着辅导员的道德行为，影响着辅导员文化素质、心理素质和能力素质的发挥。大学生思想活跃，他们求知欲强，乐于接受新生事物，但他们生活经历简单，社会经验不足，政治思想不成熟。在他们成长的过程中，特别需要辅导员在政治上、思想上给予引导和教育。因此辅导员职业道德规范要求承担辅导员工作的教师必须做到以下两点：

首先，辅导员自身必须树立正确的世界观、人生观和价值观，具有坚定的共产主义信念，坚持社会主义办学方向，对党的路线方针政策要有较为深刻地认识和理解，全面贯彻党的教育方针，要有较高的政策理论水平和实际应用能力。在实际工作中，辅导员要旗帜鲜明，在思想上、政治上、行动上始终与党中央保持高度一致，具有较高的政治敏锐性、政治分辨力，具有坚持真理和服从真理的政治品格。辅导员要以自己坚定的政治方向、较高的政治觉悟和政策理论水平给学生以教育和引导，促进大学生政治思想素质的完善和提高。

其次，辅导员还要具备一定的综合素质，具有多项知识技能，只有这样，才能在学生的成长中做好领路人。学生成长中会遇到思想心理、专业学习、未来发展方向、人际交往、职业规划等方面的种种问题，需要辅导员给予及时的引导和教育。因此，要求辅导员应具有教育学、心理学、历史学、管理学等方面的知识，要具有过硬的学生工作业务能力。例如，辅导员要掌握一定的心理学知识，以了解学生的心理特点和解答学生的心理问题；要掌握一定的法律知识，引导学生知法、守法、用法，树立正确的法制观念；要掌握相关的党建知识，引导学生积极向党组织靠拢；要掌握一定的社会学知识，以引导学生处理好人际关系；要掌握一定的伦理学知识，以培养学生高尚的道德情操。另外，辅导员还要有良好的文化素养，包括文学、音乐、绘画、哲学、体育等方面的文化素养，以从更多更广的层面给学生指导和熏陶。在实际工作中，辅导员要善于将自己的专业知识与实际工作结合起来，善于总结，勇于创新，不断发现问题，研究问题，解决问题，提出新思路、新方法。

二、关爱学生　甘于奉献

教育家苏霍姆林斯基说："如果你不爱学生，那么，你的教育一开始就失败了。"所以爱学生是做好思想政治工作的前提，是辅导员职业道德的着眼点。这一职业道德着眼点告诉我们，要想做好辅导员工作，首先必须热爱学生、热爱学生工作，要对学生倾注满腔热情，要经常与学生进行情感交流。在高等学校的各项工作中，辅导员工作具有一定的特殊性。辅导员的很多工作都是日常事务性工作，比较琐碎，而且学生上课时间和辅导员上班时间是一致的，所有很多工作要占用课后或休息时间来做，这就要求辅导员要热爱本职工作，对学生要有"五心"：第一是爱心，对待学生要有一颗爱心，去爱护和关心他们，学会去发现每一个学生的闪光点；第二是诚心，对待学生要有诚心，要真心诚意地了解学生，帮助他们解决问题；第三是热心，辅导员要保持着对工作的满腔热情，全身心地投入到学生工作中；第四是责任心，辅导员的工作对象是大学生，故要以强烈的工作责任心，时刻去关心帮助学生；第五是耐心，辅导员工作不是一蹴而就的，由于学生的政治思想素质、文化素质、心理素质、道德素质各不相同，很多工作要多次做、反复做，这就要求辅导员要有耐心，不厌其烦地去做好学生的工作，并且要以一种平常心和乐观向上的积极态度去面对各项工作。

辅导员工作又是一项"全天候"的工作，学生的问题随时都可能发生，所以很多双休日、节假日的业余时间，都成为辅导员的"正规工作时间"。当学生有困难出现问题时，辅导员总是第一时间出现在学生身边，给学生支持与关爱，鼓励学生战胜困难，收获成功。因此，辅导员工作是需要有奉献精神的职业。辅导员应该具备良好的品质、健全的人格，要有积极向上的人生态度，要有满腔热情的工作作风，要有乐于奉献的牺牲精神。

三、尊重学生　平等交流

尊重学生个性，与其平等交流，是以人为本的学生工作理念的具体要求，是辅导员职业道德在新时期所呈现出来的新特点。高校辅导员所从事的工作是对大学生的思想、心理、品质、学习、生活以及发展规划的辅助指导。辅导员的工作对象是一个特殊的知识青年群体，他们主体意识、参与意识较强，个性张扬，喜欢独立思考、渴望被尊重，而且绝大多数学生入校时已超过 18 岁的法定年龄，已具有独立民事能力，这就要求辅导员要尊重学生个性，与其平等交流。

首先，辅导员要以学生为本，尊重学生的个性。尊重是教育的第一原则，辅导员在与学生的交往中，要把学生看做独立个体，尊重学生的独立人格，发挥学生的主体性，关注学生成长的心理需求，爱护学生的自尊心，承认学生的个体差异性，允许学生多层次、有差异地发展。其次，在对学生进行教育指导时，要把学生作为平等独立的主体，与其进行平等交流。辅导员与学生在教育过程中所处的地位是不同的，但师生之间在人格上、在尊严上是完全平等的。辅导员应具有民主平等的作风，尊重学生的人格尊严，坚持说服教育，平等待人。切忌居高临下以行政命令的方式要求学生服从，这样不但达不到教育目的，还会适得其反，引起学生的反感。辅导员应该善于利用一切机会，充分调动学生的主观能动性，以平等开放的态度鼓励学生自我教育、自我管理、自我促进。

辅导员与辅导员之间要团结互助、取长补短，相互支持与协作，以形成良好的辅导员集体，充分发挥辅导员集体的教育力量。

四、言行一致　和蔼可亲

辅导员的职业形象必须言行一致、和蔼可亲。辅导员的言行举止、语态外貌给大学生以直观的作用与影响，是大学生成长过程中自觉不自觉的形象参照，同时也是辅导员对学生进行教育的特殊手段。

言行一致要求辅导员言必行，行必果，表里如一，说到做到；要求辅导员说老实话、办老实事，做老实人；要求辅导员理解学生，善待学生，要求学生做到的，首先自己要做到；要求辅导员以良好的形象在学生心目中树立言行一致的典范，真正做到为人师表、率先垂范，用自己的人格力量影响学生。如果辅导员表里不一，言行不一，在学生面前讲的是一套，自己做时又是另一套，不但损害辅导员在学生心目中的形象，更重要的是会对学生产生负面作用，影响学生道德品质的完善。

和蔼可亲要求辅导员要尊重学生，说话和气，平易近人，有亲和力。辅导员要全面了解学生，客观评价学生，公正对待学生，不可主观武断，独断专行；辅导员要真心帮助学生排忧解难，亲切友好，耐心细致，不可态度冷漠，情绪焦急；辅导员要和蔼可亲地对待每一个学生，要深入学生，广泛接触学生，和学生广交朋友，不可有亲有疏，有冷有热，造成学生中的不平等；对学生成长过程中出现的问题以及缺点错误，辅导员要指出问题，分析原因，要以爱心、耐心、恒心帮助学生在挫折中成长，不可内心反感、态度歧视，语言尖刻，冷嘲热讽。

五、一视同仁　公正严明

辅导员在具体工作中对学生要一视同仁，平等对待，这是辅导员职业道德的具体体现。大学生由于成长环境、家庭背景、个人素质等方面的差异，在思想品德、学习成绩、社会心理、智力能力等方面总会有一定差异。辅导员要正视这些问题，在处理具体问题时不能以自己的偏好为标准，厚此薄彼，亲此疏彼，必须一视同仁，平等待人，给学生创造公平竞争、民主宽松的环境，促使全体学生健康成长，积极向上。

除一视同仁外，辅导员在处理具体问题时一定要公正严明。这是维护学校的规章制度和办学秩序的必然要求，同时也是对学生的再教育过程。辅导员要将学校的相关规章制度、原则规范详细传达给学生，如果出现违反学校规定的行为，辅导员要按照学校的规章制度、相关条例处理问题，既要做到有法可依、有据可查，公平公正，透明公开，还要对事不对人，以事示教；在评先进、选优秀、评奖学金、推优入党、选干、困难补助等各项工作中，辅导员贯彻要公平、公正、公开的原则，广泛听取群众意见，坚持民主程序，使工作透明化、公开化，将真正符合条件的学生推选出来。

一视同仁、公正严明的职业道德精神和态度，不但维护了校规校纪的严肃性和权威性，而且造成了整个校园民主公正、和谐稳定的道德环境和道德秩序，有效地促进了学生乃至辅导员优良品质的形成。

六、严于律己　为人师表

严于律己，为人师表，以身作则这是对辅导员职业道德的本质要求。高校辅导员必须是学生做人的楷模，求知的导师。在大学校园里学生与教师接触最多的就是辅导员，辅导员的政治立场、道德品质、职业精神、治学态度、处世方式、生活态度、心理素质等，对学生的成长有着极为深刻而又不可替代的影响。严于律己，为人师表，以身作则这是对辅导员职业道德的基本要求。辅导员希望把学生培养成什么样的人，那他自己首先就应该是这样的一个人。前苏联教育家申比廖夫说过："没有教师对学生直接的人格影响，就不可能有真正的教育工作。"马卡连柯也曾说过："教师的个人榜样乃是使青年心灵开花结果的阳光。"因此，辅导员应该端正工作态度，增强历史责任感和使命感，树立崇高的职业理想和爱岗敬业的精神，服务学生，奉献社会，在各方面都成为学生的表率。总之，辅导员是高校做好学生工作的根本保证，是培养全面发展的人才不可或缺的重要师资队伍。在新形势下，辅导员应以高标准的综合素质要求自己，有针对性地完善自我，不断学习，以适应新时期学生工作发展的需要，最终实现自身的发展。

◆思考题

1. 结合实际谈谈指导教师或带队教师的职业道德对社会实践活动会产生哪些影响。

2. 谈谈军训中指导教师的职业道德规范。

3. 阐述大学生专业实习的重要性及带队教师的职业道德要求。

4. 新时期高校辅导员应该具有怎样的道德素养。

阅读资料一：

大爱无华

——上海师大青年教授贺宝根舍身救学生

2007 年 8 月 10 日凌晨，年仅 44 岁的上海师范大学旅游学院教授贺宝根在上海市崇明县东滩进行水质考察时，为救遇险学生不幸被大浪吞噬了生命。噩耗传来，广大师生无不痛心疾首。

8 月 14 日午后，上海龙华殡仪馆大厅内如潮水般涌来了千余名贺宝根生前的亲朋好友、师长学生，止不住的泪水在每个人脸上无声地滑落。

谁也不愿再去回忆贺宝根消失在汹涌潮水的那一幕——

作为上海师范大学旅游学院地理系副主任的贺宝根，承接了国家自然科学基金《长江口崇明东滩高潮盐沼水—沉积物—植物界面泥沙输移机制研究》项目。2007 年 7 月 26 日，他带领 17 名研究生和本科生在崇明东滩开始项目野外考察。

8 月 9 日晚 7 时 20 分左右，恰遇涨潮，水势迅速淹到了靠泊在潮沟里的考察船的船舷。可能会有危险！贺宝根迅速组织学生撤离。此时，在 50 米开外的地方传来了学生小徐的呼救声。原来他被潮水阻隔，来不及回到船上。贺宝根发现险情，毫不犹豫，当即下船，顶着汹涌而至的潮水游到小徐身边，让他抓紧自己的衣服，带着他慢慢往回游。将小徐带至安全地带后，贺教授对小徐说："你走回去吧，现在没问题了。我已经游不动了。"之后，小徐被其他考察队员拉回船上，而贺宝根由于体力不支，被潮水越卷越远，随即失去踪影。东旺沙边防派出所官兵和东滩自然保护区工作人员闻讯赶来搜救，一直到晚上 10 时天已全黑，仍然不见贺老师的身影。8 月 10 日凌晨 4 时，搜救人员再次出动，在东滩养牛场外潮沟处发现了贺宝根的遗体。

噩耗传来，和贺宝根共事时间最长的上海师大旅游学院副院长高峻教授几度哽咽，他告诉记者：贺宝根带领学生已经连续 12 天在长江口测流了，一直在 37 摄氏度以上的高温天气下工作。由于课题需要连续测量涨潮、落潮期间的水流，所以需要定时测量……没有淡水洗澡，经常吃方便面，"他是把大地作为自己的实验室了。"上海师大旅游学院地理系主任温家洪教授也说"对地理考察来说，现场就是第一实验室。工作风险自然很大。但是贺宝根为了科学事业却义无反顾。"

　　后来记者通过上海师大旅游学院的贾铁飞教授了解到，目前贺宝根的研究在国内尚属空白，因为做这项工作需要的第一手资料太难搜集，需要获取大量数据后才能做分析、出结论。他的初期研究成果的发表遇到一些障碍，两次被专业杂志《泥沙研究》退稿。但他仍坚持不懈，终于得到业内人士认可。

　　事发当天，贺宝根能舍身救学生，并不偶然。一直以来，他都是学生心目中一位和蔼可亲的老师，曾有学生在网上亲切地称他"宝宝老师"。事实上，贺宝根也是为数不多的在 BBS 上和学生聊天交流的老师之一。他对学生的关心，处处可见，而且可以说是无微不至。来自新疆的大三学生马文婷对贺老师的印象非常深："贺老师很乐于帮助同学。我们在野外实习时，都是自费的。线路不同，花费也就不一样。贺老师总会在选择地点时征求我们的意见，而且说有什么困难都可以和他'私聊'"。马文婷是回族学生。去年野外实习一起吃饭时，贺宝根总会先问她是否可以一起吃。"他也许不是上海师大最好的老师，但他肯定是上海师大最有魅力的老师。"2004 级地理教育的学生陈佳忘不了贺宝根老师。"贺教授教了我们 3 个学期。他平易近人，总是站在学生的角度想问题。他会在实习前为我们做很多准备工作，充分考虑我们的需求，告诉我们该怎样准备。除了课本知识，他还告诉我们做人的道理。"同学们说到这里，都有些哽咽，眼睛也湿润了。据高峻教授透露，从 2000 年开始，贺宝根就倡议系里的老师把野外实习的补贴捐给家庭困难的学生，而且都是"悄悄地给"。去年，地理系野外实习的学生开展教育活动时，贺宝根还捐了 500 元钱。

　　贺宝根的开朗、豁达，他对人的热情，对生活的热情感动着身边的每一个人。贾铁飞教授说，得知贺宝根不幸遇难后，脑子里就有四个字在转悠，就是"大爱无华"："他没有什么豪言壮语。但是他把对工作的爱、对科研的爱、对学生的爱，都融入了生活的细节中。"

阅读资料二：

用温情托起一片湛蓝的天空

又是一年长空鸣雁，

又是一年霜风雨雪，

又是一年桃李飘香，

金秋九月，2003 级莘莘学子带着欣喜与希冀，跨入了大学的门槛。

对于北京化工大学化学工程学院辅导员崔老师来说，这意味着一段新的工作的开始。

她叫小英，2004年因患严重自闭、偏激症从02级休学留级到03级的一名学生。在与小英的谈话中，崔老师了解到：小英性格内向、孤僻、脆弱，不愿意跟人交流，思想过于单纯，一旦现实生活中遇到的问题与自己的想法不一致，就很难接受，容易受伤，并且家庭的不和睦，使她从小失去了父母的关爱。接下来崔老师把小英接到自己的寝室，一起同吃同住生活了一段时间。通过几天的亲密接触，小英感受到了家的温馨和亲人的关爱，渐渐地向崔老师敞开了心扉。刚开始的时候，小英隔两天找崔老师谈自己的事，随着时间的流逝，小英找崔老师的次数少了，她自己慢慢地适应了大学生活和与人交往。最近，小英给崔老师的一封信中这样写道："虽然您很忙，您还是给了我无微不至的关怀，您告诉我，我可以把您当做姐姐一样，而且您确实做到了，到了新的环境，遇到一些困难，我都会去找您，您和我谈心，我总是觉得您说得很有道理，有远见，使我茅塞顿开。我想除了您的开导，那就是您的爱心了，您的关怀我能感觉到，而这也是我最最需要的。您对我这段适应期起到了重要的作用，使我顺利地开始了新的生活。我现在能和室友打成一片，我觉得宿舍是个令人开心的地方，而不是像以前一样，让人感到恐惧。我现在每天都过得很好，即使有时候会累，但心里不会被痛苦纠结。"

正是崔老师这份浓厚的责任感，这份炽热的深情，融化了学生心头的坚冰，也正是这份温情的呵护，为其筑起了生命的阁楼。

辅导员，一个亲切的字眼，她以一种"过来人"的经历，向学生诠释着大学生活的取与舍、美与丑、善与恶。她虽不是"传道授业解惑"的大师，但却是酿造青春、播撒阳光的使者。有人曾说过："一个人的心有多大，他的舞台就有多大！"因病休学或者退学的例子在大学校园中屡见不鲜，可又有多少学生能在阴霾满天的境遇中汲取爱的光芒，我们有理由相信：有了爱，什么奇迹都可能发生！

日出月落，江河行地，万象纷繁的世界，滚滚而来的红尘，摊开掌心，让真诚的心灵去萦绕更多的人，让生命的春天更加绚丽。有人曾说："辅导员做的是'人'的工作。"诚挚的微笑，关切的问候，赞许的眼神，正是这些脉脉温情，与学生架起了一座座"心桥"。

太阳无语，自是一种光辉；高山无语，自是一种巍峨。你用如丝如缕的温情，托起了一片湛蓝的天空！

第七章 平等与尊重——教师在人际关系中的职业道德规范

高等学校中的教育活动是"教"与"学"两大主体围绕着知识传授和能力培养而展开的双边活动，是一项艰苦而复杂的人才工程。教师则在学校的教学、科研工作中起着主导作用。教师在职业活动中需要处理好各方面的人际关系，如教师与学生之间的关系、教师与教师之间的关系、教师与服务管理人员的关系、教师与领导之间的关系等。和谐融洽的师生关系，不仅影响着学生的学习成绩，而且影响着学生的生理、心理发育和人生观、世界观的形成；教师之间良好的人际关系有益于教师相互交流，相互学习、共同提高，有助于完善教师的素质和人格，促进个性的健康发展；教师与学校领导间建立平等、民主的上下级关系，可以激发双方的工作积极性和创造性；教师与学校其他员工的协调配合、团结协作，有利于加强学校群体的一致性和整体性，提高学校共同活动的效率和教育质量。本章试图从教师人际关系的角度，揭示高校教师人际关系中职业道德的重要性，探索新时期高等学校教师人际关系中的职业道德规范以及高校教师在社会人际关系中的职业形象。

第一节 高校教师人际关系中职业道德的重要性

一、新时期高校教师人际关系的特点

人际关系是人与人之间的交往而形成的关系。高校人际关系是学校领导、教师、学生以及服务管理人员在相互交往的过程中所形成的交往关系。新时期随着我国高校管理体制的不断完善和发展，以教学和科研为中心的管理体制基本形成，教师在高校人际关系中的中心地位也日益体现，这为教师发挥自己的潜能和特长提供了有利条件。高校教师与学生、领导以及服务管理人员交往的形式、内涵和规范上虽然存在着差异

性，但是从道德精神上要求交往双方的独立性、自由性、平等性和民主性却是共同的，并已成为新时期高校教师人际关系的新特点。

（一）独立性

高校教师人际关系的独立性首先表现为人格独立。大学中尽管存在着教师与校、院、系领导在行政等级上的差异，存在着教师与学生教育地位上的差异，但在人际交往中，无论领导、教师、学生和服务管理人员，每个人都是一个独立的个体存在，在人格和思想上都有自己独立存在的价值和意义，都有自己的独立人格和尊严，都应该受到尊重。学生作为受教育的主体，具有全面自由发展的独立自主需求，教师作为教育科研活动的主体，拥有充分的教学和科研独立自由权利，学校的行政管理人员按照教育系统管理规律，在其中发挥协调、服务和保障作用，但他们每个人也是一个独立的个体，并不依附于任何人。在教育活动过程中，人际交往的各方面不仅要坚持自己的独立人格，而且要充分尊重他人的独立人格。

高校教师人际关系的独立性还表现为独立思考。大学要提倡独立思考精神。在人际交往过程中，各个交往主体一方面要充分尊重他人的思想、观点、意志和意见，同时每个人要通过自己的观察和独立思考进行分析判断，发表独立见解，坚持正确的独立意志，勇于开拓、进取，大胆创新。教师在学术上要有自己的独立见解和学术品德，要尊重规律追求真理，坚持学术上的独立性。学生要坚持学习的独立性，要允许学生自主独立的选专业、选课程，培养学生独立自主的学习精神和创新精神。

高校教师人际关系的独立性还表现为师生员工可以独立自主地参与学校决策，监督学校工作。从人际交往的主体独立性上来说，教师自觉自主地参与学校决策，可以在很大程度上保证学校管理与教育教学的科学性和民主性。教师独立地位的获得可以从根本上改变教师之间的冲突和冷漠，更加注重合作，发挥同舟共济的主人翁精神。学生独立自主地参与学校教育工作的研讨、决策，可以充分发挥学生群体的主观能动性和生力军作用，对提高教育质量和办学效益有着重要的意义。行政管理人员独立自主地进行教学科研管理和后勤服务，可以明确他们的责任范围，增强他们的责任心，调动他们的积极性，促进高校服务和管理水平的提高。

（二）自由性

人际关系的自由性是指在尊重他人的前提下，在维护学校教育的根本功能的前提下，一个人不受任何人为的限制，可以自行其是，自负其责，尽其所能地发挥自己的潜能和特长。自由是大学精神灵魂之所在，是大学人际关系的又一特点。高校教师人际关系的自由性主要体现为思想自由、学术自由、教育自由。

思想自由，是说高校教师、学生需要有独立思考、活跃思维的宽松环境和自由，就是"免于党派、教派、学派钳制的自由"，即指"大学教师有发表、讨论学术意见而免于被除之恐惧的自由"；[①] 教师与学生均有思想空间开阔、思想情景活跃、思想理路发达的思想自由。但这种自由决不是放任自流，其立足点与根本乃在于自由地追求知识、探寻真理，是求真、崇善、尚美的自由，是关切历史与现实、文化与传统的思想自由。一切假、丑、恶，一切无病呻吟、哗众取宠，都不在思想自由之内。

学术自由是教师职业的宿命所在。学术自由对于教师来说就是学术研究无禁区，教师可以自由确定研究方向，自由选择研究课题，自由进行人员组合，按规定自主使用科研经费；可以自由探讨有争议的、前沿性的学术问题，并提出自己的新观点和新理论，允许自由争论，允许发表不同意见，这里也包括学生对学术研究的自由参与。学校要营造一个自由宽松的学术环境和氛围，任何部门、任何人不得压制学术自由，剥夺教师、学生学术自由的权利。

教育自由是高校教师自由性的又一表现。教师是教育的主体，基本任务是为学生提供、创造出自由自主学习的对象、目标以及条件和方法。教师可以在人才培养目标指引下，自由选择教育教学方法；可以根据教学大纲以及自己的学术专长自主设计课程，自由选择教材；在讲台上教师有介绍国内外有代表性的或较为成熟的学术观点和理论的自由；教育自由是教师独立性和主体性的具体表现，是学校领导以及教师之间都应该尊重的一种权力。

（三）平等性

高校教师人际关系的平等性主要表现为制度公平、权利和义务平等、机会平等、结果平等、人格平等。制度公平指的是高等学校在规章制度上、在程序上对每个教师的公平公正。制度公平确定了公平的道德价值目标，提供了实现公平的程序，造就了实现公平的道德秩序，从而约束规范高校人员的行为，把人们的行为纳入公平公正的轨道上。权利和义

---

① 金耀基：《大学的理念》，三联书店，2001年版，第172页。

务平等是说，学校和院系应当承认和保障所有教师、学生都享有平等参与教育、教学和科学研究活动的权利，并有提供相应环境条件的义务；教师则既享有平等的教育、教学和学术活动的自由权利，同时又必须承担教书育人、科技创新研究、服务社会的义务。机会平等意味着教育、学术活动的机会应向具有同等身份和资格的教师及学生同等开放。学校和院系应当为每个教师从事教学科研、进修深造、学术交流，为每个学生接受教育、参与科研和学术活动提供必要的机会和条件。结果平等是说教师的劳动应该得到客观公正的测度和公平的报酬；学生成绩应该得到公平评判和相应奖惩。

除了上述各种平等给高校教师人际关系带来的重大影响之外，人格平等则是从道德文化上，建设高校教师人际关系平等性的人格基础。这种人格平等是说，无论领导、教师、学生、服务人员，在人格上、在个人尊严上是完全平等的，无论从事什么工作，领导的组织管理，教师的教学科研，学生的学习深造，后勤的服务保障，都没有高低贵贱之分，只有分工的不同。这反映在教师人际关系中的职业道德上，就是要以平等的态度对待学生，对待同行，对待每一个人，尊重他们的人格；就是对自己的工作与其他人的工作之间的效用比较上持平等的态度，就是要理解学校各个部门、各种工作的重要性，要对他人的工作有一个充分的尊重和正确的评价。

(四)民主性

高校教师人际关系的民主性就是从根本上承认教师和学生对于学校和教育活动的平等主体地位和民主参与权利，否认任何依附性和屈从性的状态和关系。通过教职工代表大会、教育工会和学生会等机构和群众组织的设置可以保障师生员工的民主权利，在这里，大家共同讨论学校的建设和规划，提出建议并进行决策，体现共同治理、民主建校的原则。在基层，在各个院、系和班级中，在各项教育活动开展过程中，同样要体现人际交往的民主性。这里，师生民主权利的保障则取决于基层各有关组织机构的健全、领导者的民主意识、师生的主动参与等因素。只有在人际关系中充分体现出民主性，广大教职员工的主人翁地位才能实现，教师、学生、服务管理人员的积极性才能被充分调动起来。

民主交往的道德基础是每一位交往主体都是自由、平等、有尊严且自律的，这种道德基础使教师、学生和广大员工获得了参与学校决策的同等权利。当然，同等的参与权并不意味着每个参与者的决策权都一样大，每个人或者多数人的意见都必须采纳。民主性的体现并不是纯粹的"大民主"，也不是民众形成情绪化的非科学、非理性的倾向。教师人际交往民主性的前提，应当是能够以主人翁姿态参与学校治理，并能够以自己独特的理性思维和智力优势，负责任地建言献策。

高校教师人际关系的独立性、自由性、平等性、民主性特征，使高校教师的主体地位、平等、自由和民主权利得以实现，使教师传承文明探索真理的自由空间得以扩大，同时，这些现代性人际关系也向教师的传统观念和习惯提出了挑战，对教师的职业道德和职业责任提出了更高的标准和要求。

二、高校教师人际关系中职业道德的重要性

人的社会性决定了人际交往的必要性。一个人只有在与他人的交往中，才能形成生活所需要的勇气、乐趣、情感、意志、知识和能力，因此，与他人交往就成为人的一种本质的、内在的、永恒的基本需要。人际关系正是在这种双向的、互惠的、积极主动的交往中形成与发展的。从宏观上来说，人际关系是在人们共同的活动中建立的，从微观上来说，人际关系是在人与人之间的个体交往中产生的，是人们在各种具体的社会领域中，通过人与人之间的交往而建立起的心理上的联系。在高等学校，教师通过教育教学科研等活动，与学校领导、学生、其他教师及后勤管理等人员在交往中产生了特殊的教师人际关系。实践证明，在高校教师的教育教学以及科研管理等工作中，良好的人际关系有利于充分调动方方面面的积极性、主动性和创造性，增强教师工作的针对性和有效性，促进大学生的健康成长。相反，教师缺乏和谐的人际关系，只能使教育、教学、科研、管理等工作的主体与客体孤立起来，甚至出现"单干"、"对着干"的现象，从而影响教育的效果，不利于大学生的健康成长。因此，加强高校教师人际关系中的职业道德教育对于保证教育教学科研工作的良性运行，加强学校各口的沟通协作、提高工作效率以及促进教师人格和心理完善，推动教师职业道德建设具有重要的意义。

(一)保证教育、教学、科研工作的良性运行

根据交往双方相互的关系状况，我国学者把人际关系分为：①善于合作型。相互交往以宽容、忍让、帮助、给予为特征；遇事为他人着想，考虑问题全面细致；具有团结、协作、支援、友谊的关系。②不良竞争型。相互交往中表现为敌对、封锁、相互利用等特征；遇事只为自己打

算，总想胜过或压倒对方；团体人际关系较为紧张。③孤独分离型。这种人在交往时，以疏远他人、与世无争为特征；团体人际关系较冷淡、离异。可以看出后两者的人际关系是不可取的。第一种类型的人际关系是良好的人际关系，因为人是不能离开他人、脱离团体而生活的，人在社会实践和团体生活中，不可避免地要与他人、与社会发生着交互作用。人在交往中通过语言、思维、感情、行为等影响对方，同时也受对方影响。作为高等教育重要组成部分的教师来说，人际关系的好坏直接影响着高校的教育教学科研工作的良性运行。

1. 和谐的人际情感具有调节功能

教师的工作是充满情感的事业，缺少情感的教育工作是苍白的、失败的，古今中外的教育家都很重视情感在教育中的作用。我国近代教育家夏丐尊早就说过，教育之不能没有爱，犹如池塘之不能没有水，俄国教育家乌申斯基也认为，教师对学生的情感是极大的教育力量。前苏联教育家苏霍姆林斯基则把教师热爱学生作为"教育的奥秘"。人际关系是以情感为基础的，而人的情感体验又以认识为基础，并渗透在认识过程和意志过程中。高校教师在工作中常常遇到这样的情况：当我们比较注重关心爱护学生时，容易产生亲切、平等、信赖的情感，彼此感情易于交流、融洽。这种情感状态促使学生主动积极地配合教师开展工作，达到事半功倍的效果。同样，教师之间、教师与领导之间、教师与后勤管理人员之间平等、尊重、关心和团结的情感培育着学校里和谐的心理气氛，鼓舞人们的工作热情。高校教师人际情感的调节功能，营造着学校教育教学科研工作的良好环境。

2. 积极的人际行为具有示范功能

在人际关系中，人际行为是人际调适的归宿。改善人际知觉，调节人际情感，都是为了把认识转化为积极的行动。因而教师在教育教学科研中人际行为的调节就显得尤为重要。它不仅包括教学活动中教师对大学生的行为示范，而且还包括在实施教育中对大学生行为的直接调节。从信息论的观点来看，教育不能只依赖语言信息的渠道进行，一个教师的人际行为，即和他人相处中的态度、言谈、举止、能力等非语言信息对处在成长期的大学生来说有比较大的影响力，它对大学生有较强的示范功能，是对大学生实施教育的另一种信息渠道。同时，高校教师的良好人际行为对教育系统中其他成员也具有榜样的影响作用，激发他人的自尊心、荣誉感和自我价值的实现欲望，有利于学校整体人员素质的提高。高校教师的人际行为的示范功能，有效地促进学校教育教学科研工作的进程。

3. 良好的人际关系具有凝聚功能

人际关系的状况往往反映出团体的凝聚力及团体的战斗力。如果团体内部的人际关系和谐友好，则该团体一定是团结的、士气高的团体。反之，人际关系紧张，内耗严重，则会破坏团体内部的团结。人际关系的构成以人的情感为联系纽带，不同的人际关系引起人们的情感体验不同。团体中亲密的人际关系，引起人们愉快舒畅的感情和心理体验，从而增加团体的凝聚力；疏远的或敌对的人际关系，会引起人们之间不愉快、烦恼、甚至憎恶的情感体验，使团体分裂，人心涣散。高校教师良好的人际关系具有凝聚功能，可以增强教师集体的凝聚力和向心力，提高教师集体的战斗力，取得良好的教育教学效果。高校教师良好人际关系的凝聚功能，是推动学校教育教学科研工作迈上新台阶的动力。

（二）有利于学校各口的相互配合和沟通合作

人际关系在高校有着多重性，高校的人际环境是由高校的领导、教师、职工、学生之间相互联系构成的，包括教育、教学、科研、团委、学生处、管理、后勤等部门之间的人际关系。高校的各项工作和任务就是通过高校各口人员的相互协调团结合作，共同完成的。良好的人际关系能使团结协作蔚然成风，沟通和谐自然有序，从而使学校的各部门形成一个有机的系统，这个系统能够保持高度的整体性、同步性和一致性；良好的人际关系能使师生员工心情舒畅、积极向上，使学校的组织效能得到充分发挥，各项工作达到高效率，取得好成绩。

1. 人际沟通与合作使学校各部门形成统一的整体

高等学校好比一部大的机器，由很多不同的部件组成，这些部件各自起着不同的作用，然而各部件之间又是紧密联系的，只有所有的部件协同运转、密切配合才能生产出合格的好产品。学校教育、教学、科研、团委、学生处、管理、后勤等各口所有的人员都是这部大机器上的一个部件，它们在不同的位置上做着不同的工作：教师在教，学生在学，后勤人员在服务，管理者在组织。在培养国家所需栋梁之才的总目标下，他们的互助合作起着至关重要的作用，而他们之间和谐的人际关系是互助合作的基础。经验告诉我们，在建立学校各部门的相互配合和协作的过程中，广大教师的互助合作、善于沟通是很重要的。高校教师良好的人际关系可以加强人际沟通，形成良好的心理气氛，使人们产生开朗、乐观的情绪，对工作更加热爱，对生活更加想往，使学校各口之间互相照应密切配合，整个群体保持一种稳定融洽的秩序，使学校各个部门形成统一的整体，整体运转，步调一致，目标统一。

2. 人际间相互支持和配合，极大提高学校各口的效率和效能

团体中的人际关系是否融洽协调，对工作的效率和效能有着不容忽视的影响。人与人之间的猜忌、冷漠、排斥、冲突等等，不仅会使人分散精力、浪费时间，而且会造成毫无价值的心理消耗，使人不得不把相当一部分"心劲"用在"对付"人上。因此，常常出现这样的情况：工作成绩并不一定与人数的多寡成正比，一加一并不一定等于二。如果团体中各个成员之间能够互相理解、体谅、同情，形成心理相容，就会有共同的目标与心理指向，就会团结配合，形成合力。社会心理学的研究表明，人们在生产劳动中大约有百分之十五的时间用在人际关系和冲突后的情绪体验上。如果人际关系的结构、组合等处理得好，则会放大工作效率的倍率，产生 $1+1>2$ 的效果，反之，则会影响工作的效率，产生 $1+1<2$ 的效果。

在学校工作生活中，如果教师与学生、教师与教师、教师与领导或教师与其他员工之间的关系紧张或者冷漠，就会使自己或他人不得不把过多的时间和精力用在考虑和处理这种关系上，分散对各自的工作任务和共同活动的注意力，影响工作的质量和效率。相反，如果彼此关系相处融洽，遇事能够相互理解、协调一致，在工作中形成彼此之间的最佳配合，并由此而产生满意、愉快的情绪体验，就能使大家把注意力都集中在工作上，取得高质量、高效率的成绩。可见，学校工作群体中人际关系的融洽性与一致性，能在一定程度上调节教职工的劳动态度，增进活动效能，提高工作效率。学校如同一个小社会，教师与学生之间、教师与教师之间、学生与学生之间、教职工与领导之间、领导与领导之间，无疑也构成了一张错综复杂的人际关系网。正确处理好各种人际关系，才有可能在学校内部形成团结、和谐、进取的氛围，使每个人心情舒畅，群体具有凝聚力，学校面貌也才可能蒸蒸日上；反之，就会出现人心涣散，纠纷丛生，摩擦不断，矛盾四起，宝贵的时间、精力都在内耗中丧失，不仅工作效益低下，学校管理目标难以实现，甚至还会危及学校的生存。因此，教师在人际关系中的职业道德规范是高校教师职业道德建设中不容忽视的问题。

(三)促进教师人格和心理完善

人际关系对人们的个性心理有明显的影响。人与人之间的交往过程，不仅是一种认识上相互沟通、情感上相互交流的过程，而且也是行为上、心理上相互作用、相互影响的过程。一个人如果长期生活在人际关系充满了冲突或者冷漠的环境中，就可能产生心理变态，诸如：谨小慎微，情绪压抑，性格内向；或者性格暴躁，情绪激动，易生猜忌。反之，和谐融洽的人际关系，会使粗野者变得文雅，怯懦者变得勇敢，自私者逐渐懂得关心体贴别人，使人的心理健康发展。

在高等学校中，教师与各有关方面建立和谐的人际关系有利于促进教师人格和心理完善。在教育教学过程中，教师遵循职业道德规范、尊重、平等地对待学生，既关心爱护学生，又严格科学地要求学生，教师循循善诱、诲人不倦的精神激发学生积极进取，发愤图强，同时学生的健康成长、奋发成才以及对教师由衷的敬爱和纯真的感情也使教师受到鼓舞，并得到心理上的满足。教师之间的团结合作是教师完善自我，提高综合素质的最佳途径。只有在教师的集体中，通过发现其他教师的优点、经验，也才能认识到自己的不足和缺陷，在集体中，在与其他教师的合作中，教师才能更清楚地了解自己，认识自己，显示出自己的价值，从而提高自己、完善自己。同样，高校教师在与其他人员交往时会遇到各种复杂问题，通过建立和谐人际关系，妥善解决问题，相互启发和教育，也会促进教师人格和心理完善。

第二节　高校教师人际关系中的职业道德规范

高校教师在学校教育环境中的人际关系是多方面的，涉及教师与学生、教师与其他教师、教师与领导、教师与职员、教师与社会公众等等。这些关系处理得如何直接关系到教师教育活动的成败。尽管高校教师与学生、领导、其他教师、职员以及社会公众交往的形式、内涵和具体规范上存在着差异性，但是校内各级组织和师生员工都处在高等教育的大系统中，有着共同的工作目标和职业理想，因此，在人际交往的规律上也存在着共同性。本节试图从新时期高校教师人际关系的特点出发，探讨高校教师人际关系中的职业道德规范。这就是在高校治理的科学化、民主化进程中、在平等和尊重基础之上确立的：独立自由、平等民主；互相尊重、团结协作；相互支持、顾全大局；平等相待、沟通配合的高校教师人际关系中的职业道德规范。

一、独立自由　平等民主

本章第一节谈到高等学校新时期教师人际关系的特点具有独立性、自由性、平等性、民主性。这四方面既体现了人际交往的公共原则，又体现在学校人际交往的个体人格上。教师、学生、学校各级领导、服务管理等各方面人员都应该在独立、自由、平等、民主的前提下，在工作和生活领域进行广泛的沟通、交往，形成和谐、美好的人际关系，推动高校各项工作的发展。在高校，无论领导、教师、学生、服务人员，在人格尊严上是完全平等的，无论从事什么工作，组织管理、教学科研、学习深造、服务保障，都没有高低贵贱之分，只有分工的不同。所有人员的人际交往都活跃于一个独立自由、平等民主然而又具有共同教育目标的体系之中。

在高等学校众多的人际关系中，教师与学生的关系，是教育过程中人与人关系中最基本的也是最重要的关系。处理好师生关系不仅是教育教学的需要，也是社会对教师职业道德最基本的要求。独立、自由、平等、民主的交往原则和规范首先要在师生关系中得到充分的体现。为此，高校教师应当做到：

（一）尊重爱护学生

尊重学生事实上就是承认学生在师生交往中的独立地位和平等权利。高校教师在与学生交往过程中要尊重学生的人格、个性、尊严和意愿，要平等待人。在人格上，求知者和施教者没有高低贵贱之分，是完全平等的。但是由于传统教育思想的影响，少数教师还残存着"师道尊严"的观念，认为学生服从教师是理所当然的，教师可以唯我独尊、以势压人，学生只能俯身听命，言听计从。特别是在学术知识方面，不能容忍学生对自己提出异议，更不允许学生"离经叛道"。这种做法违背了高校人际关系中的"独立、自由、平等、民主"的原则，是对学生人格的不承认、个性的不尊重。高校教师应该明确，每个大学生都是一个独立的个体，是有思想、有个性、有情感、有创造性的人，尊重学生首先要求教师充分尊重学生的个性和创造力，要重视他们在各方面提出的意见和建议，特别要关注他们在学术和知识方面提出的不同意见和见解。尊重学生要求高校教师尊重学生的合法权益。每个学生在家庭、学校、社会生活中都有自己的合法权益，如享有受教育的权利、人身安全不受侵犯的权利、

186

民主平等权利等等。在学校，教师要尊重学生的合法权益，培养学生的民主意识、独立精神、参与精神和创新精神，不可剥夺学生的发言权、表决权、知情权，不可压制学生在教育教学活动中表现出来的开拓创新的勇气。尊重学生还要求教师鼓励学生独立思考、探索研究、向教师质询质疑；倡导学生积极参加各种社团活动以及社会实践；鼓励学生对学校和院系的发展规划，对专业建设、课程安排提出积极的意见和建议，对学校、院系承担批评监督的责任和义务。

"爱是最好的教育"。师爱是一种带有强烈社会责任感和使命感的高尚情感，是关注学生成长成才的一种深刻深远的爱，也是一种具体、切实、全面的爱。高校教师对学生要有爱心，不仅要从学习、思想上关心爱护学生，也要从生活上、身心健康方面主动去关心爱护学生。首先，教师要了解、信任学生。学生是有思想、有感情、有个性的活生生的人，每个学生都有自己独特的、与众不同的个性特征。教师只有了解学生的过去和现在，了解学生的优缺点和特长，才能因人施教；教师只有信任学生，学生才能对教师吐露心声，寻求指点和教诲。其次，教师要成为学生的知心朋友。教师不是居高临下的训育者，应该是学生的朋友。教师要主动倾听学生的心声，了解他们的内心世界，帮助他们解决实际问题。教师要善于从每个学生的身上发现其可爱的闪光点，正如苏联教育家苏霍姆林斯基所说：教育的任务就是要在每个人的身上发现那独一无二的创造性源泉，帮助每个人打开眼界看到自己身上人类自豪感的火花，从而成为一个精神上坚强，每天抬起头，挺起胸膛走路的人！

尊重爱护学生还表现在严格要求学生上。教师对学生的爱，要与"严"紧密结合在一起，严格要求，严格管理，决不迁就和放任学生。当然这个严格不是苛刻的责难，而是严而有理，严而有度。严而有理是指教师对学生提出的一切要求都要符合党和国家的方针政策，都要有利于学生的身心健康；严而有度，是指教师对学生提出的各种要求都要符合客观实际，符合学生的身份、年龄和特点，如果离实际太远，要求过高，学生无法达到，这种严格也就毫无意义。北京师范大学林崇德教授讲："我的教书育人理念是：严在当严处，爱在细微中。"平日他在生活、思想上关心爱护学生，亲如父子，在"做人"和"做学问"上却一丝不苟，严格要求。

（二）平等公正对待学生

平等公正地对待学生是在高校教师与学生的人际关系中体现"平等、

民主"原则的重要内容。首先，教师要以平等的态度对待学生，将民主平等精神贯彻于自己的教育教学过程中。教师不是先知先觉，不是权威和家长，而是学生的朋友和知己，是可以聆听和倾诉的对象。在教育活动中，教师不可唯我独尊以势压人，强迫学生接受自己的观点，而应该允许学生提问、质询、质疑，展开民主平等的对话和交流。在教育活动中学生难免会出现这样那样的问题，教师不能讽刺挖苦，要保护学生的自尊心和积极性，鼓励学生的创造性。对他们的学习成绩要客观公正地给予评价。正确的要充分肯定，不足的要明确指出，循循善诱。

其次，教师要以公正的态度对待学生。对待所有的学生，教师必须持公正的态度，一视同仁，有教无类。教师要尊重每个学生的人格，要用同样的爱对待每一个学生。有的教师对学习成绩优秀的"好学生"高看一眼、倍加关照，对学习差的"笨学生"不理不睬、漠不关心；有的教师以个人的好恶情感对学生远近亲疏；有个别教师甚至因学生的出身、民族、性别或家庭背景的不同而出现偏袒或歧视的现象。这种种错误倾向都造成对部分学生自尊心不同程度的伤害，影响学生的心理健康和成长，影响教育教学工作的效率和质量。教师必须对所有的学生公平对待，一视同仁。对每个学生的评价尺度要客观统一，评价过程要有规定程序，评价结果要公开透明，特别是在处理学生入党入团、评定操行等级、评选先进、确定奖学金和选举班干部以及由于违纪给予处分等与学生切身利益有关的问题时，教师更要注意坚持公开、公平、公正的标准和原则，要深入群众调查研究，实事求是，要充分尊重学生的民主权利，严格按照国家政策办事。只有如此，才能赢得学生对教师的信任和尊敬，对学校教育的心悦诚服和严格遵循。

二、互相尊重　团结协作

团结协作是指人们在各种活动中的相互配合与合作。团结协作作为高校教师人际关系中的一种职业道德规范，不仅是集体主义原则在教师关系中的具体体现，而且是做好教育工作，实现教育目标的内在需要。高等教育是一个社会系统工程，需要全体教职员工的共同努力。从高等教育自身的发展来看，教育工作的专业化、社会化程度越来越高，这就需要各专业之间、教师之间和谐协作，密切配合；从教育的培养目标来看，当前我们正在进行素质教育，要求学生在德、智、体、美、劳等诸方面实现综合素质的全面发展，这更离不开全体师生员工的团结合作；

在教育教学日常工作中，在具体教育活动实施过程中就更离不开教师之间、教师与其他员工之间的密切协作。由于工作性质和工作环境的特点要求，在教师与教师、教师与其他学校员工之间的团结协作关系中，教师之间的团结协作尤其重要，而教师之间的团结协作是以互相尊重为前提、为基础的。所以"互相尊重、团结协作"成为教师与教师之间建立和谐人际关系中最重要的职业道德规范。要模范遵守"互相尊重、团结协作"，每个教师应该做到以下几点。

(一)提倡团队精神　克服特立独行

教育劳动是一种特殊的生产劳动。劳动工具除了教材、教学设备等外，主要是教师自身的个性，包括教师的知识水平、思维能力、思想觉悟、道德品质和情感意志。教育方式经常是教师个人面对学生独立施教。因此教师个人的作用和影响是极其重要的。然而现代高等教育的飞速发展以及育人目标，对教师教育劳动的独立性提出了挑战。高等教育培养的目标是具有高层次科学文化知识和技能、有创新精神和开拓能力、有高尚道德品质的一代新人，这一任务不是一个教师的独立劳动就能实现的，而是需要教育系统的整体运作、需要全体教育工作者的共同努力以致全社会的支持才能实现。教育的目的性、方向性和影响一致性要求高校教师必须统一教育思想，严格执行教学计划，团结协作，互相配合。

在高校教师中要特别强调团队精神，克服特立独行的个人倾向。有的教师认为对学生施教是教师个人的行为，与他人无关，因此在教育活动中天马行空，独来独往，采取不交流、不配合的封闭式态度；有的教师唯我独尊，听不进他人的意见，文人相轻、相互贬低，导致工作中的不协调；还有的教师不能正确对待竞争，"同行是冤家"，生怕别人比自己强，嫉妒、拆台，严重破坏了教师之间的合作关系。因此，坚持团队精神，克服特立独行是高校教师在处理与其他教师相互关系上，必须遵守的最基本的职业道德准则。

这一职业道德准则，首先要求高校教师主动关心教师团队的发展、建设，关心和支持团队的每项工作和任务。例如，主动关心教研室集体教学计划的完成、整体教学质量的提高、集体科研课题的进展，积极出主意、想办法，提合理化建议等等。其次，教师要自觉维护教师团队的"统一性、凝聚性"。教师必须充分认识个人力量和集体力量的辩证关系，"大河有水小河满，大河无水小河干"，每个教师为整体教育工作的完成尽到个人的最大努力，整个团队才有可能更好地完成教育任务，才有可能不断地为教师个人创造更多更好的条件，满足教师各方面的正当需求，实现教师的个人发展的利益。因此，高校教师要努力克服各种错误倾向，特别是个人主义的影响。提倡集体主义和团队精神，反对那种置集体的共同利益、共同的目标而不顾，一心追求个人名誉、地位、金钱和享受的个人主义思想和行为。

（二）互相尊重，互相学习，团结协作

相互尊重是教师个人进行人际交往的前提，是教师道德境界的体现，也是建立良好人际关系的重要道德规范。心理学研究表明，自尊心是人的心灵里最敏感的角落，尊重是人的一种高层次心理需要，是自我完善、自我发展的一种积极有效的心理动因。教师作为高学历、高水平的知识分子群体，自尊心表现得更为强烈，更要求得到别人的尊重。只有在相互尊重的基础上才能形成团结和睦的同事关系和谐、融洽的集体，才能增进教师之间的友谊，真正克服文人相轻的陋习。

互相尊重的道德规范，首先要求每位教师都要尊重他人，维护其他教师的威信。在学校中，各种学科都是素质教育、培养全面发展人才所必需的，它们之间是相互联系、相互促进的。每位教师应该充分认识到，对学生的教育工作是依靠自己和其他教师的共同努力实现的，对自己在这个教育活动过程中的作用应该有清醒的认识，对其他教师的作用也应该有客观全面的评价，要维护其他教师的威信，不能任意贬低其他教师的教育劳动。其次，班主任与任课教师之间也要互相尊重，密切配合。班主任在促进学生的全面发展方面承担着重要的责任，但是，仅仅依靠班主任也难以保证学生的全面发展。这就要求班主任要尊重其他任课教师，主动向任课教师介绍班级和学生的情况，向他们了解学生的思想、学习状况，听取他们对班级管理的意见，注意维护任课教师在学生中的威信。任课教师则要尊重班主任的管理和工作安排，密切配合班主任工作，不仅要认真上好课，完成教学任务，而且要育好人，关心学生的全面发展。再次，教师要学会换位思考，善解人意。教师之间在工作中难免会有一些矛盾和不同意见，遇到这种情况，教师要学会站在对方的立场、角度来看问题，来理解他人，要虚心听取他人的意见，主动积极化解矛盾，统一思想。谦虚谨慎，相互尊重，切磋道艺，坦诚相见，是维系教师之间伦理关系的基本道德要求。只有谦虚谨慎尊重他人的教师，才是善解人意的老师，才会真正得到同事的尊重。

互相学习、团结协作是做好教育工作的内在需要。教师之间的团结协作，不仅有利于创设良好的教育环境，增加教育的合力，提高教育影响的实效性，而且从教师自身发展来看，只有通过团结合作，通过向其他专业、其他教师的学习，才能实现自身素质的完善和能力的提高。互相学习、团结协作是调整教师人际关系的重要行为规范，也是教师不可缺少的重要品质。为此，高校教师应做到以下几点：

第一，在教学实践中，同一专业学科的教师之间互相学习、集体教研，可以起到集思广益、取长补短，提高教学质量的作用。同一学科教师要摒弃文人相轻、同行是冤家的陋习，互相学习，共同提高；不同专业学科的教师之间也要互相学习互相切磋。现代科技的迅猛发展，产生了许多新型学科、交叉学科和边缘性学科，原有的学科也发生了很大变化，各学科乃至各种课程之间的交汇融合成了发展趋势。因此，不同学科的教师要打破画地为牢的学科壁垒与偏见，涉猎其他学科知识，与不同学科的教师互相交流，互相学习，团结合作，提高自身的综合素质，走综合型教师发展之路。第二，新老教师之间加强沟通、互相学习。老教师往往以经验见长，而年轻教师则思想活跃，富有创新精神，两者具有极强的互补性。年轻教师应当尊重老教师，虚心学习积累经验；老教师应爱护和帮助年轻教师，使之尽快成长起来。随着教育改革的深入发展和教育理念的更新，老教师也要向年轻教师学习现代教育理念和教育科学手段，掌握先进的教育技术，提高教学质量。在教师之间还要提倡：有教学资料，公之于众，大家使用，不搞资料保密；有教学经验，及时交流，切磋琢磨，不搞知识私有；有意见分歧，展开讨论，共同探讨，不要互相攻击。在新老教师之间要提倡：以老带新，以新促老，互尊互敬，共同发展。第三，由于教师对学生的教育影响绝不仅仅来源于某个学科，也绝不仅仅停留在某个特定阶段，这就要求同一系的班任课教师、班主任、辅导员之间以及不同系的班任课教师、班主任、辅导员之间必须团结协作，互通情况，共同探索、紧密配合，才能保持教育的持续性、有效性和整体性，才能培养出身心健康、才高智睿的一代新人。

三、相互支持 顾全大局

教师是人类文明的传播者，承担着培养接班人的社会职责。教师职业的性质和特点，决定了相互支持、顾全大局是教师具备的个体道德，是调整教师之间、教师与领导之间、教师与其他员工之间的关系、加强教师队伍团结的重要道德规范。在人际交往中以相互支持、顾全大局的精神进行沟通和合作，有利于教师同其他教师、学校各级领导建立和谐的人际关系，更好地完成学校的各项任务，促进学校整体水平的提高。

高校教师和学校、院（系）领导处于不同的职位具有不同的职责，他们分工不同，职责各异，但就学校整体教育目标——促进大学生的全面发展而言，双方是分工合作、平等互助的同事关系，其根本目标和利益是一致的。因而应该建立一种新型的民主、平等、互相尊敬、相互支持的人际关系。为此高校教师在处理与校、院（系）各级领导关系时应努力做到以下几点：

（一）顾全大局，服从领导

教师与领导者承担着不同的责任和义务。校、院（系）领导的主要任务是贯彻执行党和国家的教育方针、政策和法规，确定校、院（系）整体发展、人才培养的总目标、制订教育、教学、科研、学科建设、师资队伍建设及学校各方面管理和发展规划等，他们担负着领导的责任。教师的主要任务是按照校、院（系）确定的整体规划确立、人才培养目标、专业学科发展方向以及师资建设要求，认真做好自己的工作，出色完成教育、教学、科研任务，出色完成教书育人的职业职责。教师与领导在为共同目标工作的过程中既是民主平等的同事关系，又是行政隶属的上下级关系。教师以顾全大局的精神对待自己的职业职责，必然会将自己的工作与学校的前途紧密联系，时时以大局为重，积极主动配合领导，对领导交给自己的任务，不惜时间，不惜力气，不计报酬，动脑筋，想办法，发挥自己的聪明才智，勇于探索，努力创新，出色完成领导交给的各项任务。教师以顾全大局的精神对待自己的职业职责，必然要尊重与各级领导的上下级关系，服从各级领导的领导和管理，并接受领导对自己的监督、检查及考评。当然，这种服从不是盲从，而是对正确领导的服从，是在理解领导的指导思想、路线方针、目标定位、计划内容、具体要求的科学性、合理性基础之上的信服和信任、拥护和跟从。

我们在要求教师服从领导主动配合工作的同时，也要求校、院（系）领导严以律己，率先垂范，以身作则，在思想、业务、道德各方面都给教师做出榜样。这是领导者在群众中确立威信的最主要方面。如果学校领导者不能以身作则，要求老师做到的，自己却做不到，言行不一，见利忘义，与群众争名夺利，滥用职权，徇私舞弊，或者偏听偏信，心胸狭窄，打击报复，领导的威信就无从谈起，建立良好的人际关系也只能是一句空话。

(二)互相理解，相互支持

在高等学校中学校领导和教师之间要建立和谐的人际关系，相互理解与支持是非常重要的。学校领导和教师都是教育集体中的分子，大家为了一个共同目标走到一起来了，应该不存在根本性的利益矛盾和冲突。但是在现实教育教学工作中由于所处的地位不同，承担的责任不同，看问题的角度和出发点不同，教师与校院(系)领导之间也常常产生矛盾和分歧。这些矛盾和分歧影响领导与教师之间的和谐关系，不利于教育教学科研工作的顺利开展，因此需要互相理解，相互支持这样的道德规范来进行人际关系的调节。

互相理解、互相支持的道德规范，从教师的角度看要求做到以下两点：第一，教师要理解领导工作的性质以及他们所承担的责任，理解领导处理问题的立场和角度。校、院系领导承担着全局性和全面性的组织、领导、管理工作，他们看问题和处理问题的立场和角度，常常具有全局性和整体性的特点，会与教师个人的、局部的立场和利益产生不一致性。教师要树立个人服从集体，局部服从全局的观念。第二，教师要尊重、支持领导的管理，遵守纪律，接受领导。教师要尊重、支持领导的集体决策和决定，按照有关决策和决定行动，认真完成领导交给的各项工作和任务；教师要尊重领导的劳动，尊重领导的人格，遇到矛盾和问题，采取正当妥善的方法解决。教师对领导的尊重，并非完全是一种个人的情感和礼貌，它反映的是教师对各级组织的尊重态度，体现的是教师本人的文明和道德素质。教师对领导工作的鼎力支持也不仅仅是下级服从上级，它表现出教师对教育工作的忠诚和热爱，对职业理想的笃信和坚持。从领导的角度看，互相理解，互相支持，要从以下几方面来做：第一，领导要理解一线教师工作的艰辛，要关心他们的疾苦，帮助他们解决实际困难。各级领导要经常深入群众，调查研究，倾听他们的意见，关心他们的生活和健康，为他们创造良好的工作生活条件，解决他们的后顾之忧。第二，领导要大力支持一线教师的各项工作。决策要符合客观实际，要把领导工作和实际指导紧密结合起来，充分发挥组织协调力量，帮助教师解决具体问题。第三，各级领导特别要尊重广大教师。要尊重他们劳动的价值，尊重教师的民主权利。学校领导要维护教师的威信，以诚相待，平等相处，与教师知心、贴心，才能心理相容，关系融洽，形成良好的人际关系。

(三)发挥教师的民主监督作用

发挥广大教师对领导的民主监督作用，也是处理教师与领导者、管理者之间关系的一条道德规范，它与前两条道德规范相辅相成，共同发挥着调整教师与领导者关系的道德职能。高校通过工会、教代会、学术委员会等规范的组织机构，畅通了民主管理渠道，保障了民主管理权力，让大批优秀教师参加到学校的各级决策、管理、咨询等民主管理和监督机构中，切实发挥教职工的民主监督的作用，使学校在决策和管理方面更加科学化和民主化。在日常学校生活中，学校(院系)领导要克服独断专行，唯我独尊的长官意志，充分发扬民主，在事关学校(院系)发展和生存的大事上，要尊重教师的意见，要放下架子虚心听取，集思广益，科学决策，只有这样才能做好事情，领导者的威望也会得到提高。教师则要具有主人翁的责任心，主动参与学校(院系)的建设和发展，及时提出合理化建议，并发挥自己的民主监督作用，为学校(院系)的发展，为高等教育事业的发展作出更大贡献。

四、平等相待　沟通配合

善于沟通，主动配合是人际交往中的重要手段，也是建立良好人际关系不可缺少的技巧。平等相待则是交往的前提。人际交往的过程也是交往双方相互影响、相互作用的过程。这种影响和作用是双向的、平等的，因此交往双方应该平等相待，互相沟通，互相靠拢，互相配合。高校教师在工作中与学生、与其他教师、与领导、与后勤管理服务人员交往时都应该遵循平等相待、沟通配合的人际关系道德规范。下面具体谈一谈教师在与学校服务管理人员相处时，应该如何履行这一规范。

高校的服务管理人员主要由高校的行政管理人员、图书资料人员、总务后勤等人员组成，这些服务管理人员对于保证高校的正常运转，维护高校的良好秩序具有重要的作用，没有他们的支持和配合，教师的教学科研任务不可能顺利完成。平等相待、沟通配合的人际关系道德规范要求教师做到以下几点：

(一)平等相待，相互理解

高校教师在处理与服务管理人员之间关系时，首先要做到平等相待，相互理解。高校教师应该认识到教师和服务管理人员之间在人格上是完全平等的，他们只有分工的不同，没有高低贵贱之分。教师必须对服务管理人员的作用有客观公正的认识，在与他们交往的过程中尊重他们的人格，平等相待，互相理解，建立良好的人际关系，共同促进服务管理的现代化，更好地实现教育目标。部分高校教师由于对服务管理人员工作的重要性缺乏正确的认识，因而在实际交往中存在着不尊重、不平等对待服务管理人员的现象，有的认为"你就是为我服务的"，对他们的劳动和人格不尊重；有的认为管理制度是"管、卡、压"，对有关规章制度不服从；还有的不了解服务管理人员工作的困难，对他们提出过高的要求，当需要不能满足时，就对服务管理人员产生不满和埋怨情绪。这些现象都有悖于职业道德规范，有悖于平等待人的人际关系原则。因此，高校教师应该在充分认识服务管理人员工作的重要性的基础上，以平等的心态对待他们，恪守平等待人的职业道德规范。

服务管理人员的劳动对维持学校正常运转，保障教学科研顺利进行具有重要作用，教师应该了解他们的劳动价值，尊重他们的劳动付出，珍惜他们的劳动成果。学校在实现管理科学化、制度化过程中制定了有关各方面的规章制度，高校教师要理解制度化管理的必要性，积极配合和支持服务管理人员的工作，遵守各项规章制度，不搞特殊化，不违法违规。在学校建设和发展过程中必然存在不少困难，特别是后勤保障方面，有一个逐步完善的过程，教师要理解服务管理工作的困难，体谅服务管理人员的艰辛，要通情达理，宽容大度，换位思考，善解人意。同时，教师还应经常教育学生尊重服务管理人员，珍惜他们的劳动成果。营造教师、学生与管理人员平等相待、相互理解、相互尊重的和谐的人际关系，共同为实现教育目标而努力。

(二)主动沟通，相互配合

在高校的职能分工中，教师和服务管理人员承担着不同的职责，扮演着不同的角色，共同维系着高校各项工作的正常运转，在教师的教育教学和科研工作中也少不了服务管理人员的协作和帮助。教师应该主动与服务管理人员进行沟通，取得他们的理解和支持，得到他们的积极配合，以使自己的教学科研等各项工作进行得更加顺利，完成得更加出色。

人际交往的有效沟通主要有四个步骤：注意、了解、接受、行动。沟通时要真诚、认真，要引起对方的心理"注意"；沟通时要让对方充分了解自己的目的、要求，同时要正确理解对方的真实意愿；沟通时尽可能使双方接受对方的观点、意愿和要求；最后沟通成功，双方采取行动，相互配合，完成计划和任务。教师与服务管理人员进行沟通时，应该注意人际关系沟通的这些基本要求，以使自己的沟通能够顺利进行。

人际交往的有效沟通成功的要素有六点：信任度的建立与维护；成为一名好听众；从他人观点了解情况；选择最适当的沟通路线；运用易懂的语言；保持沟通情绪的稳定。在人际沟通中，推心置腹，把对方当朋友，得到对方的信任是沟通的良好开端也是沟通的基础。耐心倾听他人讲话，从对方的角度关注事态的发展，也是沟通时充分掌握情况，对事物进一步做出准确判断的重要一环。同时，沟通时注意选择合适的方式、环境、时间、地点等也是有利于沟通的技巧。在沟通过程中保持稳定的情绪，有利于沟通的顺利进行，冷静的态度保持清醒的头脑，有助双方对沟通的理解、接受，形成互助协作的局面。教师与服务管理人员进行沟通时，应该遵循以上基本规律，以促使自己人际沟通能够获得成功，在自己的科研工作中得到服务管理人员的密切配合。

总之，高校服务管理人员以自己的辛勤劳动维护了学校的正常秩序，创造了良好的工作学习环境，保证了教育教学工作的顺利开展。高校教师要充分认识服务管理人员在高校工作中的作用和重要性，充分认识他们劳动的价值，尊重他们的劳动，尊重他们的人格，主动沟通工作、相互配合，与他们建立良好的人际关系。

第三节　高校教师在社会人际关系中的职业形象

现代社会是信息社会，是交往社会。教师与社会的交往随着社会的发展而增多。高校教师不仅通过在学校环境中与其他教育工作者的交往学习新的知识、获取新的信息，而且需要在与社会的交往中，认识自己的价值，了解自己的知识水平，不断地调整自己、充实自己、提高自己，才能承担起自己的职业使命，为国家培养出高素质的创新性人才。从教育发展的规律和教育的功能来看，教师必然要与社会交往。教师自身的生活和工作也客观要求教师要与各行各业进行交往。同时，教师作为知识的传播者，文明的推动者，不但承担着培养高素质人才的责任，而且肩负着社会文明建设的责任。因此，高校教师在社会人际关系中树立的职业道德形象，对青年学生、对社会公众具有重要的示范和影响作用，对推动全社会的道德建设有着重要的意义。高校教师在社会人际关系中的职业道德形象是：服务社会，为人师表；仪表端庄，举止文明；诚实守信，尊重他人；遵纪守法，恪守公德。

一、服务社会　为人师表

高校教师是社会的一员，生活在社会和群众之中，高校教师作为社会人群中的文化精英，肩负着传播科学文化，改造社会风气，推动社会文明发展的重任。具有社会责任感是中国知识分子的光荣传统，高校教师在当前中国特色的社会主义现代化建设的伟大事业中，应该继承和发扬我国知识分子的光荣传统，培养社会责任感，积极服务于社会，为社会主义现代化事业作出贡献。

高校教师的社会责任感首先表现为对国家和民族前途的关注，对全面实现小康社会和加快推进社会主义现代化事业的关注，对社会主义物质文明、精神文明、政治文明建设的关注。高校教师应该明确自己作为人类文明的传播者，作为高素质的社会文化精英，在国家发展和民族振兴中，在社会主义现代化事业和在三个文明建设中，应该承担的社会职责，并以高度的社会责任感，满腔的热情，积极投身于社会主义现代化建设的伟大事业中，投身于中华民族的伟大复兴中。同时高校教师要根据马克思主义的基本理论和自己的理性认识，提高自己的学术研究，对社会发展、社会现象做科学的判断，宣传科学和真理，反对腐朽和落后，激发广大民众的社会责任感，激励人们积极投身于社会主义现代化事业中，促进社会文明发展积极进步，从而实现自己引导社会进步的历史责任。

高校教师的社会责任感还集中表现为积极服务于社会。高校教师是具有高深专业知识的科技文化精英，承担着推动社会物质文明、精神文明、政治文明建设发展的社会职责。高校教师应该积极投身于社会实践中，以自己的科学文化知识和专业技能服务于社会。在现代社会中，任何高等学校都不能在封闭的环境和条件下办学，高等学校必须融入社会，服务于社会，促进社会文明的发展，同时才能使高校及其教师从社会获得各种资源和信息，获得自我教育和自我发展的动力。当前高等学校开放化、社会化趋势越来越明显，高校与社会各界、与各行各业的联系越来越密切，这就要求高校教师走出学校的"围城"，投身社会实践，加强与社会各界的联系，利用自己的科技文化优势，更好地服务于社会，从而更好地发挥高等教育的社会功能，为社会进步和发展提供智力支持。

高校教师要积极参与社区建设，积极参与社会主义精神文明创建活动，以自己的科学文化知识和组织管理能力参与和服务于社会和社区的文化教育、法律宣传、文艺体育、医疗卫生、环境保护、公共管理等工作，为社区建设，为和谐社会的建设作出自己的贡献，在社会人际关系中树立高校教师良好的职业形象。

二、仪表端庄　举止文明

高校教师在社会人际关系中的职业文化形象从外部体现上可以说是："仪表端庄，举止文明"。教师的仪表最直接反映教师的道德面貌和审美情趣，在社会交往中表现出教师的文化素养和道德修养。良好的仪表和行为举止，不仅是个人内在文化素养和道德修养的外化，体现教师个人的整体道德素质，而且能获得交往对象的认同和敬重，对交往对象，对社会道德风气产生积极的影响。因此，教师不仅在教书育人和日常生活中，而且在社会交往中都要注意自己的行为举止，做到谦虚礼貌，不卑不亢，不能粗野无礼、蛮横放任，这是教师道德对教师行为的起码要求。教师的举止不仅要礼貌，而且要端庄、正派、适度、得体、优美，让自己的举止体现出良好的道德文化修养，让美德不仅体现于心灵而且表现在外部的容装、体态、举止和行为上。

高校教师的仪表端庄，举止文明也可以通过教师特有的风度来体现。所谓风度，是以人的全部生活姿态所提供给他人的一种综合形象和总体气质。风度依赖人的言谈、举止、仪容、服饰来形成和表现，同时，一个人的风度又与个人的个性气质、品德情操、文化素养、生活习惯相关。因此，风度离不开一定的外在表现，更离不开特定的精神内涵。教师的风度从职业道德的角度看是有其特定内涵的。首先，教师要"稳重"。教师职业特点要求教师遇事必须沉着冷静，遇事不慌，加强稳定形象的塑造。不管什么时候、面对什么情况，都要表现出深厚的知识涵养，沉着冷静的性格气质，成熟稳定的思想情绪。其次，教师要"可亲"，教师在与社会交往时态度要诚恳，表情要温和，情绪要稳定。一个教师在待人接物时要谦恭有礼，面对成功和荣誉时不骄傲自大，面对失败和挫折时不悲观气馁，始终保持积极进取的态度，就会产生吸引力和凝聚力，对交往对象产生积极良好的影响。第三，教师要"有识"。教师是知识的传播者，要向别人传播知识，自己首先必须是一个知识渊博的人，要具备广泛深厚的文化科学基础知识；要具备扎实、系统、精深的专业知识；要具备全面准确的教育科学知识和心理学知识。教师只有具备合理的知识结构，才能承担起培养德、智、体、美、劳全面发展的一代新人的责任，才能承担起教育公众，服务社会，推动社会进步的历史使命，也才会赢得社会的普遍尊重。教师的仪容举止、气质风度也会在与社会的人际交往中得到锤炼和升华。

三、诚实守信　尊重他人

诚实守信，尊重他人可以说是教师在社会人际关系中的职业品德形象。诚实守信是教师进行人际交往的前提，是教师道德境界的体现，也是建立良好人际关系的重要道德规范。诚信历来是一种重要的职业美德。诚信有助于建立人们之间稳定的合作关系，有助于社会信誉程度的提高。"诚"的本质，一是"真"，二是"实"，真诚与诚实是"诚"的真谛。"信"的内涵有两层意思，其一，说话要诚实，不说假话；其二，要讲信用，重承诺。中国传统文化中历来强调人的"诚信"，并将其作为衡量行为主体言行、品质的一个重要标准。《中庸》中有"诚者，天之道也。诚之者，人之道也"，《论语》中有，"言必信，行必果"。高校教师要汲取中国传统文化中的道德精华，在与社会交往中做一个诚实守信的人。一要以诚待人，真实待人，做老实人，说老实话，办老实事；二要以信待人，重承诺，守信用，言行一致，表里如一。教师在社会人际交往中，诚信是最好的"名片"，只有做一个诚实守信的人，做一个脚踏实地、言行一致的人，才能获得他人的信任和尊重，才能维护教师的声誉和尊严。

高校教师在社会人际关系中的职业品德形象，不但要求教师做一个诚实守信的人，还要求教师必须尊重他人。社会不同职业行业的成员在文化学识、工作能力、性格气质、阅历地位上虽各有不同，但在人格上、在尊严上，大家都是平等的，应该互相尊重，平等相待。高校教师在与社会交往中，特别应该注意培养自己的群众观和平等观，要克服高人一等、妄自尊大的缺点和作风。要从思想上和作风上尊重群众，尊重他人。具体来讲，尊重人，首先要尊重他人的人格以及他人的劳动、兴趣、爱好、个性、宗教信仰和民族习惯等。其次，尊重人，还要关心人，要在工作、生活、学习等各方面主动关心他人，了解他人的困难和忧患，真诚地帮助他人排忧解难。再次，尊重人，还要维护他人的正当利益。个人正当利益的获得，既要靠个人的创造性劳动，又需要社会和他人的尊重。高校教师在与他人交往中，要有正确的利益观念，要尊重他人的正当利益，有的时候，为了保护他人的正当利益，需要教师做出努力和奋斗，甚至奉献和牺牲。高校教师只有关爱群众，尊重他人，才能树立品德高尚的社会形象，才能受到全社会的敬重和爱戴。

四、遵纪守法 恪守公德

高校教师在社会人际关系中的职业公众形象是"遵纪守法、恪守公德"。高校教师承担着培养高素质社会主义现代化事业的建设者和接班人的社会重任，社会对教师职业，对每个教师，提出了高于其他职业的职业道德和个体道德要求。因此，高校教师不但应该在学校里师德高尚，为人师表，为大学生做出榜样，而且应该在社会上严格要求自己，坚持社会主义的理想和信念，遵纪守法、恪守社会公德，成为全社会学习的榜样。在与社会的交往中坚持正确的理想和信念，遵守社会主义道德和法律，师德高尚，为人师表，不仅有助于高校教师职业道德的社会化扩展和深化，而且对形成良好的社会道德风尚，对社会主义精神文明建设具有重要的意义。

遵纪守法、恪守公德的道德规范对高校教师的具体要求是：首先，要努力学习和宣传马克思主义、毛泽东思想、邓小平理论和"三个代表"重要思想，坚持用先进的理论武装自己的头脑，树立科学的世界观、人生观、价值观，同时积极向全社会和广大群众宣传先进的思想和理论，促进广大群众政治思想觉悟的提高。其次，要拥护党的基本路线，全面贯彻国家的教育方针和精神文明建设总体纲要，积极参与社会主义道德建设的各项任务，树立为人民服务的思想，坚持集体主义道德原则。再次，高校教师要自觉遵守国家的各项法律法规，模范遵守社会公德，积极履行家庭美德，为全社会做出道德榜样，以自己的实际行动促进社会主义民主法制建设和社会道德风貌的良性发展。《中共中央关于加强社会主义精神文明建设若干重要问题的决议》指出："社会主义道德建设要以为人民服务为核心、以集体主义为原则，以爱祖国、爱人民、爱劳动、爱科学、爱社会主义为基本要求，开展社会公德、职业道德、家庭美德教育，在全社会形成团结互助、平等友爱，共同前进的人际关系"。胡锦涛总书记在 2006 年提出，要教育广大干部群众，特别是青少年树立社会主义荣辱观，坚持"八荣八耻"的社会主义荣辱观教育。高校教师在社会人际交往中，应该按照《决定》的要求和胡锦涛总书记的教导，不但要身体力行社会主义道德建设的各项任务，树立社会主义荣辱观，模范恪守社会公德，严格遵守国家的法律法规，而且要承担向社会广大民众进行教育的责任，大力宣传社会主义基本道德精神和道德规范，大力宣传社会主义荣辱观，为全民族思想道德素质的提高，为社会主义精神文明建设的发展作出积极的贡献。

◆**思考题**

1. 结合新时期高校教师人际关系的特点，谈谈如何理解作为教师人际关系中的"平等与尊重"道德规范？

2. 高校教师如何认识和处理与学生之间的关系？

3. 在激烈竞争的高校教师群体中，如何正确认识和处理教师之间的关系？

4. 高校教师如何在社会公众面前树立良好的职业形象？

阅读资料一：

一所学校对学生影响最大的因素是师生关系

1999 年，山东教育考察团到美国访问。在一所学校，有人问校长："您认为，一所学校对学生影响最大的因素是什么？"那位校长几乎是不假思索地回答："最大的因素不是学校的各种物质条件，也不是课程，更不是教法，而是师生的关系。"这句话有些出乎意料。但随着教育实践经验的逐渐积累，我们将越来越体会到那位校长的话是多么正确！教育活动是由教师与学生共同参与进行的，教育的对象是活生生的人，而不是没有思想与情感的物，这就决定了师生关系作为学校生活中最基本的人际关系，不但是开展学校工作的主要心理背景，直接影响到教学效果，而且是师生之间交流的基础。传统的师生关系，大多是"一日为师，终身为父"型，教师永远以"能者"凌驾在学生之上，两者难以在平等中取得良好的沟通。这种"专制"的师生关系已经无法适应现代国情的需要了，邓小平同志指出，"教育要面向现代化、面向世界、面向未来"，时代正召唤着一种新型师生关系的出现。

阅读资料二：

教师应该比其他职业的人在道德上负有更多的责任

在公众看来，教师是否应该承担更多的社会道德责任？为此，《中国青年报》社会调查中心和搜狐教育频道合作实施了一项调查，本次调查从

2004 年 11 月 10 日 14 时开始，到记者截稿时，共有 20683 人参与调查。

　　调查显示，79％的公众认为教师应该比其他职业的人在道德上负有更多的责任。毫无疑问，社会需要道德楷模。长久以来，教师承载着普通人对他们更多的期待和信任。本次调查显示，公众认为教师应该具有的最基本的三种素质是："具有较高的道德水平，能以身作则教导学生"（26％）、"客观公正地对待每一个学生，不偏私"（21％）、"学术水平高"（18％）。这三个标准仍然没有脱离长久以来教师"传道、授业、解惑"的职责。而且，对教师应该"以身作则"的道德要求仍是最为迫切的。

　　"北京师范大学的校训就是'学为人师，行为世范'，这就说明社会对教师职业的要求不仅是业务水平高，更应该在道德上成为社会的楷模。"一名哲学系的学生在接受记者采访时这样表示。他认为，教师比从事其他职业的人赢得了更多的社会声望和公众信任，他们也当然应该承担公众更高的道德期待。

　　调查还显示，在公众眼中，教师最不应该出现的行为是"性骚扰、嫖娼等不正当性行为"（17％），而"学术水平低"和"学术腐败、剽窃"则分别以 16％和 15％的获选率排在第二、三位。

（记者　成梅）

第八章　品德与修养——高校教师的个体道德

　　教师的道德品质是教师为师立教的前提和基础，是教师职业道德原则和规范在教师个人思想和行为中的体现。教师个体道德品质由道德认识、道德情感、道德意志、道德信念和道德行为五个基本方面构成。这五个基本要素相互联系，相互渗透，相互制约，相互促进，作为一个整体确立和发展。高校教师道德品质中的个体美德主要包括：热爱教育、献身事业；崇尚科学、善于学习；实事求是、自尊自强、正直诚实；朴素节俭、开拓创新；豁达开朗、意志坚强。同时高校教师要有鲜明的社会主义荣辱观和强烈的社会教育责任感。高校教师职业美德的养成是一个长期复杂的道德实践过程，也是一个艰苦曲折的道德修养过程。高校教师的品质修养必须选择正确的方法和途径，必须持之以恒地学习、实践、修养、磨炼，才能逐步培养出人民教师的职业美德。

第一节　高校教师的个人品德构成

　　高校教师的个人品德是教师在高等学校从师立教的前提和基础。一般的讲，教师的道德品质是一定社会的教师道德原则和规范在教师个人思想和行为中的体现，是教师在一系列的道德行为中所表现出来的比较稳定的特征。教师的个人品德构成主要包括知、情、意、行等几个方面。高校教师因其教育对象及其职业道德生活中的特殊性，对个人品德有着更广和更深层次的要求。

一、高校教师个人品德与职业道德

　　品德，即我们通常所称道德品质或德性，是指行为个体在道德意识和道德行为中所表现出来的比较稳定的特征和行为倾向，是一定社会或阶级的道德原则和规范在个人道德意识和道德行为中的具体体现，也是一定社会或阶级对道德行为主体的道德意识和道德行为的总体评价。品德由道德认识、道德情感、道德意志、道德信念和道德行为等因素构成。

（一）高校教师个人品德特征及其重要性

教师个人品德亦即教师个人道德品质，它以教师个人为载体，具体体现社会的道德原则和规范，同时更具体体现教师职业道德的原则和规范，它是教师在长期的职业道德活动中养成的在个人的道德观念、道德行为中表现出来的比较稳定的特点和倾向。高校教师个人品德的主要特征表现如下：

1. 高校教师个体道德品质，是社会道德原则规范的职业化，是教师道德的具体化

教师是一定社会中的人，是社会成员的组成部分，教师道德关系必然是社会道德关系的一部分，教师道德是社会道德在教师教育劳动关系中的道德内化，是教师道德的个体化。所以教师的个体道德品质既反映一般社会利益关系，又反映教育劳动中的特殊利益关系，教师个体道德品质在内容上就必然具有历史性、阶级性、民族性以及教育劳动的特殊性，同时也具有教师的个性特征。社会主义道德是在社会主义经济基础之上产生的，反映社会主义的本质特征，在社会主义社会中占统治地位的道德体系，它比历史上任何道德都更完善、更有价值。《中共中央关于加强社会主义精神文明建设若干重要问题的决议》中指出："社会主义道德建设要以为人民服务为核心、以集体主义为原则，以爱祖国、爱人民、爱劳动、爱科学、爱社会主义为基本要求，开展社会公德、职业道德、家庭美德教育，在全社会形成团结互助、平等友爱，共同前进的人际关系"。这是我国的道德建设体系结构，社会要求这些道德原则和规范内化为教师个人的道德品质。同时在教师进行教育劳动过程中所应当遵循的教师道德原则和规范也要通过教育实践活动和道德修养内化为教师个人的道德品质。

2. 高校教师个体道德品质是教师道德意识和道德行为的统一

教师道德品质包括两个方面，一是教师个人内在的心理素质和意识观念；另一个是个人的行为，二者是相互关联不可分割的有机统一体。一方面，道德品质是道德行为的综合表现。道德品质是以道德行为为基础的，没有一定的道德行为积累，不可能形成道德品质。另一方面，道德行为是道德品质的表现方式和判断依据。一定的道德品质只有通过道德行为才能表现出来。北京师范大学优秀教师林崇德教授的高尚职业品德，就是坚定的职业道德信念和几十年的职业道德行为的有机统一。林

教授有一个理念是：严在当严处，爱在细微中；又说："师爱"是"师德"的灵魂。他在 44 年教师生涯中践履笃行，在教育事业中建立了奇功，先后培养博士、博士后 50 多人，培养优秀学子无数，他的教育信念和他的教育行为完美地融为一体，铸成了他高尚的个体美德。

3. 高校教师个体道德品质是教师道德意志的凝结

教师个体道德品质是教师个体在道德行为中所表现出来的行为习惯和稳定倾向。教师某种道德行为不是靠主观臆想而随意从事的，是教师本人在面临一件事物时，在自主意识支配下自觉的道德选择。道德行为习惯不是自然形成的一种普通生活习惯，而是在道德意识的支配下不畏艰难、排除困难、持之以恒养成的。也就是说教师道德行为是一种理性行为，教师道德行为习惯，亦即个体道德品质，是在教师意志指导下形成的，是教师道德意志的凝结。

4. 高校教师道德品质是在"行为整体"中表现出来的稳定倾向

道德的"行为整体"的稳定倾向，体现在两个方面，一个是指构成教师个别道德行为的主观和客观两方面，即一个人的内部道德意志与外部道德行为的统一；一个是指教师个体的一系列道德行为的综合，即个别行为和整体行为的统一。人的道德品质是由他的一连串的行为所构成的，如果教师不仅仅是一个行为，而是一连串的行为，且符合了上述两个特征，可以说，他就已经形成了某种品质。"一个人做一件好事并不难，难的是一辈子做好事，不做坏事"。我国在不同年代涌现出许多优秀教师，他们的经历和所处的环境虽然不同，但他们都有一个共同点，那就是几十年如一日，甚至是以自己毕生的精力，为学生、为祖国的教育事业做好事，从而成就了他们可歌可泣的职业生涯，铸成了他们令人景仰的道德品质。

高校教师个人品德在其教师职业活动中具有很高的道德价值和极为重要的作用。

第一，优良的个人品德是教师从教的基础。教师的劳动成果是培养人才，成果质量直接取决于教师的道德风貌、知识水平，取决于他的情感、意志等诸多道德教育能力。在教育过程中，良好的个性品质可以协调师生关系，充分发挥教师的主导作用；良好的个性品质有利于处理好工作过程中各种人际关系、改善教育环境；良好的个性品质能提高教师的综合素质，促进教师业务能力的不断提高。因此优良的个人品德是教师从教的基础。

第二，优良的个人品德是提高教育教学实效性的保证。教师的威望是一种无形的教育力量，能体现出教师人格的极大影响力。教师不仅应具有渊博知识，还必须具备优良的个人品德才能对学生产生号召力和说服力。示范性是教师职业特有的劳动特点，教师的个性品质其实就是塑造学生健康人格的一种工具和手段。教师的人格会成为学生效仿的楷模，教师的语言会成为学生鞭策人生的座右铭。优秀教师施教的伟力不在于他们的教师地位，而在于他们非凡的道德人格。

（二）高校教师个人品德与教师职业道德

高等学校教师职业道德是从事高等教育职业的人所应当遵循的原则和规范，是一般社会道德在教师职业中的特殊体现。它是教师行业的特殊道德要求，起着协调高等学校中教师与学生、教师与教师、教师与学校领导、教师与学生家长，以及教师与社会其他方面关系的作用；教师职业道德的核心和本质是用全心全意为学生服务的思想、态度和行为，努力把学生培养成为符合社会发展需要的优秀人才。然而这些教师职业道德的基本理论、基本要求对于教师个人而言，还只是一种外在的客观力量，对于教师只具有外在的约束力。作为一名合格的人民教师，仅仅从理论上掌握这些职业道德要求还远远不够，还必须把它转化为自己内在的道德品质，变成个体的道德行为。因此，教师个人道德品质与教师职业道德存在着相辅相成、不可分割、相互依存的密切关系。

1. 职业道德规范在教育实践中升华为教师道德品质

通过社会和学校关于高等学校教师职业道德原则和规范的宣传教育，在教育教学实践中不断加强职业道德规范的实行，这些原则和规范就会深入教师心灵，并由大量的道德行为逐步积淀成教师内在的道德品质。所以说，教师的个体道德品质是教师职业道德在教师心灵中的升华，是教师职业道德在教师职业行为中的结晶。没有正确的教师职业道德原则和规范的指导，没有大量的职业道德行为的凝结，就不可能形成教师良好的个体道德品质。

2. 个体道德品质在思想和行为中体现和强化职业道德原则和规范

在高校教师的职业生活中，一定的道德行为是以一定的道德品质为基础的。正如前面所讲，当教师面对某个人和事时，他不是盲目的，是通过道德意志的选择而采取道德行为的。教师一旦形成良好的道德品质，他对职业道德原则和规范的理解就会心领神会、成为自然，他对职业道德规范的执行就会得心应手，运用自如，他就会在职业活动中自觉完美地贯彻执行职业道德原则和规范，他的优良品质因自觉完美地体现了教师职业道德的原则和规范而得到显现。同时，在贯彻执行教师职业道德原则和规范的过程中，其个人的道德品质又会得到新的提升。

二、高校教师的个人品德构成

从高校教师的个性心理因素及其同道德行为的关系考虑，教师个体道德品质由道德认识、道德情感、道德意志、道德信念、道德行为五个基本方面构成。

（一）教师道德认识——掌握知识

古代教育家韩愈曾经讲过："师者，所以传道授业解惑者也，道之未闻，业之未精，有惑而不能解，则非师也。"[①]这里强调一位教师首先自己要刻苦学习、钻研学问才有资格教育别人。高校教师要以身立教，首先要掌握有关教师道德的理论知识。

道德认识是指人们对于一定社会道德关系的理论、原则和规范的了解和掌握。教师道德认识则是教师对教育劳动中客观存在的道德关系以及处理这些关系的原则、规范的认识。它包括对职业道德理论的掌握、职业道德观念的形成，还包括道德判断能力的提高、道德信念和道德价值观念的建立。道德认识是个体品德的核心部分，是通过学习把外在的道德行为规范、道德价值体系不断内化的过程；道德认识是道德情感产生的依据，是进行道德意志锻炼的内在动力，是决定行为倾向的思想基础。荀子说："知明而行无过"[②]。教师加强职业道德修养，首先要解决道德认识问题。

教师职业道德认识一般要经过从感性认识到理性认识，再从理性认识到道德实践这样两个阶段。教师在学习道德原则和规范时，首先获得许多具体的道德知识，但道德知识对行为的支配作用不同于其他科学领域的知识，常有明知故犯的现象发生。因此，要想发挥道德知识对行为的调节作用，必须将道德知识上升为道德信念。当我们坚信某种道德知识的正确性，并将道德知识转化为自己的道德信念时，面对实际生活，人们就会自觉地按照自己的道德价值观念来判断自己或他人行为的是非、

---

① 韩愈：《师说》《韩昌黎全集》，卷十一，中国书局，1991年版，第182页。
② 李春秋主编：《高等学校教师职业道德修养》，北京师范大学出版社，2000年版，第251页。

善恶。随着评价判断能力的不断提高，人们的道德认识会更加成熟，信念会更加坚定。因此，高校教师要想提高职业道德认识，首先是既要努力学习职业道德理论知识，更要积极投身到教育实践中去，只有通过理性认识与感性认识的转换结合，才能有效地提高自身的道德认识。

(二)教师道德情感——建立感情

道德情感是指人们在道德活动中对自己或他人的行为，根据自己的道德认识和评判而产生的肯定或否定、满意或不满意、消极或积极的一种内心体验。它以道德认识为基础，伴随着人们的心理活动而产生。教师道德情感是教师在职业道德活动中所产生的一种感情和心理体验。教师道德情感是教师道德品质的重要构成部分，在社会道德要求、教师职业道德要求转化为教师道德品质的过程中起着重要作用。首先是评价作用，即以敬慕、赞赏、鄙视、厌恶的情绪表明对某种道德关系和道德行为的评价态度。其次是调节作用，以某种情绪态度来强化或弱化个人的某种道德认识和道德行为。再次是信号作用，即通过各种表情动作来示意行为的道德价值。教师的道德情感是十分丰富的，主要表现在对教育事业的责任心、对学生的热爱和关怀、教师个人的自尊心、荣誉感和对同事的尊重和友谊方面等。其中最重要的是教师对教育事业的责任心和对学生强烈的热爱。没有责任就没有事业，没有爱就没有教育。重庆开县高桥、临江中学的教师群体在重大灾情面前，把对教育事业的责任心，把对学生无限的热爱升华到了顶点，为了保护学生他们付出了全部力量以至生命。教育部部长周济在重庆开县优秀教师群体报告会上讲到："师爱是师德的灵魂，优秀教师共同的特点是热爱祖国、热爱人民、热爱教育、热爱学生。重庆开县优秀教师群体就是'一切为了学生，把爱献给学生的人'。人民教师使命崇高，责任重大。他们以自己无私奉献的实际行动，昭示了教师职业的神圣和伟大，诠释了爱的教育的真谛。"高等学校教师担负着为国家培养优秀栋梁之才的重任。在教育工作中要培养自己的道德情感，要具有高度的责任心，要对学生充满爱心，要有荣誉感和自尊心；要以饱满的道德情感教书育人、开拓进取，为学生的健康成长，为祖国的科技文化教育事业作出自己的贡献。

(三)教师道德信念——坚定信念

一个教师，必须相信自己的事业，忠诚于自己的事业，才能守住自己的岗位，产生极大的动力。这里提出了一个信念问题，高校教师的道德信念是教师个体道德的支柱。

道德信念就是人们对某种人生观、道德理想和行为准则的正确性和正义性深刻而有根据的笃信，以及由此而产生的对某种道德义务的强烈责任感。教师职业道德信念是教师对职业道德规范和要求的正当性、合理性等发自内心的坚定信心以及履行这些职业道德规范的社会责任感。教师的职业道德理想和人生观是道德信念的最高形式，它们决定着教师行为的方向性、目的性，影响着教师事业的成功与品德的完善。

我国正处于一个历史发展的新时期，高校教师职业道德建设面临着艰巨而光荣的新任务。2005 年教育部《关于进一步加强和改进师德建设的意见》中强调："广大教师要认真学习马克思主义和当代社会主义理论，牢固树立正确的世界观、人生观和价值观，自觉抵制各种错误思潮和腐朽思想文化的影响；牢固树立在中国共产党领导下走中国特色社会主义道路、实现中华民族伟大复兴的共同理想和坚定信念；要树立正确的教师职业理想，要有强烈的职业光荣感、历史使命感和社会责任感，以培育优秀人才、发展先进文化和推进社会进步为己任，站在时代前列，志存高远，爱岗敬业，忠于职守，乐于奉献，自觉履行教书育人的神圣职责，以高尚的情操引导学生全面发展。正确处理个人与社会的关系，反对拜金主义、享乐主义和极端个人主义，把本职工作、个人理想与祖国的繁荣富强紧密联系在一起。"这就是新时期我国高校教师需要树立的坚定信念。

我国高等学校教师队伍中不乏学识渊博的教师，不乏人格高尚的教师，而我们更需要像孟二冬那样兼具学识魅力和人格魅力的新时代的优秀教师。当一些人忙碌于名利场、彷徨于得失间的时候，孟二冬坚守着"板凳要坐十年冷，文章不著一字空"的信念，二十年如一日，潜心学问、刻苦钻研、严谨治学、热爱学生，默默地一丝不苟地履行着一个教师的职责。他低调、务实、求真，用心血做学问，用生命写文章，以学者的本色，体现了他对教育事业的无限忠诚和坚定信念，也使他成为新时期教书育人的杰出楷模，当代中国知识分子的优秀代表。

(四)教师道德意志——锻炼意志

革命导师马克思曾讲："如果我们选择了为人类幸福而劳动的职业，我们就不会为它的重负所压倒，因为这是为全人类所做的牺牲。"[①]教育名家杨昌济讲过，专心致志以从事于此，且必久于其任，始能收莫大之功。

---

① 马克思：《马克思恩格斯全集》第一卷，1995 年版，第 59 页。

一个人的意志体现在他为实现理想目的而奋斗的实际行动中，表现出自觉、坚强、持久、果断和自制性等优良品质。高校教师职业道德意志是教师在履行职业道德义务的过程中，自觉地克服困难并做出行为抉择的毅力和坚持精神。教师的职业道德意志是在职业道德认识、职业道德情感和职业道德行为的基础上产生并发展起来的，是职业道德信念的集中体现。

教师职业道德意志是作用于道德行为的一种坚强的精神力量，是克服行为中各种困难的内动力。一个人追求什么目的、为什么去克服困难，显然取决于他的世界观和人生观，这是道德意志的思想基础。高校教师只有树立正确的世界观、人生观和价值观，只有树立了为国家培养优秀人才的职业理想和为人民奉献一切的道德信念，他才能形成坚强的道德意志，才能在教育活动中高度自觉、克服困难、持之以恒地完成每一项职业任务。顽强的道德意志特别有赖于深厚、坚定和有效的道德情感的支持。一个教师只有热爱教育事业，对学生充满关爱，才能在实际工作中表现出极大的热情、耐心和坚忍不拔的意志。任何人的良好意志品德都不是生来俱有的，而是在实践中逐步培养和锻炼出来的，是在克服困难中得到发展的，一个教师只有积极参加各种教育实践活动，在不断克服困难的过程中有意识地锻炼自己，才能培养发展自己坚强的道德意志。

（五）教师道德行为——落实行动

道德行为是个体在一定的道德认识指引和道德情感激励下所表现出来的对他人或社会具有道德意义的行为，是完成道德任务达到道德目的的手段。作为道德品质的外部状态，表现为语言和行为习惯。在道德品质的构成中，道德认识、道德情感、道德意志和道德信念都属于道德意识领域，属于精神化的东西，还没有客观化、物质化，因而还不能构成主体的道德品质，道德品质只有通过道德行为才能表现出来。教师职业道德行为，是指教师在职业道德认识、情感、信念的支配下，在教育活动中对他人、集体、社会做出的可以观察到的客观反应及所采取的实际行动。即在职业道德意识支配下表现出来的对教育事业有害或有利的行为。教师职业道德行为的基本原则是"以身作则"、"为人师表"，即教师的表率作用。在日常的教育教学过程中，教师的表率作用是多方面的，主要体现在政治思想、个人品质和文明习惯等几个方面。

高校教师首先在政治思想方面应当为学生做出表率。高校教师首先要坚持四项基本原则，拥护党的基本路线方针政策，在向学生传授科学文化知识的同时要以自己坚定正确的政治立场影响和教育学生，提高学生的政治思想素质，培养社会主义事业的建设者和接班人。当前绝大多数高校教师在政治思想方面能为大学生做出榜样，但也有个别高校教师在思想上、政治上不能与党中央保持一致，甚至与社会主流意识相抵触，在课堂上口无遮掩，信口开河，不负责任、毫无根据地对社会现象评头品足，在学生头脑中造成混乱，影响了学生政治思想素质的提高。

　　高校教师必须在道德品质上成为学生的模范。要做到诚实正直、言行一致、表里如一。在我国高等学校中大多数教师能够严格要求自己，以身作则，为人师表，他们崇尚科学、实事求是、公平、正直、廉洁、勤奋的优良品质受到学生的敬仰和爱戴。但也有少数教师表现较差，他们对工作不负责任，在教学上不认真备课，上课来下课走，远离学生；在科研上缺乏合作精神，抄袭作假，将学生劳动成果占为己有；更有甚者在晋升职称时弄虚作假，在执行学校及教务职权时收受贿赂，抵御不住金钱、美色的诱惑，以至走向犯罪的深渊。教师的表率作用不仅仅反映在政治思想和个人道德品质方面，也显露在谈吐举止、仪容仪表等文明行为上。文明行为虽然是外部表现形式，但反映的却是教师的个人素养、文明程度以及良好的生活习惯。教师应当能够意识到自己的言行、仪表、风貌都会对学生产生影响，也会影响到教师本人对学生的整体教育效果。因此，一名优秀的教师应当努力做到仪表端庄，服饰适当；举止得体，礼貌待人；语言文明，谈吐优雅，以自己的文明行为感染学生，塑造学生。

　　综上，高校教师个人道德品质是由教师道德认识、道德情感、道德信念、道德意志、道德行为等五项基本要素构成的相互联系、相互渗透、相互制约、相互促进的统一的有机体。教师职业道德认识是教师道德情感的前提，没有教师职业道德情感和道德认识，就不可能形成教师职业道德信念，不可能产生坚强的职业道德意志，没有教师道德信念和道德意志的指导和支撑，就不会有教师的道德行为和道德品质。高校教师应该从这五个方面加强自身的职业道德修养，做一个道德品质高尚的人民教师。

第二节　高校教师的个人品德要求

　　近20年来，随着我国社会主义建设事业的蓬勃发展，我国高等教育的发展也迅猛异常。高校教师的数量特别是青年教师的数量成倍增长，高校中具有硕士、博士学位的教师比例快速提高，教师队伍总的学历层次有了很大的变化。由于青年教师的大量补充，使教师平均年龄明显下降，结构更加趋于合理。教师队伍的扩大、人员的年轻化以及整体文化素质的提升，为高等学校的发展带来无限生机。在新形势下，国家对高等学校提出了更高的要求。为了迎接 21 世纪的挑战，高校要大力培养具有开拓和献身精神的一流人才；高校科研要进入世界科技的前沿，要力争有突破性进展，赶超发达国家的水平。没有一支文化素质精良、道德素质优秀的教师队伍，要承担如此繁重的任务是不可能的。师德是教师最重要的素质，当前高等学校师资队伍建设极为重要的任务是加快高校师资队伍的德育步伐，在教育实践中培养和锻炼教师、特别是青年教师的个体美德，是当前高等教育发展的迫切要求。

高校教师的个体美德，内容十分丰富，且具有个性化、多样化的特点。从共性的角度考虑，高校教师的个体美德概括起来主要有以下几个方面：

一、热爱教育　献身事业

邓小平同志曾经指出：教育要面向现代化，面向世界，面向未来。胡锦涛总书记也曾讲："当今世界的综合国力竞争，说到底是民族素质竞争。要充分发挥教育对提高人的素质的基础性作用，坚持教育优先发展"①。这就是说，社会主义现代化事业要发展、国家要兴盛强大、民族要繁荣昌盛并屹立于世界民族之林，离不开教育这一基础性事业的发达。高校教师要为国家的未来培养高级专门人才，任重而道远。崇高的理想和坚定的信念是激励人们奋发向上的原动力，正如斯大林所说：只有伟大的目标才能产生伟大的精力。每一位高校教师都要树立远大的理想和坚定的信念，要站在社会的、全局的、人民的长远利益之上，放眼国家和民族的前途，立足脚下的教育事业，贡献自己的辛勤劳动以至一生。革命老人徐特立说："教书是一种很愉快的事业，你越教就会越爱自己的事业，当你看到你教出来的学生一批批地走向生活，为社会作出贡献时，你会多么高兴啊！"②优秀教师斯霞说："教师像蜡烛一样，用自己发出的

---

① 《求是》2006 年，第 9 期。
② 申建军：《师德新论》，北京航空航天大学出版社，1998 年版，第 184 页。

光来照亮别人前进的道路。人民教师用自己的心血浇灌着下一代，塑造人的心灵，启迪人的智慧，使他们成为艳丽的花果，成为又红又专的社会主义现代化建设的有用之材。"①"教育是社会进步及社会改革的基础"；"教育是国家的根本大计"；"太阳底下再没有比教师这个职务更高尚的了"；"世界上最美好的职业就是做一个人民教师"等等，多少古今中外的名人、伟人用这样的语言谈教师、论教育，这不正是指明了热爱教育事业，献身教育事业是教师道德品质的核心内容吗！高校教师也只有热爱教育事业，献身教育事业，才有深刻持久的内在动力，才能严格要求自己，不断砥砺个人品德，做好教学和科研工作，才能培养出更多更好有能力、有思想的现代化建设人才。

二、崇尚科学　善于学习

中国知识分子历来坚持一个信念：科学救国，这是有其真理性意义的。特别在当代世界已进入科技竞争的新世纪，在某种意义上说，国家的强大与否看国力，国力强大与否看经济，经济强大与否拼科技。高校教师处于科技创新和文化教育的第一线，承担着国家大量重点科研项目的研究，同时在校园里培育着国家未来承担科技发展任务的高级人才。双重任务要求高等学校教师要具备崇尚科学、善于学习的优秀品质。波兰天文学家哥白尼有句名言："人的天职在勇于探索真理"②英国哲学家培根也说过："探求真理—向它求爱，认识真理—与它同在，信仰真理—为它而乐，毕竟是人性中最崇高的美德。"③每一位高校教师都应当成为科学真理的崇尚者，科学探索的追随者，把冲破迷雾、掌握科学看成人生的目标，个人的使命，勇于追求，乐在其中。教师在进行教育教学和科学研究探索的过程中要善于学习，培养自己良好的认知品质和强烈的求知欲。认知品质包括感觉、知觉、记忆、思维、想象等心理过程。教师的良好的认知品质，主要表现在对知识信息的理解和接受能力强，易于接受新理论、新事物、更新知识；教师应敏锐、全面、准确地感知和认识客观世界，及时调整自己的教育行为，使之适应具体的教学和教育情况。强烈的求知欲是培养良好认知品格的一个先决条件。人民教育家陶行知

---

① 申建军：《师德新论》，北京航空航天大学出版社，1998 年版附录，第 183 页。
② 龚乐进：《素质教育下的教师道德》，人民教育出版社，2001 年版，第 180 页。
③ 龚乐进：《素质教育下的教师道德》，人民教育出版社，2001 年版，第 180 页。

说过："我们做教师的人，必须天天学习，天天进行再教育，才能有教学之乐而无教学之苦。""学习，学习，学习，学到人所不知，人所不能"①。毛泽东也讲过，要向生产者学，向工人学习，向农民学习，在学校则要向学生学习，向自己的教育对象学习。他们都强调：只有具备强烈的求知欲，善于向他人、向社会学习，才能获得真知。尤其是在当今的信息社会，知识更新速度加快，高校教师只有不断地学习，不断地更新自己的知识储备，才能跟上时代发展的步伐，从而更好地与思想活跃、接受新事物能力强的青年学生沟通、交流，才能更好地教育他们、指导他们。在党中央建立学习型社会的号召下，高校教师更要发挥带头作用，努力学习新科技、新思想、新理论、新事物，并在此基础上不断改革创新，为全社会做出榜样，为学习型社会的构建作出贡献。

三、自尊自强　正直诚实

要受人尊敬，必先自敬，重师首先师自重。高校教师负有特殊的历史使命，只有自尊自强，奋斗不息才能完成人民教师的职责，才能达到高尚的教师道德品质水平。教师职业是太阳底下最伟大的事业，是受人尊重的职业，但教师首先必须自我尊重，学为人师，行为世范，才能真正成为伟大事业中的一员；教师劳动是以知识为内容的特殊劳动，知识的获得既是一项艰苦的体力劳动，更是一项复杂的脑力劳动，教师必须自强不息、持之以恒地刻苦努力，才能完成教师应尽的职责。总之，高校教师要用自尊、自爱精神维护人民教师的尊严，自觉按照教师道德要求规范自己，保持良好的道德形象；要自强、自立，坚持不懈追求自我道德完善，高标准、严要求，永不自满，永不松懈，向着理想的道德人格攀登。

其次，正直诚实是一个人安身立命之本，也是教师职业中的以身立教之本。高校教师以宣传科学、传播真理、教书育人为己任，为人处世必须追求真理、尊重科学、实事求是、谦虚谨慎、是非分明、忠实坦诚。只有具备这样的人格品德，才能以身示教，为学生做出榜样，完成教书育人的重任。因此，高校教师个体美德不仅要求教师自觉按教师职业道德规范行事，认真履行职业道德义务，而且还要正直诚实，培育良好的个体美德，要说老实话，办老实事，敢于与违背教师道德的人和事作斗

---

① 申建军：《师德新论》附录，北京航空航天大学出版社，1998年版，第200页。

争，以强烈的道德责任感维护道德的严肃性和正义性。相反，如果在人与事面前，为一己私利弄虚作假、趋炎附势、投机取巧，他就不具备人民教师最基本的道德品格，就不配做一个人民教师。孔子讲过："其身正，不令而行；其身不正，虽令不从。"①教师的个人道德也是教师的一种极其有力的教育手段，对学生具有强烈的示范性和潜移默化的教育影响作用。教师一定要培养自己正直诚实的个人美德，为学生做出榜样。

四、朴素节俭　开拓创新

朴素节俭是劳动人民的优秀品质，是胸怀大志的人在个人生活方面的良好品格。人民教师热爱祖国和人民，就要和广大劳动群众同甘共苦，生活节俭无奢。我国改革开放以来，社会主义现代化建设取得了举世瞩目的伟大成绩，人民生活日益富裕、国家物质丰富、财力强盛、逐步繁荣。随着国家的富有，特别是党和人民对教育的高度重视，对高等教育的投入日益加大，高校的办学条件和科研条件有了极大的改善，为广大高校教师的教育教学和科研工作创造了很好的条件。但是我们也应该看到，我国与发达国家的经济实力和科学水平差距还很大，我国的生产力水平还不够高，社会财富还不够充裕，高校的教学科研经费还不够宽松，前面的道路仍然艰辛，面临的考验极其严峻。"成由节俭，败由奢"这条古训应该成为高校教师个人道德修养的座右铭。高校教师不但个人生活要朴素节俭，而且要节源开流、厉行节约、勤俭办一切事，特别要将这种优良品质发扬到工作和事业中去，在教学和科研经费使用上精打细算，节约国家的每一个铜板，用最少的投入，获得最大的产出，让人民的每一分钱都发挥出最大的效益。

开拓创新是一种在人生和事业上不断追求进取、探索改革的良好品质。在 21 世纪初期这个关键年代，为了民族未来的命运，国家和政府要求我们，要树立科学发展观，提倡开拓创新精神，以更大的魄力掀起社会主义事业建设新高潮。高校教师承担着培养社会主义现代化事业的建设者和接班人的重任，担负着培养创新性人才的历史使命，这就要求高校教师决不能因循守旧，固步自封，要善于打破陈规旧习，大胆改革，善于从实际出发开拓创新，发现新问题，寻找新目标，创造新科技。教师只有具备这样的品格，才能真正担负起培养世纪新人的历史重任。

---

① 《论语·子路》，刘琦译评，吉林文史出版社，1999 年版，第 97 页。

五、豁达开朗　意志坚强

豁达开朗是高校教师不可缺少的良好心理品质。从根本上说，豁达开朗是一个人面对种种人生矛盾时所表现出来的一种豁达乐观的心理倾向，它反映的是人们的一种积极人生态度。人生态度各种各样，有消极悲观的、有贪婪冒险的、有混沌沉闷的，也有乐观进取的。豁达开朗是一种积极、乐观、进取的人生态度，是优秀的个性品质，是高校教师应具备的个体美德。它对高校教师的基本要求是：其一，热爱人生和事业、精神振奋、朝气蓬勃。一名教师在教育教学过程中洋溢着他对生活的热爱、以朝气蓬勃的精神体现出他对事业的忠诚，他就会像磁石一样把学生凝聚在自己周围，激发学生的生活热情和学习热情，坚定学生的信念，师生在积极进取的氛围中共同完成教育教学任务。其二，胸怀宽阔、坦荡、宽容。一名教师具有宽大的胸怀，能够宽容同事和学生的缺点和弱点；能够对己严，对人宽，遇事礼让他人；能够坦言自己的不足，勇于承担责任；他和同事及学生相处，会使人们感到愉快、轻松、和谐和舒畅，促使大家建立良好的人际关系。在这种良好的人际关系中教师本人也将获得心灵的轻松与幸福。其三，处事理智、情绪稳定。教育活动是一种理智活动，教师在任何情况下都要保持头脑冷静，不受情感和情绪的干扰，以教学教育目的为原则，对不符合教育规范教育要求的行为及时加以更正和调整。教育劳动的特殊性决定了高校教师必须有适度的稳定情绪。适度情绪是指在教育教学过程中能够根据教育对象的接受能力和教育目的的要求，适当地表现自己的情绪。如对自卑的学生多露鼓励之情，对自满的学生，适当控制肯定情绪的流露。当工作中遇到困难时多表现信心，当工作进展顺利时不要沾沾自喜。情绪的稳定主要指教师情绪的价值取向要明确而稳定，不能因教师个人的生活境遇的变化和个人利害得失表现出反复无常和失态，也不能让学生的情绪左右教师的情绪。教师还要善于调整自己的情绪，提高自己的心理承受力，以提高对复杂的人际心理环境的适应能力。

坚强的意志也是高校教师必须具备的良好品质之一，它对教师完成教学教育职责有着特殊的重要意义。坚强的意志体现为教师教育行为的自觉性，即自觉地实现教育目的；体现为教师教育行为的坚持性，即在行动中坚持目标，百折不挠；体现为教师教育行为的决策果断性，即教师必须有计划决断和随机决断能力；体现为教师教育行为的高度自制性，即善于掌握和支配自己的言行，以利于教育目标的实现。坚强的意志是在克服困难中表现，并在克服困难中发展的。高校教师只有积极参加各种教学教育实践活动，在不断克服困难的过程中有意识地锻炼自己，才能培养自己坚强的意志品质。

第三节　高校教师的个人品德修养

高等学校教师良好的道德品质不是先天固有的，也不是自然而然产生的，是在科学理论的指导下，经过较长时期的社会实践锻炼逐步形成的，是通过教师个人长期刻苦自觉的修养而形成的。高校教师承担着培养社会所需求的高素质人才的任务，必须具备良好的道德品质，必须认真持久地进行个人品德修养。

一、高校教师个人品德修养的重要意义

修，是指在道德学问和品行方面的学习和锻炼；养，即培养和养育。高校教师的道德修养是指，通过个人自觉的学习、自觉的改造和自我锻炼，在教育实践活动中逐步养成良好的个性品质的过程。高校教师个人品德修养无论对我们国家民族还是教师个人都具有重要的意义。近些年大批博硕士毕业生补充到高教队伍中，他们的到来给高校带来了新的知识力量，注入了新鲜血液。但是由于他们刚刚步入高校教师行列，对于高校教师这一职业的特殊性缺乏深入的理解，对高校教师所应具备的个人道德品质缺乏自觉的意识，有的人在个人道德品质方面出现了一些问题，影响了他们道德素质的提高和全面素质的发展。因此高校教师自觉、主动地加强个人道德品质修养具有十分重要的意义。

（一）高校教师加强个人品德修养是国家和民族道德建设的需要

胡锦涛总书记在提出树立社会主义荣辱观时指出："全面建设小康社会、加快推进社会主义现代化，要求我们必须把发展社会主义先进文化放到十分突出的位置，着眼于提高人的素质、促进人的全面发展，加强思想道德建设，发展教育科学文化，培育有理想、有道德、有文化、有纪律的社会主义公民。"《中共中央关于加强社会主义精神文明建设若干重要问题的决议》提出："社会主义道德建设要以为人民服务为核心，以集体主义为原则，以爱祖国、爱人民、爱劳动、爱科学、爱社会主义为基本要求，开展社会公德、职业道德、家庭美德教育，在全社会形成团结

互助、平等友爱、共同前进的人际关系。"要加强国家和全民族的道德建设，实现人民团结互助、家庭美满幸福、社会和谐进步的美好目标，需要全社会的共同努力，更需要高校教师的积极参与。这是因为高校教师在传授社会主义先进文化和建设社会主义道德方面有着义不容辞的责任。作为传授知识、培养人才的高校教师，不仅是社会主义精神文明建设的参与者，还应是社会主义精神文明的示范者。在高等学校就读的学生有大批的专、本科生；有相当数量的硕士、博士研究生和更高层次的研究人员，这一大批人才的道德状况将对我国社会道德风貌以及民族道德素质的提高产生很大的影响，一批又一批学生走向社会后，他们的道德素质将成为社会文明程度和道德水平的表征，将承担着引领全社会道德风貌的任务和责任。高等学校的教师正是这一大批人才道德素质的塑造者。教师要根据社会的需要，有目的、有计划、有组织地对受教育者进行科学文化知识的传授、专业技能的培养，特别要以自己良好的道德修养对他们进行思想道德教育，把他们培养成为社会主义现代化事业所需要的人才，通过他们促进我国科技文化事业的发展，促进整个民族道德素质的提升。由此可见，高校教师自身的道德风貌、道德品质的修养对我们整个国家的道德建设，对中华民族道德素质的提高具有重要的意义。

(二)高校教师加强个人品德修养是履行教育职责和贯彻职业道德规范的需要

教师的职责不但要教书，而且要育人。正如加里宁指出的那样"虽然教授一门功课，这是基本工作，但除此之外，学生还处处模仿教师。所以说，教师的世界观，他的品行，他的生活，他对每一现象的态度都这样或那样地影响全体学生"[①]。教师职业的劳动特点决定了教师比起其他职业从业者，更需要加强职业道德的个人品德修养。根据对高校在校学生的调查，当前我国高校教师队伍中还存在不少不符合社会主义教师职业道德的现象。例如，有的教师"敬业奉献意识淡化"、"职业感情淡漠"，不安心本职工作，对教学科研敷衍了事，把精力放在第二职业上，兼职为主，赚钱第一；有的教师缺乏科学严谨的治学态度，"急功近利"，"心态浮躁"，教学不认真，科研成果经不起推敲；有的教师学术腐败，在职称评定中弄虚作假，在科学研究中抄袭剽窃、署名不实、侵占他人劳动成果；有的教师"纪律性差"，随意改变上课时间，迟到缺勤，违反学校

---

① 加里宁：《论共产主义教育》，中国青年出版社，1979年版，第100页。

规章制度，破坏正常的教学秩序；有的在同事之间采取不正当竞争手段，抬高自己，诋毁他人，破坏团结，争名夺利；有极个别高校教师甚至贪赃枉法、腐败堕落。大学生反映的种种现象，从不同侧面反映出当前高校教师队伍在个人品德方面存在的严重问题。这些问题破坏教师的职业理想和信念，毁坏教师的个人道德品行，使他们不能承担或者不能很好地承担教育职责，履行职业道德规范。所以，高校教师必须首先加强自我修养，认清自己职业的社会价值和意义，明确自己的道德品质在高等教育发展中、在大学生的培养中所具有的重要作用，树立起崇高的职业理想，培养起高尚的个体道德，从而更好地承担起高等教育的社会职责，更好地履行自己的职业道德规范。其次，教师的"育人"是一项"硬"要求，也是一项"软"任务。在教育过程中是勤是惰，工作做多做少，更多的是依靠教师自身的职业良心，而非外力的监督。教师的劳动成果显现又是一个长期的深远的过程，教师培养的学生是否满足了社会的需要和学生身心发展的需要，要经过社会一段较长时间的检验才能得出结论。教师个人道德品质对学生的影响是深入学生心灵，绵远于学生终身的一缕阳光。当前，高等学校的德育面临新的挑战，任务是艰巨的。我国市场经济发展迅速，高等教育国际化进程加快，教育结构、内容、形式都在不同程度与市场经济、与国际化接轨，各种思潮、各种行为以及多元化的世界观、人生观、价值观等等，纷纷涌入到高等学校的校园中来，使一些大学生眼花缭乱、思想产生迷茫。复杂而多元化的校园文化场景，迫切需要教师自觉承载起教书育人的重任，引导和教育大学生分辨是非、善恶、美丑，自觉抵御外来的有害文化观念和腐朽思想的侵袭。"教人先正己"，高校教师必须不断提高和完善自身的道德品质和道德境界，才能承担起新形势下高校道德教育的重任，才能适应我国社会和高等教育发展的需要。

（三）高校教师加强个人品德修养是个体追求理想人格的需要

一个人道德人格和道德品质的形成，既要靠外部的道德教育，更要靠个人的自我努力，即个人品德修养。教师个人主观努力是教师个人道德品质形成的内动力。我国社会道德建设体系的构建给广大高校教师创造了很好的社会道德教育环境，2006 年全社会掀起的"八荣八耻"的学习教育热潮，对教师树立社会主义荣辱观起到极大的推动和促进作用。然而良好的教师个体道德品质离不开教师自觉的自我修养。马克思主义唯物辩证法认为：外因是变化的条件，内因是变化的根据，外因通过内因起作用。教师进行自我修养的自觉性是内部的根据，而且这种自我修养的自觉性起着决定性的作用，没有高度的自我修养的自觉性，外部条件再好也是没有意义的。从本质上讲，教师的职业道德修养是一种自律行为，关键在于自我锻炼和自我改造，是教师本人在与自己"打官司"、自己做"法官"的"自讼"行为。

教师的自我修养是丰富、完善和提升师德境界的保证，是教师个体完善个性、追求理想人格的必要环节。一个教师从自我发展需要而自觉进行道德修养，比制度化的道德教育更重要、更有动力。这就是说，教师道德的养成，不但需要外在制度的规训，更需要内在良心的自律，"制度"只有在"良心"的配合下才能起到教育的作用。因为制度化的师德教育发生影响的时间和空间总是有限的，只有教师的自我修养才能全面渗入到教师的生活之中，才能对教师的道德品质完善产生既全面又持久的影响。从这个意义上讲，在完善道德人格，追求理想道德人格的过程中，教师个人品德的自我修养起着核心的、决定性的、最有效的作用。

（四）高校教师加强个人品德修养是高等教育改革和市场经济发展的需要

随着我国高等教育事业的蓬勃发展，我国研究生的数量和质量大幅度提高，他们毕业之后很大一部分人参与到高校教师队伍中来。他们的加入改善了高校教师知识结构、增加了新鲜血液，而且他们大部分文化素质和思想道德素质都比较高，能够更好地跟青年学生沟通交流、正确地引导他们。然而，作为刚刚走出校门不久的青年才俊，他们没有经受长期的高校教师道德修养的熏陶，没有形成系统稳定的高校教师道德价值观。因此，随着高等教育的改革和发展，随着大批青年教师的到来，加强青年教师的个人品德修养是十分重要的。此外，在改革开放和全球化浪潮下，在市场经济的负面作用影响下，也有一些高校教师受到个人主义、享乐主义、极端利己主义等思想的影响，他们看重对金钱和享乐生活的追求，看重一己私利，而放松了自身的道德修养，导致有的人思想失准，道德失范，甚至腐化堕落。因此，高等教育的改革和市场经济的发展，迫切要求高校教师加强个人道德修养，把好个人道德关，在高等教育改革和市场经济大潮中，站稳脚跟，洁身自好，以更好的精神面貌和高尚的道德品质教育学生，引导学生，为高等教育的深化改革，为社会主义市场经济的发展完善作出自己的贡献。

二、高校教师个人品德修养的方法与途径

道德修养的目的和作用，在于塑造教师个人的优秀品质，提高教师的道德境界，这是一个长期复杂、艰苦曲折的道德实践过程。教师的个人品质修养必须选择和掌握正确的途径和方法。

(一)高校教师个人品德修养的途径

理论与实践相结合，知行统一，是高校教师道德修养的基本原则和根本途径。

1. 刻苦学习理论，掌握社会主义教师职业道德原则和规范

"知识即美德"的古训，深刻地揭示了知识与德性之间的内在联系。学习是教师获得知识和技能、发展智力和能力的重要手段，更是加强道德修养，完善道德品质的重要方法。

首先，认真参加高校青年教师岗前培训。高校青年教师岗前培训是根据国家教育部的统一部署对全国各高等学校青年教师进行的入职(职前)教育。主要进行教育理论、教师职业道德、教育法规及教学技能技巧的学习培训。参加岗前培训是高校青年教师走上讲台的先决条件，岗前培训合格是取得教师资格的必备条件。新教师要认真参加高校师资培训部门组织的岗前培训，在培训班中除学习和掌握各门教育理论、法规外，特别要努力学习和掌握高校教师职业道德的理论。高校教师职业道德理论是社会主义职业道德理论在高校教师职业中的具体体现，它是从社会主义建设的实际需要和高校教师职业特点出发，批判地继承了古今中外一切优良师德传统的基础上形成的。它科学地概括了高校教师职业道德原则和规范，指明了高校教师职业道德修养的任务、途径和方法。高校教师只有学习和掌握了职业道德的理论，并用以指导自己的教育实践，才能在实际活动中分清是非善恶，自觉抵制错误的思想和行为，提高遵守教师道德规范的自觉性，不断升华自己的道德境界。

其次，坚持自学、养成勤于学习的好习惯。高校教师在理论素养上应当具有较高水平。要自觉地系统学习马克思主义理论。马克思主义理论是高校教师道德修养的理论基础和思想武器。通过学习，掌握科学的世界观和方法论，从根本上提高思想素质，坚定正确的政治方向，明确自己的历史重任，树立远大的理想。学习马克思主义理论和教师道德修养理论的方法之一是多读书，勤思考，反复咀嚼，反复体悟。高校青年教师通过认真研读积极思考，在读书学习过程中博采众长，充分享用其

中蕴涵的成长力量，对培养和造就优良的道德品质是大有益处的。

2. 积极参与实践，在实践中培养高尚的个人道德品质

学习理论固然十分重要，但参与实践更为重要。理论再好，知识再多而不去实行不可能培养出高尚的个人品德。只有积极参与实践，以理论指导实践，将二者结合起来，才能提高个人的道德水平，才能培养出高尚的个体道德。因此，理论和实践相结合是高校教师道德修养的根本途径。

首先，积极参与社会实践。在教师个体道德品质形成的过程中，教师的社会实践，起着重要的作用。在我国当前的社会主义道德建设中，践行社会主义荣辱观是高校教师重要的道德社会实践。2006 年 3 月，中共中央总书记胡锦涛发表了关于社会主义荣辱观的重要讲话。总书记提出的社会主义荣辱观是科学的世界观、人生观、价值观的有机统一，具有鲜明的时代特征，其核心内容"八荣、八耻"是我国新时期进行全民道德教育的纲领，也是新时期高等学校加强对学生进行公民道德教育与培养"四有"新人的具体指导和要求。高校教师在社会主义荣辱观的教育和实践中承担重要的责任：一是教育和引导作用；二是榜样和示范作用。高等学校教师是社会高素质人群，他们受过高等教育，文化层次比较高，对精神文化有着较为敏锐的觉悟，对于树立社会主义荣辱观的意义和必要性有着深刻的理解，因此社会要求高校教师积极承担社会主义荣辱观的教育任务，要求高校教师利用自己的知识优势和理论优势，大力宣传社会主义荣辱观，对全体社会公民和大学生进行"八荣八耻"的教育和引导。高校教师在对青少年的"八荣八耻"教育中还应起到示范和榜样作用。正人先正己。高校教师树立社会主义荣辱观，要从自己做起，从身边做起。高校教师要自觉投入"八荣八耻"的道德实践中去，将社会主义荣辱观融入自己的心灵，提高本身的道德素质，发挥以身立教的示范作用和榜样作用，教育学生树立社会主义荣辱观，完成教书育人的本职任务。

其次，积极参与教育教学实践。教育教学实践是教师形成优良道德品质的源泉，是教师进行道德修养的目的和归宿。教书育人是教师的基本职业实践，教师道德修养中的各种矛盾都存在于教书育人的实践过程中。教师在教育教学中坚持教书育人原则是一个自律的过程。教师在教育教学过程中体验和加深对学生热爱的情感、在克服各种困难的过程中锻炼坚强的意志和毅力，在与错误的、不符合教师道德规范的思想行为作斗争的过程中，树立坚定的信念，在取得教育成果和成绩的过程中感

受到成功的喜悦,从而进一步提高了对教书育人这一基本原则的认识。同时,教师在教育教学实践中,大量的教学任务、丰富的科研活动、多彩的学生社会实践活动以及广泛的人际关系都为教师的个人道德品质的培育和养成提供了广阔的天地。教师与社会、学生、他人形成有机的道德关系,在处理各种关系的过程中得到实际道德体验,再到实践,感性而具体的道德体验通过从实践到认识的过程,会抽象为一定的道德意识、道德观念,从而指导教师的道德行为,经过长期的积累成为行为整体中稳定的倾向,构成教师个人所特有的某种道德品质。新时期与时俱进、不断发展着的教育实践是教师道德观念更新的现实基础,教师只有投身于教育实践中才能获得新的道德体验,更新道德观念,形成新的道德品质。社会实践和哲学的论证都说明:理论和实践相结合,是高校教师个人道德品质修养的根本途径。

(二)高校教师个人品德修养的方法

高校教师个人品德修养,不仅要了解修养的根本途径,还必须学会掌握修养的科学方法。教师个人修养的方法有很多,下面介绍几种常用的方法:

1.“慎独”——心怀信念始终如一

所谓“慎独”,就是指一个人在独立活动,无人监督有做坏事的可能的情况下,仍然能坚持正确的道德信念,自觉按一定的道德准则去行动而不做任何坏事。“慎独”既是一种道德修养的方法,又是一种道德修养中应达到的境界。“慎独”一词出于我国古书《礼记·中庸》:“道者也,不可须臾离也,可离非道。是故君子慎其独也。”意思是说,道德原则一时一刻不能离开,要经常检查自己的行动看是否有什么不妥的言行而自己没有看到,别人有什么意见自己没有听到。所以一个有道德的人在独自一人,无人监督时总能小心谨慎地不做任何不道德的事。当然,我们社会主义道德原则所提倡的“慎独”和封建社会提倡的“慎独”有着本质的不同。它指一名教师在任何时候、任何情况下都能坚持按照社会主义教师道德规范去行事,而不去做违背职业道德标准的事。

“慎独”对教师的个体道德品质的完善有特殊的作用。首先,“慎独”是教师道德人格的一面镜子,“慎独”作为内心的自我监督和自我评价机制,可以促进教师时时处处严格要求自己,言行一致,表里如一,涵养优良品质。其次,“慎独”是教师个体道德品质的稳固剂,在个人道德品质形成过程中,“慎独”起到稳定优良品质的作用。可以防止教师因为对自己的放纵与宽恕而使逐步形成的好品质渐渐丧失。

真正做到"慎独",并非一件容易的事,而是一个思想斗争和自我锻炼的过程。这是因为,道德作为一种社会意识形态,作为人们行为规范和准则的总和,主要是通过社会舆论和内心信念来起作用的,但社会舆论的监督作用只有在人们的行为是公开的或者是已经产生某种较大社会后果的情况下才能发挥。而对于那些"看不见"、"摸不着"的行为,就要依靠个人的内心信念和"慎独"的作用。而道德修养的实质就是一个思想斗争和自我锻炼的过程,通过思想斗争把道德原则和规范变成自己的内心信念,并用这种内心信念来指导和支配自己的思想和言行。从这层意义上讲,没有"慎独"就没有道德修养。此外,就教师劳动的特点而言,教师的工作独立性很强,课堂教学效果好坏,备课质量如何,怎样批改作业,怎样组织课外活动,以什么样的态度对待科研工作等都是独立进行的,存在很大的弹性,这就更需要教师的自我约束能力,需要教师依靠坚定的信念和高度的自觉性高质量地完成各项任务。这里考验着教师的"慎独"功夫。教师要以"慎独"的要求进行道德修养,从我做起,从小事做起,在"隐处"和"微处"下工夫,长期实践,持之以恒,就一定能培养自己的"慎独"美德。

2."自省"——自我解剖激励斗志

"自省",即"内省"。以孔子的"吾日三省吾身"为典型的"内省"已成为我国自古以来教师道德修养的必要方法,其要义在于强调了道德修养的自觉性和严格性。"自省"就是自我反省、自我批评。教师道德修养的本质是教师在心灵深处进行自我认识、自我解剖、自我教育、自我提高,道德修养贵在自觉。鲁迅先生说过,我的确时时解剖别人,然而更多的是解剖我自己。徐特立老人讲:"只有接受批评才能排泄精神上的一切渣滓。只有吸收他人的意见才能增加精神上新的滋养品。"①,杨昌济教授曾在自己的日记中严厉地自省:"自省平时行事实多粗暴,不能近人情,多所伤害,乃不德之尤,岂不可惧!""余在教室,间有失检之处,为生所徒笑,……以后当于此等处格外留心。"②这些前辈高尚的自省精神是我们高校青年教师应当认真学习的。

"自省"的道德修养方法说到底,就是要开展积极的自我批评,要敢

---

① 申建军:《师德新论》附录,北京航空航天出版社,1998年版,第180页。
② 叶忠海:《教育人才学》,复旦大学出版社,1993年版,第54页。

于解剖自己。高校教师要求自己严格，自我批评的自觉性高，进步就快，教师道德修养的效果就好，就能在复杂的现实生活中防微杜渐，抵制错误思想的侵蚀。在现实生活和工作中如何更好地"自省"，开展积极的自我批评呢？

第一，要对个人道德品质提出高标准、严要求。一个热爱人民教育事业并立志为之奋斗的教师，一定会追求更高的师德境界，他不会把教师职业仅当做一种谋生手段，只为个人生活而工作，而是把教育工作当做自己的职业理想和伟大事业，以优良的道德品质去要求自己，鞭策自己。

第二，要学会正确认识自己。认真分析个人的优点和缺点，特别要勇于承认自己的不足和弱点，知错就改，毫不遮掩，唯有如此才能时时保持清醒的头脑，在教育实践中发扬优势，克服劣势，激励自己的斗志，不断得到进步。

第三，要虚怀若谷，闻过则喜。墨子说过："君子不镜于水而镜于人。镜于水，见面之容；镜于人则知吉与凶。"①这里说的是一个常理，当事者迷，旁观者清。要了解自己的弱点，不光要自己分析，更要请教身边的朋友和同志。高校教师则要经常主动听取同事、学生、领导的意见，虚心对待他们的评议和意见，认真反省，"审视"自己，寻找自己在思想、工作和行为上的不足，并努力加以改进。

第四，坚持写教育日记。写教育日记是许多优秀教师自我反省、自我成长的特殊学习方式。苏霍姆林斯基在《给教师的建议》一书中曾建议教师写教育日记，他本人坚持记了几十年的日记。近年来"教育日记"吸引了很多中小学教师的热情参与。高等学校教师虽然与中等教育方法有所不同，但经常反思，勤于动笔不失为一个自我修养的好方法，高校教师也可以写写教育日记，或者"周记"、"月记"、"学期记"、"课程记"等，在记录、分析和反思过程中自我解剖，自我反省、自我评价，找出优点，发现不足，激励斗志，不断进步。

3."拜师"——学习榜样力量无穷

孔子曰：三人行，必有我师焉。讲的是经常拜身边的人为师，向他们学习。在教师道德修养中拜师是非常重要的修养方法。常言道，榜样的力量是无穷的。心中有了榜样，眼前就有了方向，有了具体的目标和

---

① 《墨子，非攻》，广州出版社，2004年版，第104页。

前进的动力。优秀教师的榜样将教师道德的规范和原则具体转化为生动具体的、感人肺腑的光辉形象，为青年教师做出榜样，引领青年教师前行。

学习榜样首先要向古今中外的优秀教师学习。在人类教育史上，历代的优秀教师和教育家在自己的教育和道德实践中，造就了许多传统美德，留下了丰富的师德财富。像中国古代的孔子、孟子、朱熹；苏联的苏霍姆林斯基、马卡连柯；西方国家的夸美纽斯、卢梭；中国近代的教育家陶行知、徐特立，现代模范教师邹有云、林崇德，当代教师楷模孟二冬等等数不胜数。我们在学习古今中外优秀教师和教育家时，要博采美德，推陈出新，要古为今用，让传统美德焕发出新时代精神。教育是以人格来培养人，影响人的事业，苏霍姆林斯基讲："学校好比一种精致的乐器，它奏出一种人的和谐的旋律，使之影响每一个学生的心灵，——但要奏出这样的旋律，必须把乐器的音调准，而这种乐器是靠教师、教育者的人格来调音的。"①高校青年教师要特别注意学习我国近代和当代优秀教师和模范教师身上的优良品德，学习他们的高尚人格。学习他们对教育事业的热爱和献身精神；学习他们言行一致，教书育人，为人师表的道德责任感；学习他们遵纪守法、团结协作、勇于探索开拓创新的科学精神；学习他们朴素谦虚、自尊自强、坚忍不拔的美德。其次，高校青年教师还要善于学习身边的榜样，拜身边的名师。我国各高校都有一批德高望重的名师、名家，都有自己的优秀教师模范典型，他们的事迹生动具体，贴近青年教师，通过耳濡目染、言传身教和潜移默化，将会对青年教师产生最亲近、最直接的榜样示范作用。青年教师应当善于发现自己身边的榜样，虚心向他们学习，主动拜名师名家，以他们为榜样，锤炼人格，砥砺品德，促使自己人格完善，品德提高。

4."有恒"——磨炼意志锻炼毅力

教师良好的职业道德品质修养，不可能一蹴而就，需要经历一个长期锻炼和逐步提高的过程。因此，高校教师的道德品质修养是一个磨炼意志锻炼毅力的过程，要坚持"有恒"。高校教师在道德品质修养的过程中，会遇到各种各样的困难、阻力和考验。如果缺乏顽强的道德意志，如果没有持之以恒的毅力，就可能在困难和考验面前半途而废，个人道德品质的提高就会成为空谈。比如，带领学生参加军训时，教师可能会

---

① 苏霍姆林斯基：《关于全面发展教育的问题》，青年教育出版社，1959年版，第157页。

遇到来自家庭的或个人生活的、身体的、工作的种种困难，这时，只有表现出克服困难的勇气和吃苦耐劳的精神，才能坚持完成任务，使自己的道德品质得到锻炼和提高。再如，现代科学技术的飞速发展，高等教育的深化改革，都向高校教师的职业道德提出了新的更高的要求。高校教师只有树立了崇高的职业道德理想，并培养自己顽强的道德意志，自觉磨炼师德修养的毅力，才能克服困难，排除干扰，使自己的职业道德素质不断提高。

高校教师在从事教师职业的长期职业生涯过程中会享受到教书育人、桃李满天下的幸福，会因所取得的成就受到社会的承认和人民的尊敬，会因自身高尚的品德修养而感到心灵的净化和满足。然而，在前进的道路上也会遇到各种风浪的考验：如工作进行不顺利，遭受挫折；个人某些愿望未达到，名利受损；生活上遇到意外，陷入逆境。在这种情况下教师要以坚定的道德理想和积极的人生态度面对现实，要增强自己的抗挫力和耐受力，要以坚毅顽强的精神面对失败和挫折，要以百折不挠的勇气克服一切困难，在与困难的斗争中使自己的意志得到磨炼，使自己的人格得到升华。

◆思考题

1. 高校教师个人品德构成的要素有哪些？它们之间存在什么样的关系？

2. 高校教师应具备哪些良好的个人道德品质？它们与"八荣八耻"之间存在怎样的内在联系？

3. 高校教师个人道德品质修养的途径和方法是什么？你准备如何在实践中进行个人道德修养？

阅读资料一：

季羡林——清华其神，北大其魂

某年秋季，大学开学，燕园一片繁忙。一名新生守着大包小包的行李，站在道旁发愁。他首先应该去系里报到，但是他找不到地方。再说，带着这么多行李，也不方便寻找。正在这当口，他看到迎面走来一位清清瘦瘦的老头儿，光着脑袋瓜，上身穿一件半旧的中山装，领口露出洗得泛黄的白衬衣，足蹬一双黑布鞋，显得比他村里的人还要乡气，眉目却很舒朗、清亮，老远就笑眯眯地望着自己，似乎在问：你有什么事儿要我帮忙吗？新生暗想：老头儿瞧着怪熟悉怪亲切，仿佛自家人一样。这年头谁有这份好脾气？莫不是——老校工？他壮着胆问了一句："老师傅，您能帮我提点儿行李吗？我一人拿不动。"老头儿愉快地答应了。他先帮新生找到了报到处，又帮他把行李送到宿舍，这才挥手再见。数天后，在全校迎新大会上，这名新生却傻了眼。他发现那天帮自己提行李的老头儿，此刻正坐在主席台上，原来他不是什么工友，而是著名的东方学教授、北大副校长季羡林。

卞毓方：《季羡林——清华其神，北大其魂》[M]，江西教育出版社2007年7月版，137页。

阅读资料二：

名利薄如纸　丹心照汗青

北京航空航天大学可靠性工程研究所所长杨为民生前有许多荣誉——全国"五一"劳动奖章获得者、全国先进工作者、全国优秀科技工作者、航空金奖、北京市优秀共产党员十杰、首都精神文明建设奖章等荣誉称号，这位被人誉为"拼命三郎"的著名科学家，以他"人生奋进无终点，源水长流润无声"的信念，实践了一名共产党员的人生追求。

杨为民生于1935年，18岁时加入中国共产党。他的整个少年时代，是喝延安水、伴宝塔山长大的。他的父亲杨秀峰，解放初期是河北省省主席，调中央后，曾任过高等教育部部长和最高人民法院院长、全国政协副主席。他的母亲是国家教委机关党委书记、副部级干部。杨为民是他们的独生子。光荣的背景、显赫的家庭没有培养他依仗权势盛气凌人的优越感。父母的言传身教，赋予他的是艰苦创业、无私奉献的精神，实事求是、廉洁奉公的作风。杨为民淡泊名利、甘于清贫，在金钱和荣誉面前，毫不动心。多年来，杨为民到许多单位讲课、咨询从不要报酬。他将所得的各种奖金、稿酬、评审费等累计13万元，统统交到单位，用于设立优秀青年教师奖励基金。1988年他被评为有突出贡献的中青年专家，政府为他晋升两级工资，他拿出一级交党费，一级给学生做奖励基金。当时，学校岗位津贴，杨为民被评为一等，但他只拿普通教授的三等，将多余的钱(1年累计2万元)交给了单位。在单位办公室的柜子里摆放着奖给杨为民的各种奖章、证书、奖品，这不是代为保存，而是杨为民有交代："这都是给大家的荣誉，而不是给我个人的。"在北航的校园里，至今还流传着杨为民两次让高工、两次让教授的佳话。每逢单位评先进，大家总是首推杨为民，但上报时，他总是利用"职权"勾掉了自己的名字。他说："工作是大家做的，为什么总要记在我一个人的账上呢？"他7次被邀请出国访问，都被他谢绝，推荐其他同志前往。

　　长期以来，杨为民超负荷工作，积劳成疾，可平时连看病的时间都舍不得，有病就自费到药店买些药吃。2001年6月，他病重手术前在医院一边输液，一边还在口授，向总装备部军兵种部领导汇报专项工程质量与可靠性检查情况的提纲。7月手术后，他深知自己患上癌症，生命已极为有限，在体质极度虚弱的情况下，仍不顾医护人员的劝阻，继续关心着可靠性事业的发展和学校的工作，把病房变成了会议室、办公室，甚至离开医院去参加并主持工作会议。直到弥留之际，他唯一关心的仍是党和国家的事业。杨为民同志为我国国防事业为提高我国武器装备的质量与可靠性水平耗尽了他的生命。"春蚕到死丝方尽，蜡烛成灰泪始干"正是他一生真实的写照。杨为民同志走了，他留给我们的不仅是他所开创的可靠性事业，更重要的是以一个共产党员的高风亮节和高尚品德，给我们留下了宝贵的精神财富。

第九章　高校教师职业道德的
　　　　　发生和评价机制

　　高校教师职业道德的发生和评价机制，是职业道德活动的一种重要形式，是依据道德产生的原因，创造良好的环境条件，制定相应的规章、制度、程序，激发和整合各种因素，促使教师职业道德发生，促使职业道德原则和规范得以贯彻，最终转化为教师职业道德行为的系统过程。加强高校教师职业道德教育与修养，推进高校师德建设，必须研究和了解高校教师职业道德的发生机制，必须建立和完善高校教师职业道德的评价机制。高校教师职业道德发生和评价机制的研究，对于发挥教师职业道德教育与修养的主客体作用，建构高校教师职业道德发展和提升的长效机制，完善和提高高校教师的职业道德水平，具有重要的现实意义。

第一节　高校教师职业道德的发生机制

　　任何职业道德的形成，都是一个由各种复杂要素相互作用的动态过程，其中要受到社会因素和个体因素的影响，通过内在因素和外在因素、主观因素和客观因素的相互作用实现。职业道德在职业生活实践中发生，被从业个体接受并通过个体的职业实践表现出来。职业道德的发生机制，就是系统的影响职业道德发生发展的各种社会因素和个体因素、内在因素和外在因素、主观因素和客观因素的相互作用过程和方式，就是指职业道德产生的原因和动力等各种要素之间形成的相互作用的机制。它包括职业道德产生的社会机制和职业道德品质发生的主体化机制两个子系统。从系统论的观点来看，职业道德教育训练的过程就是调节道德系统中各个要素的过程，通过控制各种相关要素及其相互作用促进职业道德发生和发展的过程。

　　与任何职业道德的发生一样，高校教师职业道德的形成和发展同样要受到各种复杂因素的影响和作用。一般说来，这些因素可以分为社会

230

因素和个体因素两大类，它们构成了高校教师职业道德发生的社会机制和主体化机制。在对高校教师进行职业道德教育中，分别研究这两种发生机制至关重要：它有利于深入揭示高校教师职业道德的真正成因，进而正确认识各种职业道德影响因素的作用以及作用方式，从而在高校教师职业道德教育与修养中合理地调节各种相关因素，通过环境整合与要素调整改善系统功能，使高校教师职业道德教育与修养更科学、更合理、更有成效；它有利于建构高校教师职业道德发展和提升的长效机制，使教师职业道德得到持续发展和提高的内在动力，使职业道德教育与修养收到良好长远的实效。

一、高校教师职业道德发生的社会机制

按照系统论的观点，人类社会是由经济的、政治的、文化的各种因素组成的一个复杂系统，各种因素的相互影响和作用使社会成为一个复杂的有机整体，各种要素在其中相互作用、共生共存，使社会产生出整体性的功能和效果来。社会机制是构成社会系统的各种因素之间的作用过程以及作用方式，社会机制具有复杂性、动态性、外在性、连续性、整体性等特点，社会各构成要素的功能和作用通过社会机制运转发挥出来。职业道德的发生首先是职业道德社会机制作用的结果，是各种社会要素共同影响的过程。这些社会要素主要有社会分工、物质文明和精神文明发展、行业发展、大众对行业的期望等因素。这是职业道德产生发展的客观外在因素，是任何职业道德的产生都必不可少的先决性条件，高校教师职业道德的产生也不例外，它是社会分工发展、物质文明和精神文明发展、现代高等教育发展以及大众对高等教育的期望等社会因素和社会机制作用的结果。

(一)社会分工发展和特定职业活动实践决定着高校教师职业道德的产生

在人类历史上，特定的分工规定了特定的社会职责，特定的社会职责，形成特定的职业和职业道德。因此，生产的发展和社会分工的出现，是职业及其职业道德形成的前提条件。职业作为一种社会现象，并不是从来就有的，它的产生是生产力发展和社会分工的结果，它表明社会对某种社会劳动的需要，同时也表明某种社会劳动对社会和他人所承担的特定责任和义务。各种职业的产生，必然带来了职业内部和外部各种复杂的职业关系。为了调节各种复杂的关系，为了维持职业内部以及外部

的正常联系和秩序，便产生了职业道德。教师职业道德就是在教育作为一种行业和教师作为一种职业以后才产生的一种职业行为规范，以调节教师在教育活动中与他人、与集体之间的各种人际关系和利益关系，从而指导教师更好地完成本职工作，承担起教书育人的社会职责。高校教师职业道德是教师职业道德的一种表现形式，是高等教育职业对从业人员的行为规范和要求，是由高等教育所承担的特定社会职责所决定的。

职业活动实践是职业道德产生的直接基础。生产力和社会分工的发展是职业道德产生的历史条件和前提性基础，而职业实践活动则是职业道德产生的具体、现实和直接性基础，职业活动实践决定了职业道德的具体规范和要求。人们在职业活动实践中逐渐认识了各种职业的社会地位和作用，认识了各种职业对社会和他人应该承担的社会责任和义务，认识到了职业生活中人与人之间的道德关系，认识到承担社会职责、遵守职业规范、正确处理职业道德关系的客观规律和要求，并通过反复的实践和体悟，通过不断的概括和总结，将这些规律和要求规范化、条文化、稳定化，从而形成了各种职业道德规范体系。高校教师的职业道德规范是高等教育活动客观规律的反映，是高等教育实践对教师提出的客观要求和行为规范，也是人们在高等教育实践中，认识到本职工作的内在规律和客观要求，并加以提炼和总结而形成的。高校教师职业道德产生的这一实践性基础告诉我们，只有积极投身于教育教学实践中，只有在身体力行职业道德规范的实践中，才能逐渐认识高等教育的规律和要求，体悟自己的责任和义务，履行自己的职业道德职责，提高自己的职业道德水平。

（二）社会物质文明、精神文明的发展呼唤高校教师职业道德

人类的社会生活划分为物质生活和精神生活两大领域。物质生活是人们从事物质资料的生产和再生产的活动，精神生活是人们从事的科学、教育、文化艺术等活动。两类社会生活的发展促进了物质文明和精神文明的发展，也要求职业道德不断进步。

物质文明发展要求职业道德的发展，这是物质文明和职业道德建设之间内在的逻辑关系要求，是一种客观存在的必然性。物质文明发展对职业道德发展的客观要求，可以从两个层面来把握：其一是整个社会物质文明发展对社会整体职业道德的要求。马克思主义基本原理揭示了，物质文明是精神文明的基础和保证，精神文明为物质文明提供精神动力和智力支持。职业道德作为精神文明的重要组成部分，可以保证物质文明的正确发展方向，可以为物质文明发展提供精神动力和智力支持，促进物质文明的健康持续发展。其二是具体物质生产部门的物质文明发展，对本部门职业道德的要求。物质资料的生产是人类生存和发展的主要实践形式，在劳动分工的条件下，没有物质生产部门的分工与合作，没有物质生产部门从业人员的高度职业责任感，没有物质生产部门职业道德的调节和规范，也就没有本部门物质生产的正常秩序，就没有各部门、各行业物质文明的健康发展。因此，职业道德的产生和发展是与物质文明的发展紧密联系在一起的。要求职业道德的产生和发展，寻求职业道德的支持和引导，是物质文明发展的内在需要。

职业道德发展也是精神文明发展的客观要求。这种客观要求来源于职业道德发展与精神文明发展的直接密切联系中。精神文明发展对职业道德的要求，可以从两个层面来把握：其一，良好的职业道德是精神文明建设的重要保证。职业道德本身就是精神文明的重要组成部分。职业道德的发展，不仅可以养成从业者良好的职业道德品质，而且可以促进行业风气和社会风气的好转，维护社会的稳定，促进社会精神文明建设的发展。其二，良好的职业道德是促进个人精神生活的充实和精神文明水平提高的基础。随着社会的发展和物质生活水平的提高，人们对精神生活和精神文明的追求越来越强烈。职业生活质量就是人们精神生活和精神文明的重要表现。衡量职业生活质量有三个方面内容，一是对工作的满意程度，二是事业心，三是劳动积极性。这些内容都与从业人员的职业道德有直接的关系，可以说，职业道德水平决定职业生活质量。职业道德可以强化人们的事业心，调动人们的劳动积极性。职业道德起着振奋精神，催人上进的作用，可以促进从业者精神生活的充实，精神文明水平的提高。因此职业道德的产生和发展，也是精神文明发展的内在要求。

高校教师的职业活动，一方面是传播发展和创新科学文化知识，另一方面是为两个文明建设培养人才。高校教师的职业活动从传播科学文化、培养精神文明建设者的角度看，属于直接的精神文明建设活动；从知识创新、科技创新、发展生产力的角度，从培养物质文明建设者的角度看，属于间接的物质文明建设活动。高校教师的职业活动在整个社会发展中，在两个文明建设中担负着重要的社会职责，它既要适应精神文明发展的规律和需要，又要适应物质文明建设规律和需要。这些规律和要求反映在职业道德中，就形成了高等学校教师的职业道德规范。因此，高校教师职业道德的产生和发展，既是物质文明发展的客观要求，又是精神文明发展的内在要求，是适应两个文明建设的需要而产生发展的。

(三)新时期高等教育的发展要求新时期的高校教师职业道德

高校教师职业道德是随着高等教育的发展，不断发展进步的。高校教师职业道德只有符合新时期高等教育发展的需要，只有具有时代特征，才能适应时代发展的需要，才能保持生机与活力，才能真正承担起新时期的社会职责，培养出现代社会所需要的新型人才。经济全球化、教育现代化以及我国改革开放、建立社会主义市场经济体制的实践，把我国的高等教育带入了一个全新的历史发展时期。新时期给我国高等教育的发展带来了机遇，也提出了尖锐的挑战。新时期我国高等教育面临的挑战主要是市场经济的挑战、全球化的挑战、知识经济的挑战、素质教育的挑战，与此相适应，高校教师职业道德所面临的各种冲击与挑战也在所难免。

我国传统的高等教育体制是在长期的计划经济体制下形成的，计划经济所造成的保守、僵化、落后、褊狭等思想观念，形成了我国高等教育缺乏自主创新、自我发展的内在活力和动力，严重影响了高等教育生动活泼和主动快速发展。从学科、专业、课程体系看，我国高等教育传统的学科体系、专业设置、课程内容都是计划经济的产物，其中有许多陈旧、保守、落后的东西。市场经济的确立和深入发展，向我们原有的教育体制、教育思想、教育理念、学科体系、专业设置、课程内容提出了尖锐的挑战。改革高等教育体制，更新教育思想和理念，进行学科专业的改造、调整和重组，改革课程结构和内容，改善和调整知识结构，成为摆在高等教育和广大教师面前的艰巨任务。这些任务对高校教师职业道德提出了尖锐的挑战，高校教师必须抛弃计划经济体制下所形成的传统职业道德，在职业道德思想、理念和行为规范上，改革创新、弃旧图新、与时俱进，以适应新时期对高等教育发展和人才培养的需要。

经济全球化的迅速发展，使我国高等教育面临着国际化的挑战。经济全球化带来了教育尤其是高等教育的全球化发展，使我们不得不参与国际竞争。目前我国已经加入世界贸易组织(WTO)，成为WTO的正式成员。在WTO的框架下，基于自由竞争的市场准入原则和非歧视的最惠国待遇原则，我国的教育市场将向私人资本开放，向世界资本开放，教育的国际化已经成为现实，激烈的竞争和严峻的挑战已经摆在我们面前。在高等教育国际化的背景下，高校的组织管理方式、人才培养模式、科学专业设置、教学内容方式都将发生重大的变化。高校师德建设要适应这种新形势，培养适应高等教育国际化的教师职业道德素养，从而培养出具有国际性、现代性、创新性人才，提升我国高等教育的国际竞争力，使我国的高等教育在全球化的形势下能够得到生存、发展和壮大。

知识经济时代的到来，现代科学技术的迅猛发展，要求高等教育进行革命性的变革，在创新中发展。改革和创新是高等教育的社会使命和内在规律的必然要求。一方面，实施科教兴国战略，建设现代化的新型国家，要求高等教育必须不断改革创新，完成其对国家和社会的使命；另一方面，高等教育也只有在改革和创新中，才能实现体制创新、观念创新，才能得到发展和进步。在高等教育的改革创新中，教师职业道德是强大的动力和关键环节，起着引领高等教育改革创新方向和推动高等教育改革创新发展的作用。高校教师职业道德要求教师自觉适应国家和社会发展的要求，更新观念，努力学习，改革教育内容和教育方法，提高教育的现代化水平，做高等教育改革创新的积极实践者；要求教师以自身的知识、智慧和人格力量影响学生，既做经师，又做人师；要求教师不仅是知识的传播者，而且要做新思想、新科技、新理论的创造者。总之，知识经济时代的到来，现代科学技术的迅猛发展，信息社会的形成，都推动着高等教育的改革和创新，推动着符合时代要求的高校教师职业道德的发展。

现代高等教育是面向世界、面向现代化、面向未来的人才教育和素质教育。素质教育的发展对高校教师职业道德提出了一些更高、更新的要求：教师必须树立素质教育的现代教育观；必须树立为素质教育贡献力量的事业心和责任心；必须因材施教，关心热爱学生，使学生普遍得到提高；必须严格要求学生，对学生进行科学文化教育、思想道德教育、创新能力教育、团结合作教育、心理健康教育，促进学生素质的全面发展和完善。

（四）社会大众期望并要求新的高校教师职业道德

任何社会的教育都涉及对下一代的培养问题，涉及千家万户的切身利益。教师职业道德在社会生活、学校教育和人才培养中具有重要的作用，历来受到整个社会的普遍关注。新时期高校教师如何培养年青一代大学生，使他们成为符合社会发展需要的优秀人才，这是摆在高等学校和广大教师面前的重大社会责任，也是社会、家长和社会大众关注的问题。随着我国改革开放的深入发展和社会主义市场经济体制的逐步确立，特别是随着高校扩招，高等教育从精英化向大众化的转型，高校教师职业道德建设面临着许多新的课题，高校教师能否继承和发扬我国知识分子长期以来创造和积累的优良师德传统，按照"德为师本，无德无以为本"的要求，去建设师资队伍；能否正确处理和对待社会生活中的现实问题，以积极主动的姿态克服一些暂时的困难，全身心地投入到教书育人的神圣职责中去；能否正确面对来自金钱、名利等方面的考验，克服社会上一切消极、腐败的影响，清正廉洁敬业奉献；能否在新世纪、新时代向新的目标发展，更加积极主动地适应社会主义市场经济条件下的教育体制和机制，在激烈的竞争中以及科学技术飞速发展的情况下，展现新的理念和新的面貌，这些都是社会大众的期望和要求。社会大众对高校教师职业道德的期望值很高，要求其具有现代性、先进性、高水平性，要求高校教师不但成为学生的榜样，而且成为社会的楷模。高校教师必须了解社会大众对自己的期望和要求，严格要求自己，促使自己职业道德品质的形成和发展，以满足人民大众的期望，促进高等教育事业的发展。

二、高校教师职业道德发生的主体化机制

高校教师职业道德的发生和发展，不但需要外部的环境条件，即社会化机制，还有个内化为高校教师职业道德品质的过程，即职业道德的主体化机制。高校教师职业道德发生的主体化机制，是高校教师职业道德由他律规范转化为自律规范的过程，实现这个过程是高校教师职业道德得以落实，真正变成教师内在道德律令和自觉行为准则的关键。高校教师职业道德发生的主体化机制与高校教师职业道德发生的社会机制是相互联系的，共同构成高校教师职业道德的发生机制，决定着高校教师职业道德的形成和发展。高校教师职业道德发生的主体化机制具有复杂性、内在性、连续性和稳定性等特点。高校教师职业道德主体化的机制主要有以下几个方面。

(一)道德理性机制

人们的自觉行为都是在一定的理性认识支配下进行的，职业道德行为也是如此。高校教师职业道德的主体化机制，首要的是教师对职业道德规范的理性认同，即道德理性机制。道德理性包括道德认识、道德意志和道德信念等几个方面。道德理性机制包括从提高职业道德认识开始，经历职业道德情感的培养，职业道德意志的锻炼，职业道德信念的树立

等几个职业道德的发生阶段。在高校教师职业道德建设中，职业道德主体化的理性机制主要包括：提高教师对职业道德的认识，即认识职业道德的客观规律性，理解职业道德的必要性、科学性和合理性；锻炼职业道德意志，即磨炼自己履行职业道德规范的毅力和不畏困难坚持到底的决心；树立职业道德信念，即将职业道德转化为自己的内心信念和道德律令，成为自己思想行为的指南。高校教师职业道德教育首先要启动职业道德主体化的道德理性机制，要发挥高校教师的主体性功能，提高他们的职业道德认识，锻炼他们的职业道德意志，形成他们的职业道德信念。高校教师只有对教师职业道德具有理性认同，并形成了相应的职业道德意志和信念，才能具有理性的自觉和稳定的心理，才能具有自我选择、自我调节、自我评价和自我完善的能力，从而把外在、客观的职业道德规范、内化为自己内在的职业道德品质。

（二）道德利益机制

利益是职业行为主体接受并实践职业行为规范的客观基础。唯物主义认为职业首先是社会分工造成的人们谋生的手段，也是每个人的自我实现和为社会服务的主要途径。各种职业中都包含着社会利益、集体利益和个人利益。马克思主义指出，利益是道德的基础。社会主义职业道德就是对职业活动中的社会利益、集体利益和个人利益的综合反映，就是服务于这些利益的。具体来讲，在社会生活中，一个人只有遵守职业道德规范，才能给他人、群体和社会带来好处，实现社会和集体的利益；一个人只有遵守职业道德规范，才能得到他人、群体和社会的肯定和报偿，实现自己的个人利益。在市场经济条件下职业道德越来越受到人们的重视，其中一个重要的原因就是它和人们的个人利益密切相连，它能给遵守者和被服务者带来利益。利益是道德的基础，也是道德产生的原动力。高校教师职业道德品质的形成也必然受到个人利益的影响。在教师集体中，人固有的进取心、荣誉感以及对个人利益的追求，会促使教师努力上进，开展积极的竞争，从而促进职业道德的不断提高和发展。近几年来，各高校实行旨在破除平均主义的各项改革，如职称不搞终身制，评先评优与业绩挂钩，分配拉开档次，对教学、科研、教书育人等方面做出业绩的教师，给予表彰和奖励等等。这些对教师切身利益的维护和关照，使广大教师认识到自身的价值，深感自己责任的重大，同时调动了他们积极履行职业道德责任和义务，维护和争取自己利益的主动性和自觉性，从而带来了职业道德的提高和发展。因此，我们要正确认识和发挥道德利益机制，把遵守职业道德规范同利益原则统一起来，把高校教师本职工作的优劣与教师的个人利益挂起钩来。使那些认真遵守高校教师职业道德规范，职业道德品质好的教师获得良好的回报和奖赏，使那些无视和违反教师职业道德的行为和个人，受到批评和惩罚。这样才能有效地调动高校教师遵守职业道德规范、履行职业道德职责的积极性，使高校教师职业道德内化为教师的职业道德品质。

（三）道德激励机制

高校教师之间的学习模仿、相互竞争也是高校教师职业道德内化的重要机制。人是社会化的动物，学习模仿是人的本能。在职业生活领域中这种相互学习相互模仿的现象十分普遍，大多数人总是仰慕那些社会上或本职业中的先进人物和优秀典范，并按照他们的思想、行为和人格来塑造自己、激励自己。高校教师之间的互相模仿互相竞争，也是一种道德激励机制。竞争是一种积极的精神状态和心理品质，它表明人们要求上进，不甘落后，具有超越他人的强烈愿望和实际行动。互相竞争的环境氛围可以激励教师努力做好工作的主动性和积极性，可以开启教师的智慧，挖掘教师的潜力，促使教师不断进步提高。在高校教师职业道德建设中，如果教师间能够形成学习先进、互相竞争的良好机制，就会促进高校教师职业道德主体化的进程。例如，能够出色完成教学工作，科研成绩突出，受到学生好评的教师，将是大家学习的楷模，而不能适应教师工作，科研成绩不理想的教师，将被教师集体所淘汰。这种优胜劣汰的道德激励机制，促使教师关注自己的工作，关注自己的职业道德，对教师职业道德的内化具有重要的积极意义。当前高等教育的国际、校际、人际之间的竞争十分激烈，高校教师只有融入这种激烈的国际、校际、人际竞争中，向世界先进水平看齐，向模范典型学习，才能激励自己艰苦奋斗勇攀高峰的勇气和志气，才能在学习竞争中得到进一步的发展和提高，才能使自己的职业道德得到修炼和完善。因此，在高校教师职业道德教育中，必须充分认识道德激励机制在职业道德主体化过程中的积极重要作用，充分发挥先进教师典型榜样以及竞争机制在高校教师职业道德建设中的作用，加速职业道德的主体化。

（四）道德心理机制

道德心理在职业道德主体化过程中起着重要的调节作用。道德心理主要包括道德义务、道德良心、道德情感等，它是道德行为选择的心理机制，在职业道德主体化的过程中发挥着重要的作用。道德行为的选择，是道德心理各因素综合作用的结果，其中良心起着核心的作用。道德义务是一定社会道德关系对道德主体的一种客观要求，它是形成道德良心的前提和内容，当它由外在的要求转化为主体内在的自觉道德意识、道德责任感及自我评价能力时就形成了道德良心，道德义务是通过道德良心发挥作用的，而道德情感也是在道德良心的作用下才可能形成。良心在职业道德领域中表现为职业良心，它在职业道德规范主体化过程中的心理调节方面起着主导性的作用。具体来讲，职业良心在职业道德主体化过程中的作用表现在以下三方面：其一，职业工作者在选择确定职业规范之前职业良心起着定向的作用，对符合职业道德规范的动机予以肯定，对违反职业道德规范的动机加以抑制和否定；其二，职业工作者在落实职业道德规范的过程中职业良心发挥着监督作用，对符合职业道德规范的情感、意志和信念给予支持和激励，对不符合职业道德规范的情感、欲念和冲动加以抑制和克服；其三，职业工作者在根据职业道德规范采取行为之后职业良心能够对其后果和影响做出评价和反思，对符合职业道德规范的行为感到满足和欣慰，产生荣誉感和幸福感，反之则感到内疚和悔恨，产生耻辱感和痛苦感。职业良心等道德心理就这样调节影响着职业道德主体化的进程。高校教师职业道德心理在高校教师职业道德建设中同样发挥着重要作用，因此，必须重视高校教师职业道德心理的培养和维护，形成与高校教师职业道德规范相符合的职业道德义务、良心、荣誉感和幸福感等道德心理和情感，并能够以这种心理机制自觉地对客观外在的职业道德规范进行选择，将其内化为自己的道德准则，形成自己的职业道德品质。

三、高校教师职业道德发生的制度机制

高校教师的职业道德作为一种内在的精神品质，是受到社会经济、政治及文化条件制约的，其中制度对于人道德状况的影响作用是巨大的。制度是一种正规化、条文化、严肃化、系统化的规则和规范，是指一定历史、一定社会领域内人们行为必须遵守的共同规范，这种行为规范的有效性是通过法律、行政和经济等强制手段来保证的。在高校教师职业道德建设中，制度具有不可或缺的作用。没有对教师职业道德行为的制度约束，就不会有自觉职业道德意识的产生，就不会有自觉履行高校教师职业道德义务强有力的保证。对高校教师的职业道德进行制度约束比对中小学教师进行同类教育更为重要。其一，没有任何学校是专门培养

高校教师的。中小学教师有专门的学校培养，师范生在校学习期间就把师德理论作为必修课进行学习，并在教育教学实习中得到强化。这种专门化的培养使毕业生从事中小学教师职业之前就已对教师职业生涯中应具备的职业道德标准有了相当的了解。而高校教师多数没有专门的职业道德学习，近年来新补充的教师也只是在岗前培训中才开始学习一些师德理论；其二，高校教师的教育教学活动和科学研究工作的特点决定了教师不坐班，经常在独立的无人监督的状态下工作。在这种情况下，尽快建立起比较完善的分层次的高校教师职业道德建设制度，对教师实行制度化教育和管理，对高校教师职业道德的发生和发展具有十分重要的意义。因此，完善和充分发挥我国高校教师职业道德的制度机制，就成为高校教师职业道德发生的又一个重要社会基础。总体来说，我国高校教师职业道德的制度机制有以下几类，我们应该从这几个方面来不断加强和完善。

(一)国家法律制度

我国高校教师的职业道德首先应该得到国家法律制度的肯定和保证，对于那些严重违背高校教师职业道德的行为，应该有必要的法律措施来加以限制。《中华人民共和国教师法》总则部分第三条规定："教师是履行教育教学职责的专业人员，承担着教书育人、培养社会主义事业建设者和接班人、提高民族素质的使命。教师应当忠于人民的教育事业。"在教师义务部分的第八条规定，教师应当履行的义务是："对学生进行宪法所确定的基本原则的教育和爱国主义、民族团结教育，法制教育以及思想品德、文化、科学技术教育"，"关心、爱护全体学生，尊重学生人格，带领学生在品德、智力、体质等方面全面发展。"这不但在法律原则上规定了高校教师职业道德基本的内容，表明了教师职业道德的严肃性、正规性，而且也表明，如果违背《教师法》所规定的教师职业道德，必将受到法律的严惩。

(二)国家行政制度

1993年2月，中共中央、国务院颁发的《中国教育改革和发展纲要》规定："加强德育工作是全体教师的共同职责。教师应当把德育贯穿和渗透到教育教学的全过程中，并以自己的楷模作用，促进学生的全面成长。"并提出："教育的改革和发展对教师提出新的更高的要求。教师是人类灵魂工程师，必须努力提高自己的思想政治素质和业务水平，热爱教育事业，教书育人，为人师表。"这里对教师职业道德做了行政制度规定。

另外，由国家制订的《高等学校教师职务试行条例》对于教师任职条件的规定也饱含着高校教师职业道德内容，它要求"高等学校教师应拥护中国共产党的领导，热爱社会主义，努力学习马克思主义和党的路线、方针、政策，有良好的职业道德，遵纪守法，能为人师表，教书育人，能全面地、熟练地履行职务职责，积极承担工作任务，学风端正。"违背这些要求，将取消其高校教师的资格。所有这些，均以国家意志和党的方针政策的形式，给教师职业道德提出了要求与期望，为高校教师职业道德的发生和发展提供了行政制度保证。

（三）高校及所属院系的制度规定

在高校教师的教育管理中，各个高校及所属院系根据自身特点所制订的规章制度对于高校教师职业道德的内化起着举足轻重的作用。这些制度包括人事制度、职称制度和经济制度等，它们从不同的层面影响着高校教师的职业道德行为，促进着高校教师职业道德的发生和发展。近些年来，我国高校以及所属院系在教育教学改革实践中，对教师职业道德制定了许多有针对性的规章制度以及相应的奖励与惩罚措施。例如，许多学校都有评职称教学情况一票否决制，即教学态度不端、严重教学事故、没有专门研究教学的论文，将不得参与职称的评定；许多学校对于违背科研道德的行为做出严格的规定，甚至包括有开除公职；许多学校在制定教学科研管理规章制度时，都把职业道德纳入其中；许多学校的人事制度、职称制度、分配制度，都体现了对教师职业道德的奖优罚劣。正是这些制度的约束，才使得高校教师去认真对待自己的职业道德问题，去认真思考教书育人的方法与规律；正是这些制度的约束，才使得高校教师明确自己的职业责任，认真履行职业道德，也才能发现自己的缺陷和不足，不断改进和完善自己的职业道德。

四、高校教师职业道德发生的校园文化机制

高校教师职业道德是高校教师在从事教育职业的劳动过程中，逐渐形成的比较稳定的教师职业道德意识、教师职业道德行为、教师职业道德品质、教师职业道德情操和教师职业道德修养的总和。它是高校教师在职业实践活动中逐步形成和发展的，是高校精神文明的有机组成部分；是在一定的校园文化中生成和实现的，是校园文化机制培植和孕育的结果。所谓校园文化机制，是指一个学校的校园文化活动、校园文化环境和校园文化制度等的总称。一个有着积极向上、健康乐观校园文化的大

学，使得每一个置身于其中的人都将受到灵魂的净化和心灵的熏陶，并因此培养出教师和谐的人格和积极向上的心理，促进教师职业道德的良序运行、健康发展。

(一)校园文化活动

校园文化活动是指师生员工围绕教学、科研展开的各种活动和行为方式，它是校园文化的具体表现。教师职业道德既是教师思想文化素质的表征，也是校园文化活动的产物，也就是说，校园文化活动是教师职业道德发生发展的活动载体。以爱国主义教育为主线，在重大节日、重要纪念日所开展的丰富多彩的校园文化活动，有助于教师在校园文化活动的耳濡目染中培养爱国主义情操；组织学术报告会、研讨会、演讲会、读书会等学术性校园文化活动，有助于教师学术视野的扩展和教学科研水平的提高；各种文化艺术节、体育节以及文艺演出、体育比赛和书画展览等活动，可以丰富教师的精神生活，陶冶教师的道德情操，形成教师与学生之间民主平等、尊师爱生的良好人际关系；形成教师与教师之间团结友爱、互相协作的集体主义精神。以校园文化活动为载体，有意识地开展各种校园文化活动，将教师职业道德的内容寓于校园文化活动之中，能够使教师在活动的过程中自觉体验、提高自身的职业道德素质。

(二)校园文化环境

人是环境的主宰者，环境是人的哺育者，环境以其自身独特的形象潜移默化地感染人、熏陶人，使人在不知不觉中受到教育和影响。营造良好的高校校园文化环境，不仅有利于提高和改善校园环境质量，而且有利于形成优良的育人环境和氛围，促进教师职业道德的发生。校园文化环境主要由校园物质文化和精神文化，即硬件和软件组成。校园物质文化主要包括高校校园的基础设施、设备、仪器等硬件，如教室、图书馆、实验室、运动场、文娱活动场所等等，这些以物质形态存在的文化设施，以其独特的校园风格和文化内涵影响着师生员工的思想观念和行为方式，是高校校园文化的物质基础。校园精神文化主要包括学校历史传统和师生员工共同拥有的文化观念、价值观念、道德观念以及集体舆论、道德情感、传统习惯等因素，是高校校园文化的核心和灵魂。校园文化环境作为物质文化和精神文化的综合体，具有教育、激励、引导、辐射、规制等多种功能，对高校教师职业道德的产生和发展具有潜移默化的影响和作用。

(三)校园文化制度

校园文化制度主要是指高校所特有的各种规章制度、校风校纪、道德规范等，它是校园文化中部分精神文化的具体化和规范化，是高校校园文化的行为规则。校园文化制度体现了社会对学校的需求以及国家或社会群体对学校的期待，它既是对师生的工作和学习生活等基本方面的规范和制约，也折射出学校的办学理念，渗透出文化的育人功能。校园文化制度具有稳定性与连续性等特点。校园文化制度能够激发教师的积极性和能动性，并对教师职业活动的手段、目标具有规约和导向作用，促使教师朝着校园文化制度所指引的理想境界不断努力奋斗，使教师职业道德素质得到完善和提高。

鉴于校园文化在高校教师职业道德建设中的重要作用，我国高校应高度重视校园文化的建设，积极开展丰富多彩、寓意深刻的校园文化活动，大力营造积极向上、民主理性的校园文化环境，加强严格规范、稳定连续的校园文化制度建设，发挥校园文化在高校教师职业道德发生发展中的积极作用，让我们的高校教师在校园文化中使自己的心灵受到净化，道德得到提升。

第二节　高校教师职业道德的评价机制

推进高校教师职业道德建设，必须研究和建立完善的高校教师职业道德评价机制。道德评价是确定道德行为价值的基本方式，科学开展高校教师职业道德评价活动，能够分清教师职业活动中的是非良莠，表明正确的道德价值导向，并将职业道德教育普及于每一个教师身上，从而推动高校教师职业道德建设，提高教师职业道德水平，促进校风和学风以及校园文化建设的健康发展。因此，建立科学合理的高校教师职业道德评价机制是十分必要的。

所谓道德评价就是人们依照一定的标准、根据和方法对某种社会道德、道德行为和道德品质的价值和性质进行判断，以达到扬善抑恶目的的一种特殊评价活动。高校教师职业道德评价机制是包含评价主体和客体、评价标准和方法在内的一套系统机制，道德评价的运作就是这三种要素的有机联系和作用过程。高校教师职业道德评价的主体，指的是参与评价的机构和人员，评价机构包括学校职能部门、教师或学生团体，甚至可以是社会团体；评价人员包括领导、教师或学生，社会成员也能够成为评价主体。高校教师职业道德评价的客体，指的是被评价的对象，可以是教师个体，也可以是教师群体。具体来说，高校教师个体和群体的职业道德状况、职业道德行为和职业道德品质都可以成为高校教师职业道德评价的对象。高校教师职业道德评价的依据，就是评价过程中依照和使用的评价标准、评价根据和评价方法等因素。研究高校教师职业道德评价机制，就要对上述问题做出科学的解释和说明，以建立健全科学合理行之有效的高校教师职业道德评价机制。

一、制定合理的高校教师职业道德评价标准体系

进行道德评价总是要依据一定的标准来进行。评价能否科学有效首先受到评价标准的影响。为了能够使高校教师职业道德评价的功能得到发挥，对教师职业道德建设起到应有的促进作用，必须从高等教育发展的需要出发，制定符合高等教育发展趋势的高校教师职业道德评价标准。

(一)道德评价标准共同的性质特征

所谓道德评价标准，就是道德评价主体用来衡量道德价值的尺度。道德评价标准本质上反映了评价主体的一定利益和需要，它具体表现为一定的道德原则和规范。道德评价标准虽然因评价对象和评价主体的不同而有差异，但是作为道德评价的尺度，有一些共同的性质特征：

1. 道德评价标准是客观性与主观性的统一。道德评价标准的客观性是说，一定社会具有占主导地位的道德评价的标准，它不是人们主观臆造的产物，是根据一定社会和阶级的利益，根据一定道德体系的性质所确立的，具有客观必然性。道德评价标准的主观性是说，道德评价中人们采用什么样的标准，取决于评价主体的世界观、人生观、道德观以及评价能力。人们往往用不同的标准去评价同一种对象，使道德评价标准具有主观性。道德评价标准的内容是客观的，形式是主观的，是主观与客观的统一。

2. 道德评价标准是功利性与理想性的统一。一种标准作为尺度去衡量某种评价对象，是因为这种标准表达着评价主体的利益和愿望，能够得到有利于评价主体的结论和效果，因而评价标准体现着功利性的目的。同时，道德评价标准作为一种尺度，往往体现着评价主体对价值目标的追求，因此道德评价标准隐含着评价主体的道德理想和期望，形成了道德评价标准的理想性特征。评价标准的功利性是理想性的基础，理想性蕴涵着长远的功利性，道德评价标准是功利性与理想性的统一。

3. 道德评价标准具有动态变化性。道德本身是一个历史范畴，是随着社会经济、政治、思想文化的发展而不断发展变化的现象；道德价值的丰富和完善是一个不断运动发展的过程；人们对道德价值的认识，对自身利益的追求，也是不断调整和变化的。因此，道德评价标准或价值尺度也必然具有动态变化性。每一个时代的人们，总是根据自己特定的客观条件和主观条件，改造原有的道德评价标准，确定自己的道德评价标准，使道德评价标准显现出动态变化性来。

4. 道德评价标准具有层次性。道德评价标准和尺度之间并不是平行并列的，而是分层次排列的。道德评价标准可以分为直接标准、基本标准和根本标准。评价标准的层次性决定了道德评价的广度和深度，说明道德评价的多维度和多角度，有助于对复杂的道德现象的全面评价和解析，有助于人们更正确的道德判断和道德行为选择。

(二)高校教师职业道德的特定内涵和时代要求

制定高校教师职业道德评价标准必须体现道德评价标准的上述性质特征。根据这些性质特征制定出科学合理、完整系统的高校教师职业道德评价标准体系来。制定高校教师职业道德评价标准，除了尊重道德评价标准的性质特征外，还必须考虑教师职业的性质和高等教育发展的要求，要体现高校教师职业道德的特定内涵和时代要求。

1. 高校教师职业道德具有示范性，较之于其他职业道德有着更高更全面的要求

"师者，所以传道、授业、解惑也"。教师教书与育人职责的双重性决定了师德的全面性，教师的工作性质决定了教师职业道德具有更加强烈的典范性。"学高为师，德高为范"，"师者，人之楷模也"，"为师之道，端品为先"，这些论述都说明了教师道德的示范性。大学生正是世界观、人生观、价值观的形成阶段，高校教师的示范性对他们的成长有重要的影响，因此，高校教师职业道德评价标准必须反映教师道德的示范性和先进性来。

2. 教师职业道德必须能够适应素质教育发展的需要

素质教育是一种将知识教育、思想道德教育和能力素质培养融为一体的综合性教育。新时期的教育是面向世界、面向现代化、面向未来的素质教育，素质教育对教师职业道德提出了许多新的要求。教师必须树立素质教育的现代教育观，树立为素质教育贡献力量的事业心和责任心，因材施教，关心热爱学生，严格要求学生，培养学生正确的世界观、人

生观、价值观，培养学生分析问题、解决问题、理论联系实践的能力，培养学生的创新意识、创新精神、创新品德，促使学生的知识和能力素质普遍得到提高，促进学生德智体全面健康发展。高校教师职业道德评价标准必须反映素质教育对高校教师职业道德提出的这些新要求。

(三)高校教师职业道德评价标准具有多层次性

高校教师职业道德评价标准具有多层次性，可以从根本性标准、基本性标准、直接性标准三个层面来考察。

1. 教育发展利益是高校教师职业道德评价的根本性标准

从社会发展角度来说，社会利益应当是道德评价的根本标准。社会利益标准，就是把是否有利于社会发展进步作为道德评价的标准。凡是有利于社会利益的行为或品质就是善的，应予肯定和赞扬；凡是有损于社会利益的行为和品质就是恶的，应予否定和抵制。教育发展是社会发展的需要，教育发展的利益体现了社会发展的利益，因此，高校教师职业道德的社会利益标准，可以转化为高等教育发展的利益。也就是说，高校教师职业道德必须符合高等教育发展的需要，把是否有利于高等教育发展作为高校教师职业道德评价的根本性标准。

2. 学校发展利益是高校教师职业道德评价的基本标准

在现代社会，教育的发展要通过学校的发展来实现，教师的作用，也要在学校的发展中通过教师履行职责才能实现。为此，高校教师职业道德必须反映学校发展利益的需要，把是否有利于学校发展作为高校教师职业道德评价的基本标准。对有利于实现学校发展利益和需要的行为，应给予肯定、坚持和宣传；反之，给予否定、抵制和反对。

3. 高校教师职业道德规范是高校教师职业道德评价的直接标准

高校教师职业道德规范是教师职业活动的指导和行为准则，是高校教师职业道德普遍规律对教师的具体要求，因此，高校教师职业道德规范就成为高校教师职业道德评价的直接标准和依据。高校教师职业道德规范的制定是一项重要的工作，必须制定出符合教育发展规律和师生发展利益的教师职业道德规范体系来。应该注意的是，高校教师职业道德规范是随着社会和时代的变迁而不断发展变化的，因此，要根据社会和教育发展的需要，不断更新高校教师职业道德内容，不断完善高校教师职业道德规范体系。

三种评价标准从不同的侧面反映了教师职业道德的价值，在根本性质和价值取向上是一致的，但是它们之间也会存在某种程度的差异。在实际的评价中，只有把几种标准有机结合起来进行综合考察，才能保证道德评价的科学性和合理性。

高校教师职业道德评价指标体系应当结合实际情况具体细化，具有可操作性。本教材结合新时期师德建设状况和要求，拟定了新时期教师职业道德评价指标体系，我们认为这一指标体系较为科学和合理，可以作为高校教师职业道德评价指标体系的参考。如下图：

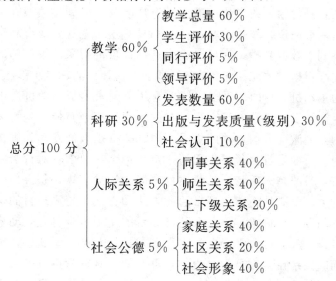

另外，还有增分与减分：重大教学事故，其中主要因为主观原因的扣除 20 分，其中主要因为客观原因的扣 10 分，特别重大的则视情况单独处理；重大职业道德事故，且造成恶劣社会影响的，扣除 60 分。

该指标体系的确定遵循了以下几原则：

第一，一个教师实际所承担的社会工作量，是评价一个教师的基础，也是该教师实际为社会所作贡献的基础；

第二，行为是评价的基础，评价一个教师是否符合职业道德，首先应该看他做得怎么样，而不是说得怎么样；

第三，教学是一个教师的基本职责，只要能够按质按量地完成教学任务，就基本符合一个教师的要求；

第四，学生与教职工是评价的主体，一个教师的好坏，主要由该教师所服务与合作的学生与教职工的评价为主。

二、保证高校教师职业道德评价的系统性和公正性

(一)坚持道德评价的正确原则

道德评价的根据就是评价对象所具有的反映道德价值的要素。由于道德行为是反映道德价值的基本要素,因此,进行道德评价最主要的根据就是道德行为。所谓道德行为就是在一定意识的支配下,可以进行善恶评价的各种行为,或者说,道德行为是涉及人们利益关系有道德意义的行为。一般来说,教师的职业行为都具有道德意义,或有利于教育教学,或不利于教育教学,都可以成为道德评价的对象。把教师的职业行为作为实际根据,才能保证高校教师职业道德评价的真实性和公正性。

行为由动机、目的、手段和效果等几个因素构成。动机产生于人们的社会生活需要,是趋向于一定目的的主观愿望或意向,是意识到了的行为动因,即激励人们行动的主观原因。动机是人们发动和维持行为的思想动力。目的是行为所要实现的一定目标,它包含着对行为结果的愿望和期待,目的是人所特有的自主性、能动性的表现,是人们较为持久的行为动力。手段是人们实现目的的方式和方法,是实现目的达到一定效果的中间环节和桥梁。手段在动机和目的支配下选择,是动机和目的的展现过程。人们行为所产生的后果和效应即效果。动机、目的、手段和效果间的关系在实际行为过程中是复杂的,对行为进行道德评价要以对它们之间关系的具体分析为依据,坚持动机与效果、目的与手段相结合的道德评价原则。

1. 坚持动机与效果相结合的道德评价原则

动机与效果是对立统一的关系,一方面,动机与效果是统一的,二者相互依存,相互联结,在一定条件下互相转化。另一方面,动机与效果又是相互区别的,动机属于主观因素,发动、维持人的行为;效果属于客观事实,记录、证实人的行为。动机与效果的辩证联系通过复杂的方式表现出来,好的动机引出好的结果,坏的动机引出坏的结果;但是,有时好的动机也会产生坏的结果,即"好心办坏事",有时坏的动机也会产生好的结果,即"歪打正着"。因此,在评价人们的行为时,要反对单纯的动机论或效果论,要把动机与效果统一起来。在实际评价中,对于动机与效果一致的情况,做出正确的道德评价是容易的。但是对于动机与效果不一致的情况,就比较复杂不容易判断了。那么,对这种情况应该如何进行道德评价呢?一般来说,动机是主观的、隐蔽的,不容易把

握，而效果是客观的、显现的，易于把握。因此，我们应该从效果入手进行道德评价。大多数情况下，好的效果是由于有好的动机，只有少数情况是坏的动机却达到好的效果，若没有充分证据证明动机是不好的，就应该认定动机是善的，应该对这一行为予以肯定性的评价。当效果不好时，应遵循动机与效果相统一的原则，着重考察行为动机，根据实际情况做出恰当的评价。效果不好，又有充分证据能证明动机也不好时，无疑应当判定行为是恶的；效果不好，但有证据能证明动机好时，应当判定行为具有善的道德价值；效果不好，又无法证明动机好时，一般应当判定行为是恶的。这种评价体现了动机在行为中的重要意义，可以责问人们的思想和行为动机，提高人们的道德责任心，促使动机端正，行为谨慎，有利于道德行为的形成。

在高校教师职业道德评价时，我们首先要了解动机与效果之间的辩证复杂关系，坚持在实践中坚持动机与效果相结合的道德评价原则，灵活运用上述各种复杂情况中的道德评价方法，才能对高校教师职业道德做出客观公正的评价，促进教师职业道德的发展。

2. 坚持目的与手段相结合的评价道德原则

目的与手段是统一的：一方面，道德目的决定道德手段，道德目的的性质决定道德手段的性质；另一方面，道德手段也影响道德目的，道德手段的性质也影响道德目的的性质。因此，在评价行为价值时，要坚持目的与手段相结合的道德评价原则，反对单纯的目的论或手段论。在进行道德评价时，应当具体分析目的与手段的联系情况，做出正确的评价。任何行为都无外乎有好的或坏的目的两种可能，而无论什么目的都可能采取正当或不正当的手段。当目的与手段一致时，是容易评价的，即目的是好的，手段也是正当的行为就是善行；相反目的是坏的，手段也是不正当的行为就是恶行。如果目的是卑劣的，即使采取正当手段的行为也不能说是善行，应给予否定的评价。如果目的是好的，采取的手段是不正当的，则必须深入分析行为的背景，才能做出恰当的评价。具体来讲，当行为人有条件使用正当手段而没有使用时，这种行为应予以否定；如果行为人别无选择，只能以不正当手段达到良好目的时，一般应当肯定行为的道德价值，比如，医生对患者善意的谎言。这种评价方法比较复杂，在使用这种评价时，应该非常谨慎小心。

对高校教师的职业道德进行评价时，也必须首先以教师的实际行为作为根据，运用动机与效果相结合，目的与手段相统一的理论和方法，对教师职业行为的动机与效果、目的与手段进行具体的、辩证的、连续的、慎重的考察，才能对一个人的职业道德行为乃至职业道德品质做出全面、客观、公正的评价。

(二)完善高校教师职业道德评价环境，实行多层次、全方位评价

高校教师职业道德评价，有了合理的标准体系和可靠的评价依据，还必须有适当的方法，而且要通过评价主体对评价环境、标准、依据和方法等评价要素进行整合，评价活动才能顺利进行，才能对于职业道德建设起到应有的促进作用。这就需要完善高校教师职业道德评价环境，普遍提高学校和评价者的道德水平和评价水平，实行多层次、全方位的评价。

1. 完善高校教师职业道德评价环境

职业道德评价环境主要包括制度环境、道德舆论环境、批评与自我批评的环境。完善高校教师职业道德评价环境，首先要建立健全学校的各种规章制度，并认真贯彻落实各项规章制度，奖优罚劣，奖勤罚懒，一切按规章制度办事，形成习惯，变成传统；其次要形成良好的道德舆论环境，要有明确的是非善恶观念和鲜明的善恶价值导向，对模范履行职业道德的行为要给予肯定和褒奖，对违反职业道德的行为要给予批评和惩处，形成人人向上弃恶扬善的道德环境与氛围；另外还要开展积极的批评与自我批评，建立民主生活会制度，进行定期总结考评，形成互相监督和自我监督的习惯和环境。公正合理的制度环境，是非分明的道德环境，积极健康的思想环境，是高校教师职业道德评价得以进行和发挥作用的良好环境，是我们在进行职业道德评价和职业道德教育时，特别应该加强的环境建设。

2. 普遍提高学校和评价者的道德水平和评价水平

道德评价与政治评价、法律评价和审美评价等评价形式相比，在评价主体、评价对象和评价依据及其作用等方面都有一定的特殊性。其中最主要的特殊性表现在两方面：一方面评价者也要接受评价，成为人们是否接受评价者评价的心理依据。正所谓："其身正，不令而行；其身不正，虽令不从。"这种特殊性直接影响评价作用的发挥；另一方面评价者对他人的道德评价受到自身道德水平的影响。如果评价者有较高的思想道德水平，能依照公正合理、积极进步的评价标准对评价对象进行评价，就会取得积极的评价效果，如果评价者的道德水平较低，依照偏颇失当、消极落后的评价标准进行评价，就会对同一评价对象做出截然相反的结论，肯定难以取得积极的评价效果。因此，要普遍提高学校和评价者的道德水平和评价水平，建设健康向上的校园文化，培养良好的学风与校风。

在提高学校和评价者的道德水平和评价水平上，要做好以下几项工作。

第一，加强道德理论学习和实践锻炼，提高自己的道德判断、道德选择、道德实践能力，使自己的道德素质达到较高水平，使自己具备对别人进行职业道德评价的资格。同时，学校和领导要认真研究职业道德评价标准，建立科学合理的评价体系，并认真贯彻和实施。在对教师职业道德评价的过程中，学校和领导要注意发现新情况，研究新问题，不断完善评价体系，不断提高自己的评价水平。

第二，形成健康的道德舆论。道德舆论是道德评价的主要方式，人们常把道德评价称为"道德法庭"，这是对舆论评价的一种形象说法。道德舆论可以是无形的自发的，也可以是自觉的有组织的。要加强道德舆论建设，以正确的、健康的道德舆论取代错误的不健康的道德舆论，形成道德评价的良好外部环境。

第三，实行领导、教师和学生评价相结合的方法。不能以学校和领导者的评价为唯一标准，要经常参照教师和学生的评价，修正自己的偏颇，弥补自己的不足，以保证职业道德评价的公正性和全面性。

(三)要对高校教师职业道德实行科学合理的评价

为了保证高校教师职业道德评价的系统性、全面性和公正性，还要从教师职业的整体入手，建立多层次、全方位的评价体系，对教师职业行为进行多层次、全方位的评价。这种多层次、全方位的评价主要来自以下几方面：高校教师作为学校教师集体中的一员，他在集体中的表现如何，需要有教师、院系、学校的评价；高校教师所面对的广大教育对象是大学生，教师职业道德表现如何，需要有学生的评价；高校教师作为社会的成员，还会与相关的社会单位、团体进行交往，教师职业道德的状况也从中得以体现，教师职业道德要接受来自社会的评价。在各个层次的评价中，我们要顾及全面，但同时也要有侧重点。教师职业所指向的不同对象，对教师职业道德评价的反映和体现是不同的：

第一，学生对教师职业道德的评价主要包括：是否忠诚于人民的教育事业，爱岗敬业，工作认真负责；是否热爱学生、尊重学生、关心学生；是否具有广博的学识和高尚的品德，能够履行教书育人的职责。教育劳动过程是师生之间的双向交往，教学相长的过程，教师职业道德状况和水平直接关系到教育方针的贯彻和教育目的实现，因此学生的评价是高校教师职业道德评价的重点。

第二，教师与教师之间的评价主要包括：是否团结协作、谦虚谨慎、尊重同事、相互学习；能否主动协助其他教师的工作，维护其他教师在学生中的威信；是否关心教师集体，维护教师集体荣誉，为教师集体的团结、进步、发展作出自己的贡献。教师之间的道德评价是来自同行的评价，是高校教师职业道德评价中深刻、切实的评价。

第三，院系、学校的评价主要包括：是否依法执教、爱岗敬业、热爱学生、为人师表；是否严谨治学、廉洁从教、团结协作、尊重家长等各个方面的评价。院系、学校的评价是建立在学生评价、教师评价及教师其他方面表现的基础上，对教师的职业品德状况所作出的全面性、综合性的评价，是高校教师职业道德评价中重要的评价。

第四，社会评价主要包括：专业实习单位要对教师专业水平、敬业精神作出评价；军训部队要对教师思想和工作作风做出评价；协作单位要对教师的专业知识、协作能力、道德作风做出评价；教师所在社区要对教师的为人师表、遵守公德、言谈举止等方面做出评价。社会评价是高校教师职业道德必要的评价。

对高校教师职业道德评价必须是多层次，全方位的评价，这样才是全面的评价，才能真实反映教师职业道德的整体状况。任何只看到教师表现的某一方面、某一层次的评价都是片面的，都不能反映教师整体的职业道德状况。

在对教师职业道德的评价过程中，除了要考虑各层次、各领域的与教师相关的评价主体外，还要考虑评价的各种条件，如时间、地点、条件、渠道、反馈等，这样才能保证评价的准确性。

第一，道德是随着社会的进步而不断发展，道德的发展是一个动态的发展过程。高等教育事业也在随着时代的进步而不断发展。因此，高校教师职业道德要不断适应时代和教育发展的新要求，调整扬弃一些不适合时代和高等教育发展的职业道德规范，形成一些新的职业道德规范。与此相适应，教师职业道德评价体系和标准也要做相应的调整，以保证职业道德评价的时代性和准确性。

第二，在道德评价的过程中还要注意因地制宜。职业道德评价在同一时间，对同一类评价对象有共同的规范要求和标准，但我们也应该看到，被评价对象所处的地域、领域、环境、条件不同，其职业道德规范的具体内容和要求就可能不同。因此在进行职业道德评价时，就需要区别对待，不能套用同一标准，进行一刀切式的评价。例如经济发达地区与贫困地区；理工科院校与文科院校；其职业道德评价就应该体现出地域性和学科学的不同特点来。

第三，在职业道德评价过程中，还要考虑教师职业道德行为评价信息的来源和渠道。对教师职业道德行为评价信息的来源渠道如何，是直接的渠道，还是间接的渠道，是真实可靠的，还是失真不可靠的，这些都关系到评价主体对评价客体评价的准确性问题。因此，在对教师职业道德评价的材料、信息的来源和渠道上，要体现真实性原则，要通过可靠的渠道获取真实的信息，才能够做到客观真实的评价。

第四，在对教师职业道德评价的过程中，还要做到及时反馈，不断获取评价后的信息。道德评价机制的建立，职业道德评价的实施，其目的和意义并不在于机制和评价本身，而在于完善高校教师的职业道德素质，提升其师德水平。评价只是手段，提升师德水平才是目的。只有在评价的过程中，不断了解评价效果，及时从评价对象中得到反馈，才能认识到评价机制对评价对象的作用如何，才能从评价作用的反馈中，一方面了解到其对教师师德水平的积极促进作用，另一方面也能发现评价机制的不足和欠缺，使评价机制得到不断完善。

(四)调动高校教师进行道德修养的自觉性，发挥教师自我评价的作用

环境和外在评价都是外因，高校教师职业道德评价的作用，最终要经由教师自身而起作用。这是因为"道德法庭"不具有法律评价的强制性，道德评价必须通过被评价者的内在自觉才能发挥作用。因此，道德评价作用的发挥，必须在打动被评价者上下工夫，必须调动教师自我评价的自觉性，发挥教师自我道德评价的作用，通过自我评价不断修正自己的思想和行为，将外在的职业道德原则和规范转化为内在的道德律令，从而促进职业道德的发生和发展。

道德的自我评价是行为者本人依据内心的道德信念，结合外在的道德原则、道德规范和道德舆论，对自己已经发生或将要发生的道德行为，对自己的道德品质状况所做出的道德评价。所谓"吾日三省吾身：为人谋

而不忠乎？与朋友交而不信乎？传不习乎？"①正是自我评价的写照。也有人把自我评价称为"道德反思"或"道德自律"，自我评价就是自己对自己的评价，在这里，道德主体同时是评价主体和评价客体。评价主体因清楚地了解自己的动机而可能使自我评价更及时、恰当和公正，也可能因利害关乎主体自身而使自我评价带有主观随意性，出现偏颇和有失公正。现实生活中，自我评价常常出现与实际相偏离的过高或过低的情况。这两种情况都不利于个人道德品质的养成和健康发展。自我评价过高，会与社会评价发生矛盾和冲突，容易造成自我欣赏、自以为是、骄傲自大的情况；自我评价过低，会产生自责愧疚、悲观消沉、丧失信心、失落自我的情况。这些都不利于自我评价功能的发挥，都影响个人道德品质和道德人格的健康发展。

自我评价的基本依据是人们的内心信念。内心信念是人们内心坚信一定要遵循的，在人们的道德意识中根深蒂固的道德原则、规范和理想等观念。内心信念是个人道德活动的心理基础，是构成人的行为内在动机的主要因素。道德信念对人的行为有着重要的影响，是人们对自己的行为进行自我评价的重要心理依据。这是因为社会评价所体现的社会舆论、传统习俗和道德原则规范，对行为主体来说是一种外在的、他律的影响力量。这种外在他律的影响力量，要通过主体的内心信念才能发挥作用。实际上，道德主体的内心信念对外在的社会舆论、传统习俗以及道德原则规范有一个"过滤"和接受的过程。当内心的道德信念与外在的道德影响相一致的时候，外在的道德评价才能发挥作用；当内心的道德信念与外在的道德影响发生矛盾时，外在的道德评价就很难发挥其应有的作用。

根据自我评价的基本理论，要想实现高校教师职业道德的主体化，要想将外在的职业道德规范和要求，转化为教师内在的职业道德律令和职业道德品质，必须树立正确坚定的道德信念，必须提高自己的道德评价能力。道德信念的树立和道德评价能力的培养过程是一个自觉的道德修养过程，需要教师从以下几个方面做出努力：

1. 认识教师职业道德存在和发展的客观必然性，培养自己对教师职业道德的坚定信念。必然性是事物发展过程中不可避免的、一定要出现的趋势，即规律性，它是事物发展过程中处于支配地位的趋势，决定着

---

① 《论语·学而》《论语》，刘琦译评，吉林文史出版社，1999年版，第30页。

事物发展的前途和方向。教师职业道德就是这样一种客观必然的规律和存在，是进入教师职业的人们必须尊重和遵守的职业道德要求。高校教师在职业道德修养的过程中，首先要认识教师职业道德存在和发展的客观必然性，培养自己对教师职业道德的坚定信念。

2. 树立崇高的职业理想，培养不断完善自我的进取心。高校教师要充分认识教师职业在社会发展和人才培养中的重要性，特别要认识在经济全球化的形势下，在激烈的国际竞争中，自己肩负的重大社会职责，树立崇高的职业理想，同时把崇高的职业理想、高标准的职业道德要求和加强自我修养、自我完善的职业道德实践结合起来，进行经常的、自觉的自我反思和自我评价，不断调整和修正自己的职业道德思想和行为，完善自我，积极进取，促使职业道德的产生和发展。

3. 坚持自我评价的科学性，养成自我评价的正常心态。自我评价的科学性，是指教师在进行自我评价时所依据的评价体系应该是科学合理的，所使用的方法应该是正确有效的；养成自我评价的正常心态，是指教师在进行自我评价时应该态度端正，心态平衡，实事求是。不可在顺利时忘乎所以，过高地评价自己，亦不可在遇到困难时悲观泄气，过低地评价自己。只有坚持自我评价的科学性，养成自我评价的正常心态，才能实事求是地对自己进行道德评价，才能发扬优点，克服缺点，取得不断进步。

总之，积极进行职业道德修养，发挥教师的自我评价作用，是高校教师职业道德主体化的根本途径。因此，在高校教师职业道德教育与训练中，要充分调动教师进行职业道德修养的自觉性，使之在对道德必然性认识和尊重的基础上，培养崇高的职业道德理想和坚定的职业道德信念，不断提高和完善自我评价的能力，从而使外在的道德评价发挥积极的作用，使外在的职业道德原则规范内化为教师的职业道德品质，成为学生爱戴，教师肯定，社会欢迎的优秀教师。

◆**思考题**

1. 试述高校教师职业道德发生的社会机制与内在机制及其相互关系。

2. 高校教师职业道德的评价指标有哪些，确定这些指标的原则是什么？

阅读资料一：

分层要求　分类指导

整个教师队伍职业道德与操守水平的提高，不仅仅是教育部门一家的事情，也不仅仅靠教师自身的努力，需要全社会和各级政府部门的关心和大力支持。

首先，社会应对教师多一点理解和关爱。由于教育在社会发展中的特殊地位并且牵涉到千千万万个家庭的切身利益，因此受到社会的高度关注，由此衍生了对教师很高的期待和要求，然而一旦现实与社会过高的期盼不相吻合时，教育与教师也就成为众矢之的，稍有差错，更加是引发口诛笔伐，欲置之死地而后快。需知道，教师也是人而不是神，教师和平常人一样会犯错误，需要得到社会的理解；教师也会碰到事业的烦恼、工作的烦恼、家庭的烦恼、感情的烦恼，他们也与平常人一样会产生心理障碍，需要得到各方面的关心和爱护。因此，为了促进教师职业道德与操守水平的提高，社会应对教师多鼓励、少指责，多理解、少施压。

其次，从对教师职业道德与操守的统一标准要求转变为分层要求，分类指导。从目前国家制定并颁布的教师职业道德规范来看，总的来说是标准统一且要求太过理想化，这种状况势必导致不是每一个老师都能达到国家所提出的要求，从而使师德建设强调了二十多年，收到的效果并不显著。有学者认为，就教师整体队伍来讲，客观上存在着不同的层次，"教育境界分层：处于职业生存之境的教师，处于专业发展之境的教师，处于事业追求之境的教师。教育理解分层：处于教育认识层次的教师，处于教育信念层次的教师，处于教育信仰层次的教师。从业态度分层：处于敬业层次的教师，处于勤业层次的教师，处于乐业层次的教师。教师爱生分层：处于尊重层次的教师，处于理解层次的教师，处于关爱层次的教师，处于严爱层次的教师"。"教师对职业道德的把握存在层次之分：不知层次、知道层次、理解层次、信念层次和信仰层次。"对于处在不同层次的教师，我们对其职业道德与操守的要求理应有所不同，既要对所有教师提出最基本的要求，但又不能人为地拔高要求，应该对不同层次教师的实际有比较强的针对性，并且让他们经过努力能够做得到，从而适应他们自身的提高与发展。

（王毓珣：师德建设中有哪些问题，有何对策？2005 年 7 月 9 日《中国教育报》）

阅读资料二：

东北师范大学教师职业道德纲要

为加强教师职业道德建设，不断提高教师的"育人"水平，建设一支高素质的教师队伍，实现学校"一个特色，三个一流"的近期建设目标，早日把我校建设成为国内一流国际知名的研究型综合性师范大学，特制订以下教师职业道德纲要。

一、坚持方向，依法执教

1. 认真学习马列主义、毛泽东思想、邓小平理论和"三个代表"重要思想，热爱社会主义祖国，拥护共产党的领导，坚持用科学理论武装头脑，坚持正确的政治方向。

2. 自觉遵守《高等教育法》、《教师法》等法律法规，带头遵守校规校纪，认真贯彻治校方略，依法执教，以德治教。

3. 贯彻党的教育方针，忠诚党的教育事业，尊重教育规律，执行教育规范。

二、爱岗敬业，为人师表

1. 珍惜岗位，爱校如家，乐于从教，勤奋工作，尽职尽责完成本职工作，努力提高教育教学质量，积极为学校的改革、发展、稳定作贡献，促进学校办学水平的不断提高。

2. 自觉加强思想道德修养，树立正确的世界观、人生观、价值观，自觉实践《公民道德建设纲要》，师德高尚，为人师表，自觉维护教师形象。

3. 仪表端正大方，衣着整洁得体，语言规范健康，举止文明礼貌，行为严谨持重，待人真诚热情。

三、严谨治学，廉洁从教

1. 实事求是，尊重科学，把主要精力投入到人才培养和教学工作中，理论联系实际，刻苦钻研业务，不断学习新知识，调整知识结构，树立优良学风、教风和考风。

2. 与时俱进，勇于创新，自觉地投身教育教学改革，掌握运用现代化教学手段，不断提高履行岗位职责的能力和水平，积极参与校院的民主管理和民主决策，为学校发展建设出力献策。

3. 严于律己，廉洁从教，作风正派，以身为范，坚持高尚情操，发扬奉献精神，自觉抵制不良思想侵蚀。

四、潜心钻研，精心施教

1. 正确处理教学与科研的关系，以严谨的科学态度，潜心科研，不断创新，促进科研成果转化，提高学术水平。倡导科研道德，坚决反对抄袭、剽窃等学术腐败行为。

2. 认真钻研教材，改进教学方法，不断更新教学内容，提高教学水平。精心备课，认真讲授，因材施教，悉心指导。

3. 注重学生各项能力的培养，启发学生的探索精神和创新思维，坚持知识教育和能力培养并重，不断推进素质教育。

五、尊重学生，教书育人

1. 践行"尊重的教育"理念，尊重教育规律，尊重学生的成长规律，尊重学生的个性发展。增强尊重学生、爱护学生的责任意识，建立民主、平等、和谐的师生关系。

2. 尊重学生的人格，公平公正对待每一名学生。引导学生树立正确的世界观、人生观和价值观，调动和发挥学生学习的积极性、主动性和创造性，成为学生的良师益友。

3. 关心学生的生活，积极帮助学生解决困难，维护学生的合法权益。对学生严格要求，认真负责，启发诱导，诲人不倦，促进学生健康成长。

六、诚信友爱，团结协作

1. 正确处理个人与集体、个人与他人的关系，尊重同志，谦虚谨慎，关心集体，顾全大局。热爱学校，服务社会，积极投身公益活动。

2. 诚实守信，团结友爱，互谅互让，融洽相处，维护其他教师在学生中的威信，建立良好和谐的人际关系。

3. 加强业务交流与合作，取长补短，相互支持，在教育教学和科学研究中努力营造既有竞争又有协作、奋发向上、共同进取的良好氛围。

参考书目

1. 高奇：《中国高等教育思想史》，人民教育出版社，2002 年版。

2. 龚海泉等：《20 世纪的中国高等教育·德育卷》，高等教育出版社，2003 年版。

3. 《邓小平文选》(第三卷)，人民出版社，1993 年版。

4. 《中国近现代教育家文库》，人民教育出版社，2002 年版。

5. 《蔡元培教育文选》，人民教育出版社，1980 年版。

6. 《陶行知教育名篇》，人民教育出版社，2005 年版。

7. 《徐特立教育文集》，人民出版社，1986 年版。

8. 《听叶圣陶谈师德》，《上海教育》，1983 年第 11 期。

9. 国家教育发展与政策研究中心：《发达国家教育改革的动向和趋势》，人民教育出版社，1987 年版。

10. 卞毓方：《季羡林——清华其神，北大其魂》，江西教育出版社，2007 年版。

11. 李春秋：《高等学校教师职业道德修养》，北京师范大学出版社，2000 年版。

12. 马克斯·范梅南著：《教学机智——教育智慧的意蕴》，李树英译，教育科学出版社，2002 年版。

13. 谢维和：《教育活动的社会学分析——一种教育社会学的研究》，教育科学出版社，2001 年版。

14. 金生鈜：《规训与教化》，教育科学出版社，2004 年版。

15. 李开复：《与未来同行》，人民出版社，2006 年版。

16. [美]珍妮特·沃斯、[新西兰]戈登·德莱顿：《学习的革命》，上海三联书店，1998 年版。

17. 乔治·萨顿：《科学史和新人文主义》，华夏出版社，1989 年版。

18. 贝尔纳：《科学的社会功能》，商务印书馆，1982 年版。

19. 李建平主编：《高等学校教师职业道德修养》，湖南大学出版社，2005 年版。

20. 王正平：《教育伦理学》，上海人民出版社，1991 年版。

21. 沈红：《美国研究型大学形成与发展》，华中理工大学出版社，1999 年版。

22. 施修华，严缘华：《教育伦理学》，上海科学普及出版社，1989 年版。

23. 蒋超文：《教师的人际关系》，广东教育出版社，1993 年版。

24. [美]克拉克·克尔：《大学的功用》，江西教育出版社，1993 年版。

25. [美]盖兹达等：《教师人际关系培养：教育者指南》，中国轻工业出版社，2006 年版。

26.《新时期师德精神的颂歌》全国优秀教师师德报告团报告集，学习出版社，2005 年版。

27. 黄蓉生：《教师职业道德修养》，西南师大出版社，2001 年版。

28. 龚乐进：《素质教育下的教师道德》，人民教育出版社，2001 年版。

29. 朱法贞：《教师伦理学》，浙江大学出版社，2001 年版。

30. 文秉模、汪应峰：《大学伦理学》，中国科技大学出版社，1991 年版。

31. 朱小蔓等：《教育职场：教师的道德成长》，教育科学出版社，2004 年版。

32. 申建军：《师德新论》，北京航空航天大学出版社，1998 年版。

33. 杨贤金、石凤妍主编：《师德新论——以德治教与师德建设》，江苏教育出版社，2004 年版。

34. 周义德等：《师德修养论》，湖南人民出版社，2003 年版。

35. 袁桂林：《当代西方道德教育理论》，福建教育出版社，2005 年版。

36. 赫斯利普：《美国人的道德教育》，人民出版社，2003 年版。